科技法前沿

胡朝阳　著

东南大学出版社
SOUTHEAST UNIVERSITY PRESS
·南京·

内容简介

本书聚焦于科技与法律的关联视域，考察科学技术在推动与促进法发展以及法在引领与规范科学进步、保障与规制技术进步等方面的双向作用，从而进一步分析科技法研究中的法制科技化与科技法制化的双重面相。基于领域法进路考察科技创新的正外部性及科技运用的负外部性，探讨科技创新的法律保障机理及科技运用的法律规制机理，从而提出科技创新的法律保障体系及科技运用的法律规制体系。本书侧重于对新一代信息网络与计算机工程等前沿技术领域进行分论阐述，围绕电子商务、数据处理、算法推荐、搜索引擎、增材制造、机器写作、虚拟现实、云计算、区块链等技术创新及其运用，分别考察科技创新与运用在法与社会影响方面的正负双重外部性，揭示有关法律在保障上述科技创新及规制上述科技运用方面的基本模式与调整机理。通过分析科技法治原理，结合前沿科技创新与运用的发展趋势，阐述其技术创新保障及其技术运用规制方面的法治体系概貌与法治规范实践，以期为科技法学前沿领域问题研究提供一种通识性的理论分析框架与应用研究范例。

图书在版编目(CIP)数据

科技法前沿/胡朝阳著. —南京 ：东南大学出版社，2023.3

ISBN 978-7-5766-0582-2

Ⅰ.①科… Ⅱ.①胡… Ⅲ.①科学技术管理法规—研究 Ⅳ.①D912.170.4

中国版本图书馆 CIP 数据核字(2022)第 251275 号

责任编辑:张丽萍　**责任校对:**子雪莲　**封面设计:**王　玥　**责任印制:**周荣虎

科技法前沿

著　　者　胡朝阳
出版发行　东南大学出版社
社　　址　南京市四牌楼 2 号(邮编:210096　电话:025-83793330)
经　　销　全国各地新华书店
印　　刷　兴化印刷有限责任公司
开　　本　700 mm×1000 mm　1/16
印　　张　15.5
字　　数　321 千字
版　　次　2023 年 3 月第 1 版
印　　次　2023 年 3 月第 1 次印刷
书　　号　ISBN　978-7-5766-0582-2
定　　价　52.00 元

本社图书若有印装质量问题，请直接与营销部联系，电话:025-83791830。

前言

科技与法律的交叉领域研究是一个历久弥新的议题。自 20 世纪 80 年代以来,法学界深受“科学技术是第一生产力”思想的浸润,提出科技法的概念并展开其学理研究。随后,致力于科技法学研究、科技法制建设和科技创新发展并旨在推动科技界、法律界和产业界实现其战略联盟的中国科学技术法学会(China Law Association on Science and Technology,CLAST)于 1988 年成立。及至 20 世纪 90 年代,“科教兴国战略”(1995 年)如火如荼,科技法学研究顺应时势推动科技立法深入,《科学技术进步法》(1993 年制定,后于 2007 年和 2021 年两次修订)、《促进科技成果转化法》(1996 年制定,后于 2015 年修订)相继出台并付诸实施。与此同时,为促进科学技术与文学艺术的创新发展,保障其创新成果的生产经营及其商品与服务质量,鼓励和保护公平竞争,制止不正当竞争并维护社会主义市场经济秩序,《专利法》《著作权法》《商标法》以及《反不正当竞争法》相继问世,并适应科技发展与改革开放进程而持续进行修改与不断完善。

21 世纪以来,为适应全球蓬勃兴起的高科技创新发展趋势,应对新一代信息技术革命以及国际竞争格局和国家安全风险的新挑战,全国人民代表大会常务委员会颁布《关于维护互联网安全的决定》(2000 年制定,后根据 2011 年 1 月 8 日《国务院关于废止和修改部分行政法规的决定》修订)。此后,我国提出了建设“创新型国家战略”(2006 年)和贯彻落实“国家知识产权战略”(2008 年),并颁布《国家中长期科学和技术发展规划纲要(2006—2020)》(国发〔2006〕6 号)和《国家知识产权战略纲要》(国发〔2008〕18 号)。此外,还颁布并实施《计算机软件保护条例》(2001 年制定,后于 2011 年和 2013 年两次修订)、《信息网络传播权保护条例》(2006 年制定,后于 2013 年修订）。同时，提出了“创新驱动发展战略”（2012 年）和“网络强国战略”（2015 年），并颁布和实施《国家安全战略纲要》（2015 年）和《国家网络空间安全战略》（2016 年），以及《关于积极推进“互联网＋”行动的指导意见》（国发〔2015〕40 号）和《新一代人工智能发展规划》（国发〔2017〕35 号）。在国家立法层面，相继出台《网络安全法》（2016 年）、《电子商务法》（2018 年）、《生物安全法》（2020 年）、《数据安全法》（2021 年）、《个人信息保护法》（2021 年）。与此同时，不仅知识产权立法适应数字经济时代的科技进步趋势，展开《反不正当竞争法》（2019 年）、《商标法》（2019 年）、《专利法》（2020 年）、《著作权法》（2020 年）的修正，而且《民法典》（2020 年）与《刑法》修正案（十一）都新增了科技伦理条款，也在不断回应信息网络工程与生物基因工程等高新技术发展的巨大挑战。2022 年 3 月，我国还专门制定实施了首个国家层面的科技伦理指导文件《关于加强科技伦理治理的意见》，强调依法依规开展科技伦理治理，推进科技伦理领域立法，进一步落实上述立法精神。

当前，以大数据、云计算、区块链、物联网与人工智能为代表的新一代信息网络技术日益成为法治社会、法治政府、法治国家建设的新型治理工具，由此促进了法律科技发展及其对于电子政务与电子商务领域的公共服务与市场服务模式创新。在此背景下，科技法学研究面临双重考察对象，即“法律因应科技进步的科技法”与“科技驱动法律发展的法科技”。易言之，科技法制化促使科技法律被率先纳入科技法学的传统研究视野，但是伴随着人工智能、区块链等新一代信息技术运用于法律领域所带来的法律科技兴起，法制科技化作为科技进步的一种变革模式与运用形式，既给法治建设（例如法律适用、证据认定）提出了全新挑战，也为法学理论研究（例如程序公正、证明标准）提出了全新课题。因而，法治有必要对法科技创新所致挑战予以因应，科技法学也须将此种对于法科技创新的法律因应一并纳入其研究视野。此外，随着现代科技对于各个传统部门法的全面渗透与广泛冲击，科技立法呈现出民事、行政与刑事领域的交叉重叠趋势，囿于部门法的封闭立场探讨科技法学的概念、内涵或科技法制的本质、特征、调整对象及其体系结构的研究进路愈加面临挑战。

近年来，我国法学界在研究方法上多有法教义学和社科法学之论争。不过，法教义学相对注重逻辑分析上的“法中之法”探究，社科法学往往突出法社会学上的“法外之法”考察，于是兼取两者各自优势的“领域法学”（science of field law）研究则为纾解两相纷争提供了广阔视野与灵活进路。科技法学研究涉及法与人文社会科学乃至自然科学的交叉学科知识体系与综合方法运用，科学技术活动寻求提升人对自然之认知度与行动力，对于科技活动的法律调整绝非仅适用单一部门法即可有效实现其价值功能目标，科技活动的变动不居与法律规范的稳定不倚也面临天然的内在张力。因而，不妨借助领域法学将各种研究范式融于一体而进行科际整合式探讨的分析进路，侧重以科技法制化与法制科技化趋势下的法律现象与社会挑战为考察对象，将科技法问题归于“领域法”研究范畴，秉持开放、动态、多元、包容立场，基于“科技驱动下的法科技”与“法律因应下的科技法”之双重面相，揭示其法律调整原理，结合现代科技创新发展领域及其运用实践，提出其理论分析框架与实践探寻进路。

有鉴于此，本著以科技、法律与社会经济之交叉领域问题为导向，以回应科技进步的法与社会挑战并服务于现实需求为理论目标，而不再拘泥于其科技法律与科技法学的体系完整性与逻辑自洽性，力求在教义法学的规范分析中嵌入社科法学的实证考察，通过考察科技创新的正外部性与科技运用的负外部性，进而探讨其科技创新的法律保障措施与科技运用的法律规制进路，从而为科技法学前沿领域问题研究提供一种分析范例。在分析揭示科技法治原理基础上，结合现代科技创新及其运用与发展前沿，针对新一代信息网络与计算机等科技创新发展的法与社会影响，围绕电子商务、数据处理、算法推荐、搜索引擎、增材制造、机器写作、虚拟现实、云计算、区块链等不同科技领域，分别探讨法律如何保障上述科技创新以及法律如何规制上述科技运用。通常，信息网络具有其多元属性，包括作为产业的互联网经济和作为信息的互联网技术，后者又可进一步界分为作为信息工具（手段）、作为信息空间（载体）、作为信息对象（本体）的互联网技术。因而，以信息网络科技为主探究科技法前沿问题时，须将作为产业的互联网经济视为现代科技创新发展的内生动因，据此进一步探讨作为信息工具（手段）与作为信息空间（载体）的互联网技术引发的法与社会影响，进而探究其科技创新的法律保障及其运用的法律规制问题。当然，作为信息对象（本体）的互联网技术往往更多涉及计算机软件程序、数字作品与数据代码等符号化表达及其知识产权客体呈现，因而上述研究也需要将作为信息对象（本体）的互联网技术嵌合在作为信息工具（手段）与作为信息空间（载体）的互联网技术范畴中一并进行考察，基于“领域法”的研究思维展开科技与法律的科际整合式分析研讨。

目录

第一章　科技与法的双重面相

“科技”是“科学”与“技术”的统称，科学与技术虽然都体现了人类对于自然、社会与思维的认识与改造，但科学反映了人的思维自由、技术反映了人的行动自由，科学与技术之间既有区别也有联系。同时，科技与法之间往往互为变量因子，科技既是法的自变量，它也是法的因变量，易言之，法也以科技为自变量。因此，法与科技的研究存在两个面相，一为法制科技化的法律科技，二为科技法制化的科技法律。

一、科学与法的双向作用

一般来说，人类历史上科学的重大发现与技术的重要发明都对传统的政治统治观念与经济增长模式产生难以估量的影响价值与转变功能，进而间接影响到法制变革进程。自然科学立足人与自然的关系视角解析自然现象，法基于人与社会的关系视角调控社会行动，自然与社会构成这个蓝色星球上彼此交融的自组织系统。一方面，科学通过揭示世界（自然与社会）演化与发展规律而为法律调控人与社会关系提供规律性指引；另一方面，法通过调控作为社会主体的人类行为而间接作用于人与自然的关系。

1. 科学推动与促进法发展

科学以系统理解世界为目的，是对人类知识的一种系统的整理和思考，它是以实验观察为基础的、以系统地发现因果关系为目的的、侧重以认识世界为目的的社会实践。实用主义科学观认为，科学具有功利色彩，科学真理作为实用行动的手段，也只能据此加以检验。理想主义科学观认为，科学的功能在于建立一幅符合经验事实的世界图像，它是有关发现真理和观照真理的一种纯思维活动。上述两种观点各执一端，前者把科学看成是一种征服外界世界的力量，即通过了解自然与社会而实际支配自然与社会的手段；后者把科学作为一种为了认识而认识外界世界的纯粹思维，不承认或者轻视科学的实用功能。现代科学既起源于工匠的实际操作和传统知识，也起源于巫师、僧侣或者哲学家的有条理的思辨。在远古时期，人人身兼巫师和工匠两职而将科学的这两方面集于一身。原始生活的巫术方面和技术方面都负有主宰外部世界的同一目标。不过，如今人们重视科学的思辨胜于技术的实操。因此，人类的理论与实践活动的交互作用乃是揭示科学技术史的一把钥匙。

在古代，巫师、僧侣与技术工匠的首次分家是随着农业的养殖、种植、纺织与陶瓷技术开发利用及城镇手工艺尤其冶金技艺与城市商贸兴起而出现的。到公元5世纪前后随着希腊文明兴起，出现了哲学家支配下的科学，理论家与实干家的分离愈加明显。历经中世纪漫长而稳固的封建社会，安定的社会秩序有助于贸易，贸易促使财富积累，财富积累造成与封建经济不适应并产生某种社会裂痕。理论与实践的分离在某种程度上又呈现弥合迹象，优秀的工匠凭借其手艺出名甚至跻身富人之列，而某些有学问的人和某些贵族竟然肯对机械技巧感兴趣。在文艺复兴时期的意大利城市里，画家、诗人、哲学家和从希腊流浪来的学者都聚集在银行家或巨商的宅第中。最终，第一所现代科学院于1438年在意大利的佛罗伦萨创办起来。此后，发明才能与学术相结合，技术缓慢进步，在手工艺知识基础上建立起了科学，意大利、荷兰、英国相继出现了科学学会。到17世纪伴随牛顿、伽利略、开普勒等在物理、天文等领域的新发现及随着世界贸易开疆拓土的航海术方兴未艾，一些业余科学家转而成为专业甚至职业科学家。特别是蒸汽机发明及随着化学工业发展起来的“气体革命”出现之后，到19世纪，科学已成为一种必需的东西，作为一种建制的科学事业即纯科学的概念随之建立起来①。

不过，科学进步的历史进程往往与法治文明的演进呈现交相辉映。近代以来，科学上的系列重大发现包括哥白尼《天体运行论》提出日心说及其对托勒密所谓地心说的否定，都对宗教统治与道德控制产生前所未有的冲击，改变了人们的宗教信仰与道德观念，进而间接关联到法律制度变迁。伴随近代西方宗教改革、文艺复兴与罗马法复兴运动，法律从隐居宗教、道德之后的社会调整力量而跃居社会整合的前台工具，人类已然进入“通过法律的社会控制”（罗斯科·庞德语）。关于人类社会的科学文明与法治文明的交互关系，庞德征引柯勒（Kohler）的观点指出，法从过去看是文明的一种产物，从现在看是维系文明的一种手段，从将来看是促进文明的一种工具。文明就是最大限度地展现人类潜能的社会发展，法律秩序有其维系文明的既存价值和推进人类能力发展的双重任务，文明则既控制外在的物理自然界，

① [英]J. D. 贝尔纳. 科学的社会功能[M]. 陈体芳，译. 南宁：广西师范大学出版社，2003：7－10，18－25.

也控制内在的人类本性。“一方面，科学的发展使我们对外在自然界的控制推进到这种程度：人类已经能够开发地球以支撑迅速增长的人口，并保持人类的安定与相对富足。另一方面，对内在的人类本性的控制使得科学成就据以实现的调查、实验和研究有了可能，确保和平、免受攻击或侵扰乃是科学取得奇迹所依凭的调查和研究所不可或缺的”①。随着近代以来科学发现重大突破及其理性主义思想觉醒，祛魅脱神的世俗化运动使法的宗教神圣性与自然法的超越观念日渐衰落，世界正经历一场“整体性危机”，正因此伯尔曼发出“法律必须被信仰，否则将形同虚设”②的感叹。

实际上，法的英文词汇 Law 便包含科学上的规律、定律、原理等意思。在历经宗教改革与思想启蒙运动以后，如今人们已明白，法作为一种明确公开的具有国家强制力的行为规范，固然形式上体现了国家意志性，但内容上不免要取决于特定社会物质生活条件并反映其内在规律，本质上乃国家意志性与社会规律性的统一。科学的英文词汇 Science 具有学问、知识、专门技术、技巧之意。布莱恩·阿瑟指出，科学既是一种有关自然在本质上可知、可被探察与究因的观念，也是一套包括理论化、想象和猜测的实践与思维方式，还是由一系列既往观察与思考积累起来的理论认识，是一种有关信仰与实践、友谊与思想交流、观点与确证、竞争与互助的文化。孟德斯鸠在《论法的精神》中详述了法与气候类型、土壤性质、民族精神与风俗习惯等社会物质生活条件之间的密切联系③，揭示有什么样的社会基础就有什么样的法的科学规律。法的规律内容体现了人们对法的科学内涵的理论揭示与理性认识。如果将科学视作揭示自然界、人类社会与思维的规律认识，那么法律的运行便内含有关人类行为规则的社会科学规律。反之，如果将法视为“理”（规律性）与“力”（意志性）的结合，那么对科学（广义包括自然科学与人文社会科学）的研究也有助于推动并深化对法律变迁与运行现象的规律认识。

因此，正确理解与把握科学思维与法律思维以及科学进步与法律发展之间的相互影响就显得尤为关键。例如，就研究方法看，科学倡导通过实验观察与逻辑推理进行实证研究与理性分析，既要从个别到一般的归纳推理以概括对自然、社会与思维的普遍规律性认识，也需从抽象到具体的演绎推理将有关理论规律运用于解决实践问题。同样，法也强调对于个案证据的抽丝剥茧进行归纳推理并据以证明其法律事实，即通过事实认定、法律获取（找法）而将事实涵摄于法律规范，借助演绎推理为其事实寻求法律适用依据以解决个案纠纷。科学理论和法律规则都有普

① [美]罗斯科·庞德.法律史解释[M].邓正来，译.北京：中国法制出版社，2002：37.

② [美]伯尔曼.法律与宗教[M].北京：中国政法大学出版社，2003：3.

③ [法]孟德斯鸠.论法的精神[M].西安：陕西人民出版社，2001：265－372.

遍性、抽象性、概括性等，科学探索与法律适用都强调客观中正、逻辑自洽、形式理性、理论证成、就事论事（同案同判）等。因此，美国联邦大法官卡多佐分析指出，司法裁判“可以被正当地称之为：自由的科学研究”，它之所以是科学的，乃是“因为它能在科学才能揭示的那些客观因素之中发现自己的坚实基础”，甚至提出“司法过程的最高境界并不是发现法律，而是创造法律”①。

2. 法引领与规范科学进步

法的理性主义精神引领科学思想的发展路径，以利“求真”；法的正当价值取向引领科学进步的发展目标，以利“扬善”；法的专业思维方法引领科学理念的发展方向，以利“务实”。在初民社会蒙昧时期，宗教、道德与法律浑然一体，“科学”（或曰巫术）往往与宗教启示一体两面，神明裁判（如火神判、水神判或稍晚的吃食裁判）盛行并且与宣誓裁判（“共誓涤罪”）制度结合，直到 13 世纪都难以废除②。不过，随着中世纪中后期教会统治与世俗权威的相对分离则为近代科学思想兴起开辟了道路。

在法学家伯尔曼看来，如果用近代西方赋予“科学”一词的标准来衡量，“12 世纪西欧法学家的法律科学乃是近代西方科学的先驱”，甚至当时出现了将法律方面发展出的近代科学方法应用于自然现象的早期例证。甚至在教会高度集权下人们仍坚信“科学的进步依赖于科学家们在科学真理方面具有采纳相反观点的自由”，因为对立统一的辩证综合更符合对信仰的权威性陈述，“在非正统的学说被法律所禁止，坚持‘不服从’的异端分子要被处死的同时，科学的客观性、无所偏私、有机的怀疑论、对错误的宽容以及对新的科学真理的开放性”等思想却被声言与表达，走向权威和走向理性同时呈现③。

如果基于法律思维对近代科学思想的影响视角来看，伯尔曼甚至认为，近代西方科学思想发端于 12 世纪前后西欧的政教分离运动及其理性主义法律文化传统。不仅当时法学家在组织各种诸如判决、规则、习惯、法令等法律权威资料并探索其意义解决现实问题时，“所使用的方法与后来自然科学家在探索和综合其他种类材料时所使用的方法并无实质性区别”，而且科学从业者所必须遵循的诸如客观性、怀疑论、普遍性以及理性主义精神等价值也源于西方宗教与世俗政治体相分离时的复杂关系。当时神学家寻求“仅凭理性”而非凭信仰或启示证明上帝存在，教会法律家自由地检查教会法律中的矛盾，是因为相信“只有当人们作出了客观地研究

① ［美］本杰明・卡多佐. 司法过程的性质［M］. 北京：商务印书馆，1998：75，105.
② ［美］伯尔曼. 法律与革命［M］. 北京：中国大百科全书出版社，1993：67－68.
③ ［美］伯尔曼. 法律与革命［M］. 北京：中国大百科全书出版社，1993：183，190.

上帝以及上帝的法律的努力，才会出现客观地研究世俗生活、世俗法律并最终研究自然和自然法的尝试”[①]。

从柏拉图到当代，在“事实”与“规范”之间，有关正当行为的规则是否可经由人类理性加以发现这一命题争论往往源于对“法”这个字眼的不同理解。例如，新分析法学家哈特指出，法国思想家孟德斯鸠在其“影响世界历史进程”的经典名著《论法的精神》第一章探问，为什么像星星这种无生命的物体以及动物都遵守“它们的自然法”，而人类却不遵守，反倒作恶？就此19世纪英国著名哲学家、心理学家和经济学家约翰·斯图尔特·密尔认为，这暴露了“表述自然过程或者规则性的法”与“要求人们按一定方式行为的法”之间的持久的混淆。前者可由科学家通过观察与推理去发现，是关于事实的陈述或描述；后者却不能这样确立，因为后者是人类应以一定方式行为的“规定”或要求[②]。由此界分了“关于科学发现的自然法则”与有关人类行为规定的理性法则。

当然，及至16、17世纪西方世俗君主制兴起中出现人类自然法与非人类自然法的区分，也为物质自然的科学探索开辟了道路。新自然法学家富勒认为，对应于法律只是“公共秩序之存在”这一观点，我们可以主张“当人们有能力预测和控制自然现象的时候，科学就存在了”。作为法律以暴力之使用为特征的那种观点的对应物，我们可以“将科学界定为某些类型的仪器之使用”。与凯尔森所谓法律的金字塔结构表现为规范之间的等级关系相似，我们可以据此将科学定义为“根据不断上升的一般性程度而对关于自然现象的命题所做的一种安排”[③]。

诚然，作为一种国家建制化活动，近现代以来的科学探索都离不开科学职业共同体的分工协作。科学职业共同体所普遍认同的内在价值观与适于交流的科学语言符号体系，乃是其赖以探求未知世界并实现其科学家职业使命的精神理想。按照法学家伯尔曼对于西方法律史的考察，法学家（法律家）职业共同体共享特定的“法言法语”等符号系统，其职业共同体所彼此遵循的同质化思维方式与共识性精神理念，不仅有助于为法律人实现职业使命担当，也为近现代科学进步创设了某种范式革命的垂范效应。不过，毕竟科学探索往往是无终点、无偶像、无禁区并经由反复证伪而强调开拓创新与质疑批判思维，鉴于科学研究的价值无涉倾向，科学进步还有赖于法治的价值评判与指引。

一方面，科学秉持彻底的纯粹客观主义立场，力求通过严密的数理逻辑推演与精确的可再现实验观察，揭示并验证客观事物本来面目，执着探求真相。另一方

① ［美］伯尔曼.法律与革命［M］.北京：中国大百科全书出版社，1993：191－192，702.

② ［英］哈特.法律的概念［M］.北京：中国大百科全书出版社，1996：182－183.

③ ［美］富勒.法律的道德性［M］.北京：商务印书馆，2005：140.

面，法律虽也强调求真务实，但并非执着绝对客观中立与纯粹价值无涉的立场，甚至并非立足纯粹的数学模型解释世界和解决问题，却强调择善而从。正因此，法律尤其是司法作为一种社会分配利益和负担的实现机制，往往可以通过利弊计算和价值考量方法并基于当下立判以终极解决纠纷方式，为规范那些只问是非而少计利弊甚至求真求实而少有立场的科学活动提供其行为准则，将那些无终点、无偶像、无禁区的科技活动纳入其预设的规则框架内行事，从而引领科技向善，亦即使之朝着健康有序的方向发展。

二、技术与法的双向作用

技术通常是人类在制造工具过程中产生的以利生产与便于生活的创造活动，它以改造世界为目的实现人类对自然与社会环境进行控制的手段或活动。作为实现人之目的的一种手段，“从本质上看，技术是被捕获（captured）并加以利用的现象的集合，或者说，技术是对现象有目的的编程”[①]。例如，北斗导航或 GPS 就是可辅助人们实现交通导航、地面定位及巡航游弋等特殊目的与功能的一种手段或工具。同时，技术是实践和元器件的集成，也是某种文化中得以运用的装置和工程实践的集合。例如，技术中的系列操作可谓之“软件”，供其操作执行的物理设备可谓之“硬件”，“软件”展示技术运行的过程与方法，“硬件”展示技术运行的载体与装备。一方面，技术操作提供法律实施的工具与手段；另一方面，法律也为技术操作提供创新激励保障及损害规制功能。

1. 技术推动与促进法发展

无论简单或复杂的技术都只是应用了一种或几种现象后乔装打扮出来的工具或手段，现象是技术赖以产生的必要源泉。通过发掘某些现象例如将金属导体置于变换磁场可产生感应电流就带来了电的发明。大自然的许多现象历经多少个世纪沧桑巨变已被人们有目的地发现。例如，史前对火的利用和金属加工，17 世纪的化学和光学现象，18 世纪和 19 世纪的信息电子现象、20 世纪的量子现象、20 世纪末的生物遗传现象。其中，以 1750 年至 1875 年的电现象发现为例，就包括静电现象、电蚀现象，以及由电场和磁场导致的电流偏转、感应现象、电磁辐射、辉光放电现象等。许多现象已经被捕捉与驯服并被运用到技术中，进而作为建构未来技

① ［美］布莱恩・阿瑟. 技术的本质：技术是什么，它是如何进化的［M］. 杭州：浙江人民出版社，2014：53.

术的潜在模块[1]。这些被发掘或被驯服的技术现象或其集合已经激励并正在进一步促进着人类社会治理及其法治建设与实施的发展进程。例如,产权制度尤其排他产权制度的建立与实施就有赖新技术手段将外部性较大实现内在化的激励。历史上"带刺的铁丝网"就是利用此类技术手段实现降低排他费用、减少交易成本并提升盗窃成本而有效保护私权。此外,就契约制度与版权制度来看,计量工具、文字契约、航海与印刷等技术分别促进了计量法、合同法、海商事法以及版权法的起源与发展。

在法发展史上,早期人们对是非曲直的因果规律缺乏科学认知,且因其辨明纠纷因果关系的技术手段匮乏,神明裁判大行其道。至于其后的刑讯逼供成灾、株连责罚泛滥亦与此不无关联。所谓以"滴血认亲"进行推理断案作为其时的侦查技术"创新",乃反映了其时对生命遗传密码的无知却又不得不竭尽所能探求案件真相的无奈之举。诚然,在科技尚不发达时期,倚仗经验常识的实质判断就可以揭示疑案真相。例如,《圣经》上就曾记载所罗门国王利用人伦情理识别有关"两女争一子"案的著名判例。不过,无论是民事案件遵从优势证据规则,还是刑事案件强调排除合理怀疑规则,对待证事实的在案证据除了判明其真实性、关联性之外,还要辨识其合法性。在适用"非法证据排除"规则时,限于待证事实经过的不可回溯及司法资源有限性,司法活动中往往难以像探索科学真理那样无限接近客观事实真相,只能基于合法性优于客观性,法律真实优于客观真实,形式合理性优于实质合理性等思维模式进行事实认定。在此过程中,一系列的刑事侦查技术手段与司法鉴定技术措施被运用到了辅助案件侦破与裁判活动之中,通过科学证伪而排除"非法证据",从而在法律真实上还原案件事实真相。可见,技术进步对于提升司法裁判质量具有促进作用。

当然,技术进步对于权利生成与发展具有促进作用,也给权利维护与保障的法治实践带来挑战。例如,隐私权边界如何确立在司法实践中是要随着新技术发展而不断作出诠释与调整的。当新技术作为政府窃听等公权行使手段的侦查工具使用时,如何审视新技术时代公民隐私权边界,便凝结司法者对新技术应用隐喻的理解智慧。美国宪法《第四修订案》规定:"人民有保障人身……不受无理搜索与拘捕的权利"。然而什么样的做法才构成《第四修订案》所述"保障"与"无理",这完全是程度衡量的问题,取决于眼前的威胁、过去的恶行与其他经验要素。这些开放性的词语,使当代法院能在正当的个人隐私权主张与正当的政府有效执法主张之间找到适当的平衡点。如今,如果我们将与行政权力相对的个人权利分为消极权利

① [美]布莱恩·阿瑟.技术的本质:技术是什么,它是如何进化的[M].杭州:浙江人民出版社,2014:62,70.

（negative rights）与积极权利（positive rights）的话，我们也可以从既往经验事实中发现，前者源于恶行，后者源于不公。诚如著名刑辩律师德肖维茨所言，“正如科学进步‘来自令人满意的无知哲学’……权利的进步来自令人满意的恶行哲学”，“权利发展是一个持续的人类过程，‘权利化’的过程必须随着人类做出恶行的能力而作调整”[①]。

例如，围绕新技术使用中如何理解隐私边界在美国历史上先后出现一系列案件，包括1928年奥姆斯特德诉美国案（警方未经授权的电话窃听），1967年卡茨诉美国案（联邦调查局在公用电话亭外对被告人的电子监听与记录），2012年琼斯案（在未经授权搜查的犯罪嫌疑人车辆上安装GPS应答器）。上述案件共同争点在于，究竟是在物理概念的狭义上还是在对新型电子技术的广义上来理解“搜查”行为，是否要以物理意义上侵入私人空间为必要条件判定“窃听”行为。奥姆斯特德案中，“由于没有充分理解新技术的本质——只是应用一种专注于侵犯的物理隐喻而并非植根于隐私意义上的更广泛的理解——法官的立场未能保护好面对新技术时应当保护好的重要价值”[②]。卡茨案中，因认识到不受监管的政府窃听给隐私带来的威胁，新技术给政府带来比窃听更具侵入性和隐蔽性的监视方式，若直观认定隐私边界只保护有形财产和限于物理意义上入侵，便无法从本质上深刻领会新技术带来的公权力威胁，需根据个人对隐私的合理期待而突破其物理空间隐喻，在保留原有规范性价值基础上调整法律以顺应新技术环境。琼斯案中，虽对为防止非侵入性的GPS监控而采取的隐私权辩护理由仍有分歧，但关于技术进步促进法制变革已成共识。

在历史上，技术进步促进计量工具、文字契约的使用，也在便利商事交往及防控商事纠纷发生。正是金属冶炼、造纸技术进步为度量衡统一与书面合同标准实施提供了现实可能。随着时代发展，技术进步使一些新型法律关系客体被不断纳入传统法律调整范围，有体物与无体物均出现扩张趋势，由此生成一些新型物权。例如随着新型技术使用所带来的环境污染增加，人们设计“排污权”制度以实现经济发展与环境治理的动态平衡。再如，近代产业技术革命一定程度引发传统民法的三大支柱“所有权绝对、过失责任与契约自由”出现了松动趋势，于是不仅使建筑物区分所有权、建设用地使用权分层设立等制度设计成为可能与必要，而且，随着新技术开发与产业化运用引致工业灾害、汽车事故、产品责任与公害激增等风险社会到来，传统以过错责任原则归责进行损害救济的侵权责任法也面临危机，往往需

① ［美］艾伦·德肖维茨．你的权利从哪里来？［M］．北京：北京大学出版社，2014：42，78-79．

② ［美］瑞恩·卡洛，迈克尔·弗鲁姆金，［加］伊恩·克尔．人工智能与法律的对话［M］．陈吉栋，董惠敏，杭颖颖，译．上海：上海人民出版社，2018：12-14．

要代之以无过错责任原则，甚至出现保险法对侵权责任法的救济机制替代。此外，规模化的工业生产与大众化的定型合同也使传统合同法的契约自由原则需要接受社会正义的重新检视并受到强行法的深度规制。

再者，技术进步也有助改进司法制度和方法（如智慧司法），拓展立法范围与体系（如《网络安全法》），更新执法方式与法治理念（如基于算法的自动化执法）等。特别是随着大数据、物联网、人工智能、云计算、3D 打印、虚拟现实（VR）等新一代信息技术，以及生物识别、基因治疗、基因编辑等生物基因技术的不断发展，法律调整的主客体与对象（例如人工智能体、基因编辑生命体、个人信息、网络数据资源等）及其法律行为（例如蠕虫窃听、基因歧视等）都面临着新问题、新挑战。信息网络等高新技术发展不仅造成传统的民事侵权行为方式从线下向线上集聚，例如侵犯商业秘密、侵犯软件著作权、域名抢注、互联网广告不正当竞争、网络言论不当、侵犯网络隐私等新型侵权形式；也使信息网络往往成为刑事犯罪的空间、对象抑或其工具，例如侵犯公民个人信息、非法侵入计算机信息系统、非法获取计算机信息系统数据、非法控制计算机信息系统、拒不履行信息网络安全管理义务、非法利用信息网络等新型犯罪模式。这就造成法律在应对民事侵权与刑事犯罪的预防与控制上面临的难度增加。

例如，在版权制度演进史上，静电复印和计算机信息网络及其数字传输技术进步极大冲击了传统的版权保护制度，并且也促进其制度变革与演进。所谓“版权乃技术之子”，意即版权制度随着活字印刷技术出现而诞生，并随着电子复印、网络数码传输等技术进步而愈发面临严峻挑战，甚至出现所谓“版权的终结”。“当代科技的发展使复制越来越容易，版权因此受到了威胁。如果复制技术保持不变，强化法律就会增加版权保护的力度。如果法律保持不变而复制技术在发展，版权保护就会被削弱。在这个意义上来讲，版权同科学技术之间始终存在着斗争”[①]。数字复印技术更能完美复制原版作品并使之实现高效且匿名地自由传播与利用，削弱版权人对其作品复制和发行的控制能力以及将其商业化利用的能力。随着宽带、无线网和移动通信尤其流媒体、点对点传输（Peer-To-Peer，P2P）技术和社交网站的出现，数据存储成本急剧下降而下载速度迅速提高，极大提升了网络访问频率，导致版权侵权频繁而版权保护执法成本增加。为寻求能阻止侵权并恢复版权作品利益的机制[②]，20 世纪末以来，特别是音频复制技术对曲作者权益构成威胁，就有必要赋予曲作者能从重复播放其作品复制品中获取补偿的一项新权利（信息网络传

① ［美］莱斯格. 代码 2.0：网络空间中的法律［M］. 2 版. 北京：清华大学出版社，2018：186.

② 万勇，刘永沛. 伯克利科技与法律评论：美国知识产权经典案例年度评论［M］. 北京：知识产权出版社，2013：54 - 56.

播权)。为彻底抑制数字版权侵权,内容所有者寻求构建“分级响应机制”(graduated response systems,简称 GRS)的新型版权执法模式以打击盗版并鼓励消费者回归合法市场。

2. 法保障与规制技术进步

回顾历史,法也为技术生产发展营造有益条件。中国秦代《厩苑律》《牛羊课》和唐代《厩库律》,华夏历法的颁布与修订,秦唐时期的度量衡统一,《九章算术》《田律》等乃是利用规范律令调整生产技术的经典例证。古代中国素有“四大发明”美誉,甚至 14 世纪早已具备被经济学家和历史学家们认作是产生 18 世纪末英国工业革命的所有主要条件,一度曾是世界科技中心。不过,“李约瑟之谜”[①]却提出了古代中国为何终究止步近代科学革命与工业技术革命之门的诘问。对此,素有地理环境决定论、语言决定论、思维方式决定论等解读。被马克思喻之为“预兆资产阶级社会到来”的古代中国的三项伟大发明——火药、罗盘、印刷术曾在近代西方世界兴起中发挥重要作用[②],显然单从技术要素本身无法解释“李约瑟之谜”。英国科技比较史学家李约瑟基于社会形态决定论认为,近代中国无缘科技革命与其官僚政体有关,近代科技革命正是得益于近世西欧资本主义制度兴起。

追溯产权的起源及其功能可以揭示法对技术进步的保障作用。产权制度大体经历了排他性产权、可转让性产权、组织化产权三个阶段,建立排他性的产权制度可谓经济史上一次伟大革命[③]。所谓“风能进,雨能进,国王不能进”这一法谚,正说明排他性产权对保障个体安宁的重要性。就形成产权的众多因素而言,技术在降低排他费用、减少交易成本中可谓功不可没。正因此,西方人把“带刺的铁丝”的发明称作为世界上第七大发明,它通过大为提升盗窃成本以致因得不偿失让窃者望而却步而有效保护私权,英国近代“圈地运动”和美国西部开发从公共牧场中诞生私人所有和牧场出租也由此成为可能。

产权的功能之一就是激励与引导人们以技术手段较大程度地实现外部性内在化。经济学家科斯在《社会成本问题》中侧重探讨“外部侵害”所致负外部性如何内在化的激励。例如,糖果制造商的机器噪声干扰了隔壁牙医的工作,养牛者的牛闯入了农夫的麦田,火车摩擦铁轨溅出的火星引燃了临近田地的庄稼等。相应地,诺斯侧重“搭便车”所致正外部性探讨如何内在化的激励而实现产权功能。“当内在化的收益大于成本时,产权就会产生,将外部性内在化。内在化的动力主要来源于

---

① [英]李约瑟.中国科学技术史:第一卷[M].北京:科学出版社,上海:上海古籍出版社,1990:序言 1-2.

② 马克思,恩格斯.马克思恩格斯全集:第 47 卷[M].北京:人民出版社,1979:247.

③ 卢现祥.西方新制度经济学[M].2 版.北京:中国发展出版社,2003:160-161.

经济价值的变化、技术革新……"[①]实际上,"财产所有权是自由的保证",财产所有权保护着的"家"乃是人们逃避垄断权力威胁个体自由的最后堡垒,任何丧失了最后隐居地的个体终归无法免除"多数的暴政"的审判,只有从自由的心灵中才可以涌流出"民主""公正""博爱"等美德[②]。这些历史与现实、理论与实践的例证,均揭示了法律上产权保护对于技术创新的促进作用。

在新制度经济学看来,技术进步是经济增长本身或结果而非其增长的原因。道格拉斯·诺思通过考察 1500 年到 1700 年荷兰、英国等的经济增长后认为,制度尤其是产权制度乃是"西方世界的兴起"中经济迅速增长的关键。他还指出,"尽管火药、指南针、优良的船舶设计、印刷术和纸张在西欧的扩张中起了作用,但结果却很不相同。与产业革命相联系的技术变化要求事先建立一套产权,以提高发明和创新的私人收益率"。因此,激励技术创新必须"发展一套法规以便为无形资产的所有和交换提供更有效的所有权"[③]。R. 科斯通过其《社会成本问题》(1960 年)一文所谓"科斯定理"揭示了在市场运行存在"交易费用"的情况下,产权得以有效界定和保护的制度可有效降低市场运行中的交易成本并减少其不确定性,从而可促进经济发展[④]。由于产权制度是一种有利于资本等利益角逐、能为近代西方科技发展提供激励机制、合乎当时社会变革目标的制度,近世中国的科技经济衰落与其缺乏行之有效的产权制度尤其知识产权制度不无关联,这为破解"李约瑟之谜"提供了某种理论启示。

以知识产权制度起源为例,15 世纪后期威尼斯共和国就已先后颁布保护出版专有权与保护技术秘密的特许令,尽管 1474 年威尼斯创立《专利法》初衷旨在鼓励外国人泄露本国技术秘密而非现代意义上的专利保护,但其保护创新的理念随着欧洲的开放贸易而于 16 世纪中叶广为传播,英国女王伊丽莎白一世就曾通过授予专利来吸引外国能工巧匠向英国传入创新技术。此后专利制度也曾作为重商主义政策(即当今所谓"战略性国际贸易")的重要举措,它以授予专有特权为诱饵来吸引那些拥有特殊技能和专有技术的移民[⑤]。随着 1623 年英国《垄断法规》、1709 年英国《安娜女王法令》、1809 年法国《关于工厂、制造场和作坊的法律》等早期知识产权立法,知识产权的权利形态完成了从特许之权到法定之权的制度变革,其权利性质也逐渐演化为一种非物质形态的私人财产权。

---

① [美]R. 科斯,A. 阿尔钦,D. 诺斯,等. 财产权利与制度变迁:产权学派与新制度经济学派译文集[M]. 上海:上海三联书店,1991:100.

② [美]詹姆斯·布坎南. 财产与自由[M]. 北京:中国社会科学出版社,2002:代译序 4-5.

③ [美]道格拉斯·C. 诺思,罗伯特·托马斯. 西方世界的兴起[M]. 北京:华夏出版社,1999:23-24.

④ [美]唐·A. 威特曼. 法律经济学文献精选[M]. 北京:法律出版社,2006:16-17.

⑤ [美]罗伯特·P. 墨杰斯. 新技术时代的知识产权法[M]. 北京:中国政法大学出版社,2003:102.

不过，由于技术进步相对人之目的性而言绝非价值无涉。自远古刀耕火种，到近世的蒸汽机与电气化工业革命，及至当代信息网络技术普及与人工智能技术运用，技术进步的威力日渐彰显，技术发展面临僭越人性的巨大风险。以新一代信息技术为例，微信、微博、短视频等 App 软件收集使用用户个人信息并通过数据处理对用户进行数字画像，借助定向追踪与算法推荐技术进行数字内容分发，不仅带来隐私安全威胁而且引发数据权属争端，甚至某些网络产品有意利用人脑的多巴胺机制来增加用户黏性以致诱发用户网络成瘾综合征。搜索引擎服务平台向商业用户提供购买关键词服务以致出现网络虚假信息泛滥，甚至利用驰名商标作为关键词故意攀附他人商誉以致引发商标侵权或不正当竞争等。凡此种种说明，无论技术开发还是技术运用除了要对其创新发展进行保障之外，还有必要纳入法治轨道加以规制。

三、科技法研究的双重面相

在人类社会的科技进步与法律发展历史进程中，科技与法律之间往往是互为变量因子的。易言之，科学与技术既是法与法律的自变量，却也是法与法律的因变量。一方面是法制发展的科技化面相，具体呈现为科技驱动下的法律科技形态，法律科技体现法制科技化趋势；另一方面是科技进步的法制化面相，具体呈现为法律因应下的科技法律形式，科技法律体现科技法制化趋势。基于科技驱动的法律科技在推动与促进法制科技化时也不免会对传统法制带来挑战，科技法律乃是因应法律科技挑战的必要结果与内在需要使然，因而法律科技与科技法律构成科技法研究的双重面相。

1. 法制发展的科技化面相

如今，迅速发展的现代科技已经向社会生活各个角落广为渗透并正深刻引领社会整体变革，使法治发展呈现科技化趋向。所谓“通过法律的社会控制”[①]正有转向“通过技术的社会控制”趋势。网络法学家莱斯格就尖锐地指出，在一个所谓“代码即法律”的时代，网络包括受控的物理层、内容层和自由的代码层，法与社会规范、市场、架构均对网络空间具有管制功能，但网络架构才是最重要的管制方式，其所含代码就是网络空间的法律[②]。例如，基于大型数据库的论文查重模式使得

① [美]罗斯科·庞德. 通过法律的社会控制[M]. 沈宗灵，译. 北京：商务印书馆，1984：9.
② [美]莱斯格. 代码 2.0：网络空间中的法律[M]. 2 版. 北京：清华大学出版社，2018：136－137.

防范学术剽窃乃至打击盗版不再仅仰仗法律自身威力，信息技术本身就有了某种“执法”能力。实际上，在印刷术产生前，尤其是造纸术发明之前，受其技术条件局限，由于复制的人力成本很高且难以规模化持续，作者的版权根本无须法律的专门保护。随着复制逐渐变得廉价又便利，技术进步使作者的权利日益遭受巨大威胁以致不断削弱，甚至出现所谓“版权的终结”。随之，“分级响应机制”(GRS)作为一种新型版权执法模式被提出并不断升级对涉嫌版权侵权者的惩罚措施，借助技术手段有力捍卫版权人权益，法制科技化由此呈现。

受惠于现代科技进步的法制科技化也渗透到现代司法实践中。例如，司法最终解决纠纷是现代法治基本理念，司法裁判中的“证明标准”是证据制度的核心，证明标准的科技化便是排除司法擅断与司法恣意等司法权滥用的重要制衡措施。英国学者摩菲(Peter Murphy)指出，“证明标准是指卸除证明责任必须达到的范围或程度，它是证据必须在事实审理者头脑中形成的确定性或盖然性的尺度，是负担证明责任的当事人在有权赢得诉讼之前必须运用证据说服事实审理者的标准，或是他为获得有利于己的认定而对某个争议事实进行证明所应达到的标准……”[①]刑事诉讼证明标准“排除合理怀疑”相对民事诉讼证明标准“高度盖然性”之所以更严乃因刑事惩罚相对民事制裁其责任更重，包括基因与痕迹鉴定、指纹与人脸识别等技术进步有助完善刑事侦查与司法勘验中证据固定工作，增强其证明标准的可操作性，有利避免冤假错案发生。在科技不断发展而各种新型违法犯罪频发背景下，现代法制发展及其司法、执法机制完善日益仰赖司法鉴定与侦察勘验技术进步，呈现法制科技化倾向。此外，脑科学与心理学研究有助揭示某些违法犯罪行为的个体特质与社会成因，为其法律规制的精准高效与合理可靠提供更具科学性的理论支撑。

社会变革往往经由那些具有技术优势与交易成本优势的制度替代以实现其效率更高的制度安排，法制科技化也给法律服务业变革带来了挑战与机遇。例如，法律数据库服务平台通过整合法律知识和案例大数据为法律人提供专业知识解决方案、类案剖析、同案智推等服务，提高了从事法学理论研究、司法裁判实践等专业人员对法律服务信息的可及性与时效性。随着图形图像识别、自然语言处理、意识上传等人工智能技术要素日新月异，法律服务业“人工智能＋”通过技术变迁对于制度变革的推动作用势必将进一步实现其模式创新，并借助大数据分析与挖掘等新一代信息技术深刻改变着其服务业发展格局。例如，各类法律服务电商平台通过融合在线法律服务业信息化管理数据库，为用户获得法律咨询、合同起草、合同审

① Richard G, Peter M. Murphy on Evidence[M]. London: Blackstone Press Limited, 1997:109.

查、规章制度合法审查等提供专业化、标准化、便捷化、低成本的O2O服务，企查查、启信宝等应用软件可以便捷查询企业工商税务注册登记信息、被执行人及失信人员(企业)信息、专利商标申请授权及其权利状态信息、司法裁判与行政处罚信息等。裁判文书网、企业信用信息公示系统等法律电子政务平台为从事诉讼与非诉法律事务及知识产权授权与确权工作提供了便捷获取司法与政府公开信息的通道。

法律科技的迅猛发展为法律从业者开展信息查询、尽职调查及法律风控提供极大便利，也给传统法律服务业带来挑战。随着深度学习技术发展，在大数据、云计算的日益融合下，通过大数据分析、算法决策等，人工智能已经能够帮助客户预测法律纠纷的结果，甚至提供一定程度上的法律服务策略。互联网打破了传统的法律服务供给中的当事人与法律服务从业者之间的信息不对称状态，突破了传统的法律服务空间及工作时间的限制，模块格式化的文件可以通过法律服务机构网站提供，法条的检索与阅读亦可通过法律服务机构网站查询。共享经济模式下的法律服务业其开放性、信息化、协作度水平不断提升，法律服务资源重组必将趋向那些拥抱与接纳新技术的法律服务从业机构与人员。信息时代平等、开放、自由、分享的理念不仅使法律服务需求呈现个性化定制趋向，而且促使法律从业人员日益热衷借助网站、博客、微博、微信公众号等渠道进行服务品牌推广，搭建其在线法律服务平台。这将有助于解决法律服务业供需发展不均衡、不充分矛盾，法律科技发展促进了法制发展的科技化，科技不仅改变生活，法律服务模式、方式与形式也将因科技而变。

在国内，随着互联网法院的建立以及各省市相继建成网上受案与庭审直播等司法信息化平台，利用互联网技术可实现案件的网上起诉、受理、送达、调解、举证、质证、庭前准备、庭审、宣判和执行等系列流程。例如，互联网法院受理互联网购物、服务、小额金融借款等合同纠纷，互联网著作权权属、侵权纠纷，利用互联网侵害人格权纠纷，互联网购物产品责任侵权纠纷，互联网域名纠纷，因互联网行政管理引发的行政纠纷，方便当事人诉讼也提高办案效率。此外，为适应科技创新与知识产权强国建设战略需要，我国相继设立知识产权专门法院及其专门法庭，强化知识产权审判集中统一管辖，统一技术性较强的知识产权案件审理时效与裁判标准。随着高新技术迅猛发展，为解决法官在新型案件中面临技术事实判定上的自然科技知识与专业分析能力局限，各地探索从理工专业背景的科研人员中选拔技术调查官参与案件审理，或是通过外聘涉案技术事实相关专业领域专家学者参与庭审活动并就相关技术事实争议问题发表专家意见供法庭审理时作为对相关技术事实认定的裁判依据，有助减少因技术事实认定差错所致案件错判可能性。总之，科技不仅可用于解决纠纷，也可用于预防纠纷。基于互联网的在线纠纷解决机制

(Online Dispute Resolution,ODR)用于电子商务、医疗保健、社交媒体、就业保障及法院系统等,有助实现“低成本”和“易接近”的“数字正义”[①]。

2. 科技进步的法制化面相

近代以来,随着科学技术化和技术科学化,科学与技术呈现一体化,由此也促进了科学技术的产业化与社会化,科学与技术都不仅被视为系统化、理论化的知识体系与认识活动,也成为一种社会事业与社会建制,科技活动呈法制化趋势。伴随第四次科技革命而来的高新科技时代亟须法律能动发挥对于科技进步的保障与规制的双重作用,回应科技对法律的推动与促进及其由此引发的法治挑战,在立法理念与制度体系上及时作出变革,从而促进科技法制化的有效实现。

首先是科技活动行为的法制化。网络信息与生物基因技术发展便催生诸多新型案件,显示科技法制化的必要性。例如当年大学生魏某通过百度搜索竞价排名推广信息寻医问药却又不治身亡事件,曾一度引发关于企业向网络平台购买关键词进行竞价排名的这种服务形式是否属于商业广告的争议。其争议焦点在于,基于此种网络服务而向用户提供信息检索内容往往并非是纯粹自然搜索结果的展现,而是带有基于竞价排名的商业推广性质,由此也促进了广告法、反不正当竞争法等法案修改与完善。又如,搜索引擎技术使用中的商标侵权及不正当竞争,在线行为广告(Online Behavioral Advertising,OBA)的合法性与精准营销下的消费者权益保护,大数据使用中的个人信息保护及其信息追踪行为的合法性判定,就业者基因资讯披露中的隐私权保护与雇佣者的知情权保障之冲突与平衡,深度链接技术运用中的知识产权侵权判定,电子商务中的知识产权间接侵权责任认定及其司法管辖争议,3D 打印技术运用中的知识产权风险防控,P2P 技术运用中的版权合理使用,网络服务提供者的侵权责任判定等,都有赖科技法制化加以保障与规制。

其次是科技活动客体的法制化。科技活动兼具创造性与实践性,相对于科学探索作为创造性活动的无禁区、无偶像、无终点的开放性特点,技术开发作为实践性活动往往成为一种受社会规范制约与指引的自主活动。对后果难料甚至可能牺牲人的尊严和价值的科技活动,理应受社会公众普遍认同的价值理性的正当性检验。在人体基因科技研发与运用中便需遵循知情同意、尊重个性、利益共享等基本原则。例如,联邦德国专利法院 2006 年就曾因诉争专利客体触犯人类胚胎生成所形成人格尊严及其生命权而违反公序良俗,出现过“绿色和平组织诉 Bruestle 神经干细胞专利无效”案[②]。虽然纯粹的自然之物并非可专利客体而不能被授权专利

① [美]伊森·凯什.数字正义:当纠纷解决遇见互联网科技[M].北京:法律出版社,2019:序言.

② 刘晓海.德国知识产权理论与经典判例研究[M].北京:知识产权出版社,2013:150.

权，但基于技术手段“分离”的人类基因是自然之物还是人造之物，能否授予专利权就存在争议。在广受关注的基因专利案(AMP)中①，美国联邦巡回上诉法院就面临如何界分自然之物与人造之物以及如何将某些特定的自然之物的新应用纳入可专利客体范畴等判定基准难题。

再者是科技活动主体的法制化。近代以来现代科学的迅猛发展往往源自政府与企业及公私基金的巨额资助，后者也期望借此资助实现其某些政治、经济或宗教目的。科研要与某些政治、经济或宗教合作才有其发展生命力，因为后者能使其科研投入正当化。当然，科研进程及其成果使用也往往受制于后者的广泛影响。例如核弹制造、登月成功并非纯粹是物理学家、生物学家和社会学家的成就，特殊历史时期的某些政治思想和经济力量往往驱使物理学、生物学和社会学朝着特定方向前行②。因而，在政府(或企业)资助的科技活动中要保持决策的政治(或经济)与科技的平衡往往面临巨大挑战，这就要借助法治的力量确保科技组织与成员在从事科技领域的专业活动中享有广泛的独立自主的自治主体地位，以防政府(或企业)作为资助者的不当干预，也要借助法治的手段规范科技组织与成员的自律主体角色，将科技活动主体纳入法制化治理体系。

最后是科技活动权益内容的法制化。创新成果具有公共物品与私人物品之双重属性，赋予创新成果以知识产权对其施以私有产权制度安排，有助于解决创新成果作为私人物品在使用与消费上的排他性问题以减少“搭便车”现象，也确保了创新成果作为公共物品的社会分享以促进知识的传播与利用，从而以经济上效益更高的制度替代某种低效制度，有其经济合理性。因而，赋予创新成果以知识产权保护有助于维系科技创新的可持续投入及其后续创新动力的有效激励，符合功利主义法学基本原理。另一方面，创新成果往往经由创新者的劳动投入而投射了其个性特质与人格属性，按近代思想家洛克的劳动财产权理论及黑格尔的人格财产权理论，对此创新成果赋予创新者以知识产权亦完全合乎自然法则及其权利生成的基本原理。为此，有必要对科技活动权益进行合理配置并作出相应的制度安排。

① See Association for Molecular Pathology (AMP), et al., v. United States Patent and Trademark Office, et al., 653 F. 3d 1329 (Fed. Cir. 2011).

② [以色列]尤瓦尔·赫拉利. 人类简史：从动物到上帝[M]. 2版. 北京：中信出版集团，2017：253-255.

第二章　科技创新的法律保障

科技创新在广义上是一个从科学发现到技术发明再到技术扩散（传播与应用）的极其复杂的活动过程，既涉及上游的科学发现与技术发明中的知识生产，同时也涉及下游的技术扩散中的知识消费（应用）。如今，科技创新日益呈现科学技术化与技术科学化乃至科学技术与经济及其生产之间的一体化趋势，具体表现在：一是呈现由个体创新到企业创新再到国家创新乃至全球化创新的趋势，二是呈现由科学引领到技术驱动再到市场激励与产业化布局的趋势，三是呈现由网络化到平台化乃至众创、众包式的开放化与社会化趋势。值此背景下，唯有充分发挥法律保障功能才能有效促进科技创新活动，并使之由科学发现到技术发明再到技术扩散，从而实现其全生命周期与可持续发展。

一、科技创新的正外部性

一般来说，科学立足认识世界，而技术旨在改造世界。科技创新乃是人类通过揭示自然界、人类社会与个体思维的普遍规律性认识，从而系统地发现其内在因果关系，形成关于（广义上的）人文、社会和（狭义上的）自然的知识体系，在此基础上以实验观察为基础，从而有目的地实现其改造或控制主客观世界的社会实践。无论是科学发现还是技术发明往往最终都是以创造性智力成果形式呈现出来的知识产品。当然，以各种新发现、新观点、新理论等形式表现出来的科学创新成果往往是以各种新工艺、新方法和新产品等形式体现出来的技术创新成果的先导，而后者则是前者的价值实现形式。

关于何谓“创新”问题，常常引发人们追问的是，中国古代“四大发明”究竟是不是创新。回顾中文“创”字的内涵可以发现，“创”由“仓”和“刂”两部分构成，其实“刅”本字“創”，其表示用刀斧建造粮仓，这就意味着创新总是要付出艰苦卓绝的努力才能有所回报。正如奥地利经济学家熊彼特所言，创新既是一种创造，也是一种毁灭，谓之“创造性破灭”。这似乎正如中文语境下的“不破不立”之意。熊彼特指出，创新并非仅仅是技术发明本身，更确切地说，创新是技术发明的首次商业化，技术创新包括“发明—创新—扩散”三个阶段。如此看来，创新成果的正的“外部性”释放才是创新价值得以实现的归宿。

经济学家认为，如果一个人的行为对他人的福利产生了影响，就可以说是制造了外部性。这些外部性的例子包括但不限于噪音或难闻气味对邻居或周边他人造成的妨害，污染物排放，危险的或造成风险的行为，公共资源的使用，有益行为，对他人产生心理影响的行为，等等[①]。一般来说，当经济活动主体为自利而实施某种行为却使他人受益或受损，他人却并未为此而付费或得到补偿，此影响即为外部性（externality），包括有益（正）或有害（负）的外部性。前者给他人带来的是成效与益处的积极影响，故谓之正外部性；后者对他人带来的是成本与负担的消极影响，故谓之负外部性。因而，所谓“外部性”就是效益或成本被加于他人身上，但施加这种影响的人却没有为此享受其收益或者付出其代价，此种效益或成本即正或负的外部性。例如，养蜂人得到的蜂蜜收入并不包括蜜蜂授粉给果园所有者带来的收益，果园所有者得到正的外部性。而汽车尾气影响路人的健康，汽车所有者没有给受影响的路人以补偿，路人受到负的外部性。

以经济增长模式变革为例，科技创新的社会价值（即所谓“正外部性”）无疑是极其巨大的。科技创新使生产与服务产出产生了相当程度的规模报酬递增效应，信息成本迅速降低的技术发展（例如通信技术的改进）大大降低了建立在空间上相互移动的个人参与基础上的制度安排的组织成本，这就使一系列旨在改进市场主体地位和促进商品流通的制度革新（例如建立更复杂的组织形式或交易模式）变得有利可图，典型的譬如基于电子商务的第三方交易平台或是基于 P2P 技术的数字内容分享机制。因此电子商务或数字传媒领域的服务模式创新有助带来促进经济效率增长的正外部性。此外，在网络平台技术创新中，平台化发展日渐呈现中台战略布局趋势。由于前台更多基于用户需求而需要作出灵活迅速反馈，后台侧重基于数据存储与分析及其信息系统运行与维护需求而需要提供稳定的技术支撑，因而围绕前台用户提炼共性需求以打造组件资源包，通过整合技术、数据、业务而构建其通用平台，从而布局中台，以实现平台信息资源的开放共享，由此体现平台技术创新的正外部性。

再以人工合成淀粉研究为例，2021 年 9 月 24 日，中国科学院天津工业生物技术研究所（简称 TIB）科研团队在著名国际学术期刊《科学》上在线发表一篇论文《从二氧化碳无细胞化学酶合成淀粉》[②]，这项成果如果能实现产业转化的话，可以

① [美]斯蒂文·萨维尔. 法律的经济分析[M]. 柯华庆，译. 北京：中国政法大学出版社，2009：18－21.

② 该论文英文名称为 Cell-free Chemoenzymatic Starch Synthesis from Carbon Dioxide.

堪称与20世纪60年代人类首次完成人工合成结晶牛胰岛素(蛋白质)相媲美。回顾科技史,一万年来,人类历经用火、制陶、冶炼金属、发明文字、学会航海,直至发明蒸汽机、内燃机,采集利用化石能源,掌握运用电力与通信技术并实现电气化与电子化,乃至进行航空航天探索……尚未真正实现粮食生产从田间到工厂的跨越。人工合成淀粉通过人工方式替代原本由二氧化碳(CO_2)和水(H_2O)经由阳光和叶绿素的光合作用而生成碳水化合物($C_6H_{12}O_6$)和氧气(O_2)这一自然生长过程实现固碳,其正外部性在于开启由"植物种植"到"植物工厂"的粮食生产方式转变,缓解碳排放过度所致地球温室效应及其气候变暖趋势,助力我国实现"碳达峰""碳中和"的"双碳3060"目标。

在信息经济学理论看来,知识产品作为创新成果兼有公共物品与私人物品双重属性。那么知识产品究竟是公共物品还是私人物品,科学发现与技术发明的"外部性"究竟有何不同,这是构建科技创新的法律保障机制所要首先解决的问题。实际上,由于易逝性和外部性的存在和出现,生产者提供的知识信息一旦被消费者自由使用,虽然使得知识产品公众消费带来的社会效益大大高于知识产品生产者取得的个人效益,但结果却导致知识产品生产者难以通过出售知识信息来收回其知识产品的生产成本。可见,由于知识产品一旦扩散就会脱离生产者的控制而自由传播为多人同时使用,因而,生产者的经济收益便难以得到保证。信息包含着思想,一个人使用一种思想不能减少别人使用思想的程度,因而,信息的使用是非竞争的。因为信息的传播是极其便宜的,所以排除其他人学习新思想是成本极高的。可见,信息也是非排他性的。非竞争性与非排他性构成公共物品的特征。信息的非占有性在本质上类同于公共物品的非排他性,正因此,私人市场往往会导致公共物品的供给不足①。这就使得生产者认识到有必要将其作为私人物品而保存起来(例如保密),这样,生产者才能充分回收其知识产品的生产成本并适当享有知识产品消费的收益,进而才能激发其创新活力。因而,利用创新成果的知识产品所兼有的私人物品属性,并据此赋予其私有产权有助维系创新者的成本投入与收益产出之间的动态平衡。

不过,科学发现与技术发明在创新成果的知识产品特性及其社会价值上都存在一定差异,两者的外部性呈现形式会有所不同。尽管科学发现与技术发明作为知识产品在客体上均具有无形性,相对有形物质产品均更加难以占有、处置与利用,但科学发现作为基础研究领域的上游知识产品,其蕴含的公共物品属性(知识共享性)相对技术发明的私人物品属性(知识独占性)就更为突出。科学发现(如万

① [美]罗伯特·考特,托马斯·尤伦.法和经济学[M].史晋川,董雪兵,等译.上海:格致出版社,上海三联书店,上海人民出版社,2012:105.

有引力定律、热力学定理等）上的知识产品具有使用与消费上的公用性（非排他性）、共享性、（有益）外部性、易逝性、扩散性、边际收益递增性等特征。通常，“产权的可交易性特征向人们展现出要使资源得到有效的利用，就必须实现产权的流转，即在流转中产生效益”①。将科学发现作为绝对排他的私人物品为知识生产者所垄断性控制，难免妨碍知识信息的交流、传播与社会利用，妨碍科学进步与社会发展，反而导致社会效益下降。此外，作为科学发现的知识产品因其“外部性”和“搭便车”等公共物品属性，将其确立为绝对垄断性私人控制物品还可能带来排他性技术措施履行和保护费用极高等问题，也会降低作为公共物品的知识产品在生产与消费领域中的效率价值发挥。

相反，技术发明（甚至于作品、标记等）作为应用研究领域的下游知识产品，其蕴含的私人物品属性（知识独占性）相对科学发现的公共物品属性（知识共享性）更为突出。作为技术发明的知识产品信息一旦生产出来若是任由其扩散而脱离生产者控制地自由传播，并为社会公众自由使用与消费，固然在短期内可以使得知识传播与使用的社会效益暂时高于知识产品垄断者的个人效益，不过长期来看，由于其知识信息的易逝性和外部性等特征，一旦被界定为公有，势必导致众多“搭便车者”跟进的可能，将使生产者难以通过出售知识信息收回其生产成本，生产者的经济收益缺乏保证，自然也大大影响其创新积极性。可见，完全将作为技术发明的知识产品界定为无排他性公有也不适宜，否则降低社会创新活力，反而不利于科技进步与社会发展。经济学家据此认为：“授予开发者新的、有用的、非显而易见的发明或创新以排他性权利，能够鼓励投资和传播新的方法、设备和作法”，不过专利体系也面临因价格过高和垄断限制产出导致成本大于收益的问题②。尽管知识产品的生产具有个体性，但知识产品的消费却具有公共性，此乃两者矛盾的根源。作为技术发明的知识产品的私人物品属性往往通过知识产品的可保密性（一定程度的排他性）、智能创新性（一定程度的对抗性）以及个体经验累积性（如隐性知识）等具体呈现。

第一，作为技术发明的知识产品具有可保密性特点。尽管知识产品具有公用性和共享性，但发明等知识产品却一定程度上可以通过保密等技术手段而加以排他性地私有控制，这样就排除了他人对知识产品的免费使用与消费，从而确保了生产者的创新积极性。虽然其他消费者或生产者有可能通过反向工程对某些已体现于物质产品中的生产技术进行“解密”来了解其知识信息，这就需要结合该产品特点从法律上判断此种借助反向工程进行的解密获取其知识信息的正当性问题，对

① 高德步. 产权与增长：论法律制度的效率[M]. 北京：中国人民大学出版社，1999：132.

② ［美］罗伯特·考特，托马斯·尤伦. 法和经济学[M]. 史晋川，董雪兵，等译. 上海：格致出版社，上海三联书店，上海人民出版社，2012：118.

于来源正当且解密成本很低的产品，若赋予其技术秘密保护就未必具有经济合理性。不过，即便存在“解密”可能，对于跟进者来说也是需要付出相当的时间和精力，这就使得该知识产品在跟进者“解密”以前仍然为生产者所排他性地控制具有现实可能，此种情况下给予该产品创新者以赋权进行技术秘密保护，对于激励其后续创新投入具有正当性与经济合理性。

第二，作为技术发明的知识产品具有智慧创造性。知识产品是创新者在认识与改造自然社会中的思维活动结晶，尽管是在前人的知识成果基础上产生，但更多地赋予了生产者个性化智慧创造色彩，在专业领域具有领先性，不经生产者的传授和消费者的学习是无法通过“复制”方式而直接转化为现实生产力的，在尚未被生产者全面传授或消费者“消化吸收”以前，这种知识产品仍具有使用与消费上的一定程度的对抗性，具备作为私人物品的可能。不过，技术发明的创新高度与市场认可度不同，其智慧创造的经济与社会价值也有差异。为了激励更富经济社会价值的创新，有必要对技术发明的私权保护强度给予合理划定，科学厘清作为站在“巨人肩膀”上的技术发明成果的创新点所在，明确其技术发明中的公有领域与私有领域空间，避免或排除给予单纯基于“额头出汗”式的劳动成果以过强的知识产权之私权保护。

第三，作为技术发明的知识产品的创新与生产有明显的个体经验累积性。在科技哲学上，博兰尼（Michael Polanyi）将知识分为显性知识（explicit knowledge，又称编码知识）和隐性知识（tacit knowledge，又称意会知识）[①]。前者是可能通过文字、声音和图形进行表达和传播的易“符码化”（codified）的知识，例如发明专利、电影作品等，它对应于世界经合组织（Organisation for Economic Co-operation and Development，OECD）对于知识分类中的 know-what 和 know-why 两类。后者则是指个人或组织长期经验积累而拥有的不易用语言等加以表达也难以传播的未编码知识，例如各种技术诀窍，它对应世界经合组织对于知识分类中的 know-how 和 know-who 两类。隐性知识不仅大量隐藏在人们大脑中，而且也是人们进行科技创新的源泉所在，他人即便经过认真领会与摸索也不易全面掌握。显性知识由于其易于模仿和被搭便车而作为专利保护客体，而隐性知识由于它不易模仿为竞争者所跟进，往往被作为技术秘密加以储藏，往往成为商业上的核心竞争力，这为技术发明与技术秘密等知识产品作为私人物品而存在提供了现实可能性。

不过，技术创新也可以反哺科学创新。技术作为人们有目的发掘出来的自然现象或其现象集合，有些技术现象一旦被发掘出来之后（例如科学仪器和方法）还可以用于帮助发现新现象，这也正是科学创新过程中的一个良性因果循环。尽管技术归根到底都来自现象，但是大多创造技术的现象模块并非直接对单一现象的

① ［英］迈克尔·波兰尼. 个人知识［M］. 贵阳：贵州人民出版社，1996：11－16.

驾驭所能实现，而是源自诸多现象的“合奏”。例如火星探测器就是由驱动马达、数字式电路、通信系统、转向伺服系统、摄像头和轮子组合起来的，促成这项技术完成需要对每样东西背后的现象的综合认识来实现[①]。可见，凡是复杂的技术创新往往都是多重现象的叠加揭示，这当然也有赖大科学时代科学研究领域的基础理论创新与原理发现。

尽管在近代以前，技术发明的获得可能符合科学原理，却往往与科学理论并无直接关系，但是，随着近代以来实验科学兴起与科研活动的国家建制化的出现，科学与技术之间的联系日渐密切起来。正如布莱恩·阿瑟所言，如果说在古代“没有技术的科学是软弱的”，那么如今可以说“没有科学的技术是盲目的”。近代以来的每一次技术革命均以科学革命为先导，且又为下一次科学革命提供必要的准备条件，而科学革命与技术革命又极大地推动了经济生产力发展并反过来为科技进步提供物质经济基础支撑。特别是随着科学技术化与技术科学化以及科技经济生产一体化趋势发展，如今科学革命与技术革命的相互激励与互为支撑功效愈加突显。

例如，16 世纪 40 年代到 17 世纪末的第一次科学革命产生以实验为基础的近代科学；于是 18 世纪下半叶到 19 世纪初发生了以纺织机械革新为起点，以蒸汽机的发明和应用为标志的第一次技术革命。19 世纪中叶发生了以热力学、电磁学、化学、生物学为代表的第二次科学革命；嗣后爆发以电力技术为主导的第二次技术革命。自 19 世纪末物理学领域 X 射线、放射性和电子等三大发现到 20 世纪 40 年代现代宇宙学、分子生物学、系统科学、软科学产生，自然科学、社会科学与思维科学交叉渗透，第三次科学革命引发了以核技术、计算机技术、空间通信技术应用为标志的现代技术革命，以及 70 年代以来微电子技术、生物技术、空间宇航技术、信息技术等高技术群出现的新技术革命。

如今，技术开发以现代科学实验和理论为基础，科学研究也需以精密仪器的技术工具为条件。技术被深深地织入了科学，而科学通过方法与设备等技术获得对自然观察与推理的探索。科学与技术以一种共生方式进化，彼此参与对方的创造，相互接受、吸收、使用。例如，望远镜在创造现代天文科学方面与哥白尼和牛顿的推理同等重要，如果没有 X 射线衍射的方法、设备以及提取和纯化 DNA 所需的生化方法，沃森和克里克也不可能发现 DNA 的结构以及其后的互补碱基对现象。历史上曾经存在着仅凭常识便可直接产生新的设备，比如纺织机。而如今只有详细、系统、可编码的理论知识才可能产生基因工程或微波传输等新技术，或借助恒星相对行星位移所致光谱线发生偏移的“多普勒效应”而帮助人们寻找太阳系以外

① ［美］布莱恩·阿瑟. 技术的本质：技术是什么，它是如何进化的［M］. 杭州：浙江人民出版社，2014：53，65－69.

的行星。可见，科学发现日益依赖技术创新，技术创新也日益离不开科学发现，大科学时代呈现"科学技术化"与"技术科学化"双向互动。随着大规模工业制造的迅猛发展与工商业贸易的广泛兴起，科技成果产业化需求不断增长，催生了"科学技术—经济生产"一体化趋势。

例如，政府对科技创新的积极介入在德国的"工业 4.0"与中国的"工业制造2025"中都有所体现，这也构成了当代第四次科技革命的重要特征。在我国，无论《国家重点支持的高新技术领域》目录所列八大"高新技术"领域，诸如电子信息技术、生物与新医药技术、航空航天技术、新材料技术、高技术服务业、新能源及节能技术、资源与环境技术、先进制造与自动化(高新技术改造传统产业)等，还是《战略性新兴产业分类(2018)》(国家统计局令第 23 号)所列九大"战略性新兴技术"产业，诸如节能环保产业、新一代信息技术产业、生物产业、高端装备制造产业、新能源产业、新材料产业、新能源汽车产业、数字创意、相关服务业等，都呈现了技术创新的全局性、前瞻性、动态性、先导性、成长性和带动性等特点及其科技发展的一体化融合趋势。因而，对于科技创新的正外部性往往需要通过法律上的资源优化配置，明晰其知识产权归属，促进其有效利用与转化。特别是在涉及政府资助科技项目成果保护中，借助"官、产、学、研、商"的合作及其法律调整，将创新成果的有益的外部溢出效应回馈于创新者自身，有利促进并实现其正外部性的内在化，从而为其后续的进一步创新产出提供促进与保障的激励机制。

二、科技创新的法律保障机理

前述研究表明，科技创新面临着知识产品生产的个体性与其消费的社会性之矛盾，由此带来知识产品生产的溢出效应如何在其消费的社会分享中有效实现其价值回报的问题。通常，为科技创新提供保障机制往往要经由正外部性的内在化，即由消费知识产品的公众向从事知识产品生产的个体支付相应对价，从而激励与促进其实现知识产品的可持续生产。"外部性内在化"的经济学解决方案有二，一是以庇古为代表的新福利经济学所谓"庇古税"等政府干预方法①；二是以科斯为代表的新制度经济学所谓"产权交易"等自愿协商方法②。校正外部性所致外部不

① [美]乌戈·马太. 比较法律经济学[M]. 沈宗灵，译. 张建伟，审校. 北京：北京大学出版社，2005：52－53.

② [美]罗纳德·H. 科斯. 财产权利与制度变迁：产权学派与新制度学派译文集[M]. 上海：格致出版社，上海三联书店，上海人民出版社，2014：4－39.

经济往往借助“外部性”的“内在化(internalization)”①来实现。对于正的外部性如要实现其内在化就要对某些没有补偿的外部影响进行补偿。对负外部性所致外部不经济如果要通过内在化方式加以校正就要对某些没有付费的外部影响进行付费。例如,果园所有者给养蜂人付传授花粉的费用,汽车车主缴纳尾气污染费给路人,都可实现“帕累托最优(Pareto optimality)”的资源优化配置,解决外部不经济导致的资源配置效率低下问题。所谓帕累托最优即帕累托效率,它指的是资源配置中在不减少另一个人的福利的情况下就不可能使一个人的福利增加的均衡状态②。科技创新的法律保障或是科技发展的法律规制都旨在解决其制度安排的效率性问题。实现制度安排的效率性的内在机理就是要通过外部性内在化的制度安排而实现其资源配置最优③。

通常,解决知识产品生产的个体性与其消费的社会性之间的矛盾,需要通过国家权力对作为公共物品的知识产品进行相应的产权界定,通过知识产权制度创新实现对有关知识产品的稀缺资源及其利益的再分配。以法经济学观点来看,“产权的出现,是国家统治者的欲望与交换当事人努力降低交易费用的企图彼此合作的结果”④。经济学家们就此指出,国家授予知识产品生产者以知识产权就是“为了发给作者奖金而对读者征的税”⑤。在此,尽管知识产品是公开的(公共产品属性),但知识产权是垄断的(私人产权属性)。知识产权作为私权加以界定的内在理论逻辑原理是“以公开换垄断”。易言之,发明者公开其智力成果使公众充分地了解其专门知识,而社会则承认作者、发明者或投资人对其知识产品享有独占垄断地位的专门权利。西方法学家将这一现象解释为社会契约关系,即以国家面貌出现的社会同知识产品创造者之间签订的一项特殊契约⑥。这种条款之所以能够达成,在于“对财产权的法律保护有其创造有效使用资源的诱因”⑦。正因为农夫能够获得土地作物的财产权,才促使农夫支付并尽可能节约耕种土地所需要的成本;正因为创造者能够取得知识产品的垄断权,才激励其在知识产品的生产方面进行投资。

首先,科学发现奖励制度是科技创新的重要保障机制。一般来说,科学创新成

---

① [美]杰弗里·L.哈里森.法与经济学[M].北京:法律出版社,2004:43-44.

② [美]波斯纳.法律的经济分析[M].北京:中国大百科全书出版社,1997:40.

③ 高德步.产权与增长:论法律制度的效率[M].北京:中国人民大学出版社,1999:106-107.

④ [美]道格拉斯·C.诺思.经济史中的结构与变迁[M].上海:上海三联书店,1991:17.

⑤ [美]罗伯特·考特,托马斯·尤伦.法和经济学[M].张军,等译,上海:上海三联书店,上海人民出版社,1994:153,191.

⑥ 中国科学技术情报所专利馆.国外专利法介绍[M]//[苏]B.A.鲍加特赫.资本主义国家和发展中国家的专利法.北京:知识出版社,1981:12.

⑦ [美]罗伯特·考特,托罗斯·尤伦.法和经济学[M].张军,等译.上海:上海三联书店,1991:185.

果只能实现产权公有的制度安排，而技术创新成果则存在产权的私人所有与公有两种制度安排形式。究其原因，正如张五常指出“很多新发现是无法表达在物上的。如牛顿的三大定律。自然定律（the law of nature）的发现是不能申请专利的。原因是难以形状或者可能会导致过大的保障”[①]。在现代社会，“法律应当以有利于提高效率的方式分配资源，并以权利和义务的规定保障资源的优先配置和使用”[②]。而科学发现要进行私有产权界定往往存在困难或者成本高昂，且效率低下，其结果却是不尽如人意的，因而对于科学发现不宜直接商品化。况且在现代大科学（即科学技术一体化）趋势下，科学发现等基础科学研究还关乎人类文明进程，而成本投入又极其巨大，私人生产将面临成本与收益的不对称，如将其为发现人所垄断或采取私有产权制度安排，势必降低社会效率、妨碍科学进步。因此，《科学发现国际登记日内瓦条约》明确指出，开展科学发现登记旨在促进科学发展，鼓励人们使用已经发现的自然法则，而不是限制这种使用。例如我国《专利法》第二十五条就将科学发现、智力活动的规则和方法等排除在可授予专利权范围之外，而作为垄断私权加以保护。

不过，专利权作为保障创新并促进科技进步的私权保障制度只是晚近兴起的法治文明成果。在人类历史上很长一段时期并没有知识产权制度，也出现了许多重大发现与重要发明，原因在于科学研究与技术工程领域一直存在着各种替代性的创新激励机制，譬如所谓的“优先权”“奖励”机制。一般来说，被经济学家称之为优先权（priority）报酬系统是以非市场机制的报酬系统来换取社会对科学成果产权公有的各类奖励制度[③]。优先权报酬制度主要是针对科学发现等科学理论知识而设。罗伯特·莫顿较早地系统分析了科学研究中优先权的重要性。他认为科学研究的目的在于，通过在专业领域内的研究与探索取得最新成果后尽早发表以向世人或同行通报，从而得到公认而建立起对该科研成果的优先权以及获得与此有关的各项报酬。优先权报酬制度主要有以下形式：一是科学发现的命名权，即在某项科学成果上以完成该项科学发现的科学家来命名，如牛顿定律；二是科学奖金的获得权，即由政府或其他社会组织授予科学发现完成者以科学奖励金，如诺贝尔奖或我国“三大奖”等；三是授予完成者以各种荣誉称号，如院士等。优先权报酬系统确立科学发现者拿走的只是“命名”与奖金的报酬，作为这种收益的对价支出，社会获得了对该项科学成果的公有产权。

其次，技术发明奖励制度则是通过对技术发明创造所产生的经济效益和社会

① 张五常. 卖桔者言[M]. 成都：四川人民出版社，1988：171.
② 张文显. 法学基本范畴研究[M]. 北京：中国政法大学出版社，1993：275.
③ 袁志刚. 论知识的生产和消费[J]. 经济研究，1999(6)：59－65.

效益进行评价，由国家给予奖励，即颁发发明荣誉证书、奖章和奖金，而技术发明成果的所有权名义上属于国家，但任何人都可以无偿使用。这种对创造性智力成果实行产权公有的发明奖励制度，可以使信息充分公开并广为使用，在一定时期内使社会支出极小的成本而取得收益。因此，技术发明奖励制度作为产权私有的专利制度的替代性创新保障机制，也在特定历史时期或某些社会条件下发挥着类似优先权报酬系统的激励功效。由于获得私有产权的知识产品须具有一定的条件（如专利授予的"三性"要求），单一的技术发明专利制度又会使得某些技术成果产权归属不明，会导致该类技术成果从市场上消失，最终一种以技术成果产权私有为主、兼采以奖励为对价的公有产权形式出现了，这就是对技术成果产权采取产权的私人所有与公有两种形式的双轨制，它较好地弥补了单一制的技术发明奖励制度和单一制的技术发明专利制度的不足。总之，以发明权与发现权所构建的科技奖励制度尽管与发明专利等知识产权制度一样，也旨在促进科技成果的生产和应用，但它却是一种以精神鼓励为主、物质鼓励为辅的激励机制。

如今，优先权报酬系统已成为国家建制化的科学奖励与技术发明奖励制度。也有研究认为基于优先权报酬系统的奖励制度属于广义知识产权的发现权和发明权范畴，在狭义上并非属于具有私有产权属性的知识产权体系[①]。除了科学奖励制度以外，国家或社会往往还通过国家税收补贴制度、政府采购制度等来组织此类知识产品生产，并通过公有产权制度安排实现此类知识产品价值的社会分享。国家税收补贴制度就是以国家税收形式由政府从国民生产总值中拿出一定比例作为研发（R&D）基金向大学、科研机构提供资助，通过国家税收补贴换取科技创新者将其创新成果完全公开，以促进基础科学研究成果等公共知识产品的生产、普及与传播，从而使社会效益最大化。另外，由于某些关系国防利益或民族产业利益等重大科技创新不能或不宜完全市场化，同时，由于科学创新成果本身的不确定性而无法直接通过税收补贴促进其生产，通过基于行政指导或行政计划下的政府采购制度将会为此类科技创新提供有力促进和激励作用。

不过如前所述，科学发现与技术发明是既有联系也有区别的科技活动。基于科学创新与技术创新的差异，对创造性智力成果的产权制度安排即科技奖励制度与知识产权制度虽密切相关，但其创新激励的内在原理不同。通常，基于产权公有的优先权报酬制度难以从根本上解决应用领域的科技创新活动的报酬与激励机制问题，因而将创造性智力成果当作纯粹的公共产品而由公众自由使用，就会使私人失去生产信息的积极性，最终造成信息供给不足。这是因为"付给科学家报酬和提供奖金是刺激努力出成果的人为办法，而一项专为包括新思想、发明和创造在内的

① 吴汉东. 关于知识产权基本制度的经济学思考[J]. 法学，2000(4)：33－41，46.

知识所有权而制定的法律则可以提供更为经常的刺激。没有这种所有权，便没有人会为社会利益而拿私人财产冒险”[①]。为弥补单一制的技术发明奖励制度的缺陷，人们又创设了对技术创新成果实行产权私有的发明专利制度，它可使生产者得以控制信息的外溢效应并得到成本补偿，刺激私人生产知识产品的积极性。所以，科技创新所增加的知识存量作为内生变量要推动经济增长，一种可行的必要办法就是赋予创新主体对创造性智力成果（知识产品）享有某种产权。与科学创新不同的是，技术创新以改造世界而非以认识世界为目的，其创新成果形式如新工艺、新方法和新产品等可以直接进入商品化和产业化应用，不存在产权界定的困难，产权界定成本也相对较低，因而能够通过市场机制的私有产权制度安排来进行法律调整，这就是所谓的知识产权制度。

产权在本质上体现为人与人之间在稀缺资源（有体物与无体物）的占有、使用、收益和处分上的相互关系。赋予创新主体以创造性智力成果的产权必然涉及权利人与社会公众乃至国家之间在知识生产与使用等方面的利益关系，这些又有赖于国家的产权制度安排及其制度创新，因而国家在某种程度上乃是产权等制度创新的主体。制度安排作为一种公共品由国家“生产”，可以降低制度变迁的组织与实施成本。正是在这个意义上，诺思将产权理论和国家理论视为“理解制度结构的两个主要基石”[②]。知识产权作为国家所创设的一项私权具有“国家授予性”，但在本源性意义上却是与创造性智力活动及其创造性智力成果分不开的。然而，并非所有的创造性智力成果都有实行知识产权这一私有产权制度安排的必要性，某些创造性智力成果也往往适用非市场机制的公有产权制度安排形式，也就是所谓科技奖励制度。广义的科技奖励包括政府奖励、民间奖励、市场奖励和产权奖励等，广义上的知识产权法包括科技奖励制度。不过，知识产权制度在狭义上看与科技奖励制度（政府奖励）在市场属性、客体范围、权利内容、获取条件、公开程序等方面均存在差异，在促进创造性智力成果的生产和应用方面两者具有互补性[③]。

因此，有研究指出，知识产权法涉及两种不同激励机制的调整领域：一个领域是为了知识产品的生产、使用、消费、流通而进行的知识活动，它是将知识活动纳入资本生产模式中，这就是目前被严格限定的“知识产权”，它满足个人对智力成果的独享权利，获得个人知识财产权；另一领域是为了人类知识总量增加而进行的纯粹的求智活动，比如科学发现，它属于“非生产领域”（或非资本模式下运行的知识生产）的知

① [美]道格拉斯·C. 诺思，罗伯特·托马斯. 西方世界的兴起[M]. 厉以平，蔡磊，译. 北京：华夏出版社，1999：8.

② [美]道格拉斯·C. 诺思. 经济史中的结构与变迁[M]. 上海：上海三联书店，1991：17.

③ 成良斌. 论科技奖励制度与知识产权制度的互补性[J]. 中国软科学，1998(12)：65－68.

识活动的权利，它的刺激方式是“道德奖赏”。显然，知识产权法无法同时提供整合两种不同目的知识活动的一般衡平原则[①]。因而，创造性智力成果（即知识产品）需根据其本身属性而分别作出不同的产权制度安排，其经济激励机制才具有合理性。不过，对于科技奖励（包括科学发现与技术发明奖励）和知识产权制度究竟选择何者更为可取，乃是一个需根据创造性智力成果本身属性的不同而权衡其权利界定的成本与收益的经济问题，法经济学（制度经济学）分析方法可为此提供有益启示。

当然，技术发明专利制度作为一种对技术创新成果实行产权私有的制度设计，它固然可使技术创新者得以控制信息的外溢效应并得到合理的成本补偿，从而不断刺激技术发明创新者对其创造性知识产品进行生产创造的积极性，然而，适用发明专利制度激励创新的智识成果范围有限。其一，能获得作为私权的知识产权保护的科技成果往往要符合一定条件。例如，专利权的授予一般需要满足其新颖性、创造性与实用性的“三性”要求，授予商标权则要求其拟申请的文字、图案等商业标识具有一定的显著性，而作品受著作权保护的前提则是满足其独创性的要求。其二，有些科技成果即便符合技术发明专利保护的条件，但对于某些更新换代频繁或难以反向破解的技术有时采取商业秘密甚至多元知识产权综合与交叉保护往往效果更佳。其三，专利保护的异质性理论研究指出，专利对于不同的技术领域所属产业的创新激励效果往往存在差异，相对商业方法与互联网软件产业，制药产业就需要更强的专利保护[②]。不过，专利系统对于特定技术或行业的机能失调并非采取差异化的专利政策所能解决，需要将专利系统作为整体加以结构性改革[③]。

三、科技创新的法律保障体系

我国目前在促进与激励科技创新方面所构筑的法律保障体系，首先从狭义上主要涉及《科学技术进步法》《促进科技成果转化法》这两部法律。此外，我国还颁布了《国家科学技术奖励条例》及其实施细则。当然，广义上科技创新的法律保障也离不开《专利法》《著作权法》《商标法》等知识产权立法。不过，正如奥地利经济学家熊彼特所述，创新并不仅是技术发明本身，而是技术发明及其首次商业化，即需要经由发明创新到技术扩散的商业转化才能真正实现其创新链的价值回归。因而，

① 徐瑄．关于知识产权的几个深层理论问题[J]．北京大学学报（哲学社会科学版），2003，40(3)：101－108.

② [美]丹·L．伯克，马克·A．莱姆利．专利危机与应对之道[M]．北京：中国政法大学出版社，2013：123.

③ [美]亚当·杰夫，乔希·勒纳．创新及其不满：专利体系对创新与进步的危害及对策[M]．北京：中国人民大学出版社，2007：181－182.

从更广泛层面看,《合同法》(《民法典》合同编第二十章“技术合同”)甚至《反不正当竞争法》《反垄断法》《刑法》等从公私法等不同角度对科技创新发挥法律保障作用。

首先,我国 2007 年首次修订《科学技术进步法》,此次修订相对 1993 年首次立法体现出七个方面的制度创新。一是确立创新型国家建设目标,通过制度创新提高自主创新能力。二是发挥知识产权制度的激励作用,规定财政性科技项目承担者有权取得其知识产权。三是发挥企业在技术创新中的主体作用,明确国有企业负责人对企业技术进步负责。四是提高财政性科技投入的效益,全面整合各项科技资源。五是完善科技决策的规则与程序,推进科技决策的法制化。六是保障科技人员合法权益,调动科技人员工作积极性。七是注重科学精神的培育与弘扬,强调遵守学术规范、严守学术道德。2021 年我国为进一步突出科技创新的战略地位,按照我国科技发展要“面向世界科技前沿、面向经济主战场、面向国家重大需求、面向人民生命健康”的“四个面向”的战略部署,加强统筹科技创新体系建设、能力建设和制度建设,运用法治力量不断提高科技创新质量和效率,加快推动新阶段高质量发展,又对《科学技术进步法》再次进行修订并对其法律框架和内容作出部分调整,其中新增“第二章　基础研究”“第七章　区域科技创新”“第八章　国际科学技术合作”“第十章　监督管理”四章,将原“第二章　科学研究、技术开发与科学技术应用”改为“第三章　应用研究与成果转化”,将原“第三章　企业技术进步”改为“第四章　企业科技创新”,共计十二章一百一十七条。例如,为加强基础研究、提升原始创新能力,规定国家加强基础研究能力建设,尊重科学发展规律和人才成长规律,强化项目、人才、基地系统布局,为基础研究发展提供良好的物质条件和有力的制度保障。国家加强规划和部署,推动基础研究自由探索和目标导向有机结合,围绕科学技术前沿、经济社会发展、国家安全重大需求和人民生命健康,聚焦重大关键技术问题,加强新兴和战略产业等领域基础研究,提升科学技术的源头供给能力。国家鼓励科学技术研究开发机构、高等学校、企业等发挥自身优势,加强基础研究,推动原始创新。逐步提高基础研究经费在全社会科学技术研究开发经费总额中的比例,与创新型国家和科技强国建设要求相适应。国家强化基础研究基地建设。国家完善基础研究的基础条件建设,推进开放共享。为解决“卡脖子”工程等现实挑战,突出强化国家战略科技力量,推动关键核心技术攻关。完善社会主义市场经济条件下的关键核心技术攻关的新型举国体制,组织实施体现国家战略需求的重大科技任务等。完善和优化国家创新体系、优化区域创新布局、扩大科学技术开放与合作、营造良好创新环境等。

值得注意的是,关于政府资助项目成果知识产权归属与利用问题,公众通常出于公平起见,认为这类发明的所有权当然归于纳税人,因为财政资金源于公众纳税。不过,除了公众所有之外,政府资金支持项目的知识产权还有可能归属于四个主体:政府、作为项目承担者的高校科研院所、发明人以及有意对发明产业转化的企业。根据我国现行的《科学技术进步法》(2021 年修订)第三十二条规定,利用财政性资金设立的科学技术计划项目所形成的科技成果,在不损害国家安全、国家利益和重大社会公共利益的前提下,授权项目承担者依法取得相关知识产权,项目承担者可以依法自行投资实施转化、向他人转让、联合他人共同实施转化、许可他人使用或者作价投资等。项目承担者应当依法实施前款规定的知识产权,同时采取保护措施,并就实施和保护情况向项目管理机构提交年度报告;在合理期限内没有实施且无正当理由的,国家可以无偿实施,也可以许可他人有偿实施或者无偿实施。项目承担者依法取得的本条第一款规定的知识产权,为了国家安全、国家利益和重大社会公共利益的需要,国家可以无偿实施,也可以许可他人有偿实施或者无偿实施。项目承担者因实施本条第一款规定的知识产权所产生的利益分配,依照有关法律法规规定执行;法律法规没有规定的,按照约定执行。第三十二条是在此前 2007 年该法修订案第二十条之规定的基础上所作的进一步修改,而 2007 年的此条新增规定是将 2002 年科技部和财政部《关于国家科研计划项目研究成果知识产权管理的若干规定》的行政规章内容纳入了人大立法,即规定财政性科技项目所形成的各项知识产权授权项目承担者依法取得。此外,为防范知识产权垄断,该条还规定国家在必要时的强制许可制度;为促进科技成果产业化,该条对利益分配问题通过准用性规则和指导性规则与《促进科技成果转化法》等相关法律保持协调。

我国《科学技术进步法》(2021 年修订)第三十二条和第三十四条借鉴美国 1980 年《拜杜法案》,将政府资助项目知识产权授权项目承担单位,旨在以法律形式保障高校与科研院所从事政府资助项目的科技创新并激励其知识产权创造,学界谓之"中国版拜杜法案"。然而,"中国版拜杜法案"自实施以来其成效并不显著,如何在法律上确保"政、产、学、研、商"各方利益并发挥其激励自主创新功能,例如项目第三方参与者的权利义务安排,知识产权共有模式下的利益分配,项目成果产业化不力的政府介入权行使方式,既避免政府资助项目成果的知识产权流失,也有利激励其知识产权的产业转化,仍是尚待持续探索的议题。尤其在大科学时代,科学技术与经济生产日趋一体化,大型科研创新确需借助政府介入权(March-in right)干预,即在一定条件下得依请求或自行决定介入财政项目研发成果的知识产权归属与运用及其利益分配。尤其《科学技术进步法》第三十四条针对政府资助科技项目成果的知识产权归属与利用,明确规定了"本国优先"原则①。

① 《科学技术进步法》第三十四条规定,国家鼓励利用财政性资金设立的科学技术计划项目所形成的知识产权首先在境内使用。前款规定的知识产权向境外的组织或者个人转让,或者许可境外的组织或者个人独占实施的,应当经项目管理机构批准;法律、行政法规对批准机构另有规定的,依照其规定。

尽管《科学技术进步法》(2021 年修订)第三十二条和第三十四条作此规定,我国《技术进出口管理条例》(2020 年修订)也将《对外贸易法》(2016 年修订)第十六条规定情形之一的技术按其对国家安全与国计民生影响的不同分别设置自由进出口、限制进出口、禁止进出口等不同管理政策,我国在《反不正当竞争法》(2019 年修订)第九条完善了侵犯商业秘密行为类型并通过第三十二条改进了其侵权举证责任分配,且《刑法》规定有第一百一十一条境外窃取、刺探、收买、非法提供国家秘密、情报罪和第二百一十九条关于侵犯商业秘密罪,但如何破解科技创新领域面临的核心零部件和原材料"卡脖子"工程,仍有待技术与法律上的不断革新。随着国际科技竞争日趋激烈,1987 年日本东芝(TOSHIBA)公司的机床出口案[①]、2013 年法国阿尔斯通(ALSTOM)公司的高管行贿案[②]等前车之鉴也说明,把握对域外技术的依赖程度并在一定程度实现关键技术领域自主可控极其必要。为应对中美经贸竞争下美国《反经济间谍法》所涉"长臂管辖权",我国在 2021 年 1 月 9 日由商务部颁布《阻断外国法律与措施不当域外适用办法》并随后于 2021 年 6 月 10 日颁布《反外国制裁法》,从而进一步完备了我国科技创新的法律保障体系。

此外,由于大科学时代的科研复杂性及其产学研合作的必要性,在涉及政府资助科技项目成果的知识产权归属及其转化与利用过程中,往往校企之间会引发某些纠纷。这里以美国斯坦福大学(Stanford Junior Univ.)诉罗氏分子系统公司(下称罗氏公司)(Roche Molecular Sys.,Inc.)发明权属纠纷案[③]为例。斯坦福大学研究员马克·霍勒德尼博士到罗氏公司学习一项名为 PCR(聚合酶链反应)的新技术,并在九个月后回到斯坦福大学。他将在罗氏公司学到的 PCR 技术和在斯坦福大学从事的 HIV(艾滋病)专业研究结合起来,开发出可以检测 HIV 病人体内病毒数量的一套 PCR 检测方法。根据他在进入罗氏公司学习时签署的保密协议,罗氏公司获得这项发明的所有权,并投入商业化使用。而他在进入斯坦福大学时也签署有一份雇佣协议,同意将其未来所有的发明转让给斯坦福大学。斯坦福大学据此认为,尽管罗氏公司与作为发明人的霍勒德尼之间有专利转让协议,但因该项发明含有联邦政府资金支持,应优先适用拜杜法案将其发明权利归属斯坦福大学。于是,双方产生纠纷并诉至法院。

该案的争议焦点在于拜杜法案的效力是否优先于项目发明人与企业所签私人契约。对此,大学技术管理者协会、美国科学促进协会、美国大学联盟以及美国司

---

① 此案中,林隆二(铸造部部长)和谷村弘明(机床事业部部长)被控走私高科技产品罪。

② 此案中,皮耶鲁(集团锅炉部全球负责人)被控商业贿赂罪。

③ 万勇,刘永沛.伯克利科技与法律评论:美国知识产权经典案例年度评论[M].北京:知识产权出版社,2013:245-264.

法部副部长、前参议员、拜杜法案提出者拜耶等认为，出于便利和鼓励投资，基于拜杜法案立法目的应将发明权自动归属斯坦福大学以保护联邦资助中的政府利益。不过，工业团体赞同应将其归于罗氏公司，认为如将其归于大学则削弱雇佣发明人对其智力成果的控制及其利益甚至阻碍创新。美国联邦最高法院终审认为，拜杜法案并不具有优先效力，联邦资金支持下的发明的初始权利人是发明人，只有在缔约方即斯坦福大学经由合同法下的转让协议获得发明权后，拜杜法案才生效。在先的斯坦福大学与霍勒德尼博士签订的协议仅是对未来发明的一个承诺，之后罗氏公司与霍勒德尼的保密协议才是转让未来还未形成的发明的有效协议。罗氏公司依约获得发明的所有权。

此案对于各国移植美国拜杜法案及其本土化实施的启示意义在于，大学为了防止类似斯坦福案的发生，应要求大学雇员在转让未来发明的协议中采取相应的合同语言（例如“特此转让”）以使未来的还未形成的发明所有权转让即刻生效，同时在制度上要求其雇员在得到技术许可办公室的允许才能与第三方签约，以避免此类风险发生。不过，从艾滋病人的角度来看，斯坦福案的裁判对促进公共卫生健康的技术创新具有良好的激励效应。无论斯坦福大学流失数千万美元的专利许可使用费，还是罗氏公司股东获得更多利益，重要的是，将发明成果赋予发明人可能有益创新，促使用于救命的诊断方法（PCR-HIV 病毒载量检测方法）得到产业转化及有效使用。

诚然，在大科学时代，由于科学发展面向技术运用，技术创新依赖科学进步，科技知识成为经济生产发展的根本动力，经济的持续增长不再单纯依赖资本的投入和运营而更多地依靠科学进步和技术创新，科技创新尤其是规模大、周期长、领域广、风险高的大型科研活动有赖于主权国家乃至多国及国际组织之间人财物的科技资源整合。这是因为科技创新的动力机制不仅源于科学研究推动、技术开发驱动、市场需求拉动，也离不开国家创新系统的助力。可见，科技创新除了有赖作为“私权”的知识产权配置加以法律保障之外，还离不开知识产权创造、保护、运用与管理等战略实施中的行政与司法等公权的介入。不过，基于熊彼特关于“创新乃是技术发明的首次商业运用”来看，“中国版拜杜法案”所规定的政府介入权的行使如何与市场调节的资源配置机制相得益彰，从而充分发挥创新主体的自主性与能动性，仍是我国未来在科技创新的法律保障体系建设中的重要内容。

其次，我国《促进科技成果转化法》于 1996 年颁布，之后于 2015 年修订。该法在其第二条明确了“科技成果”是指通过科学研究与技术开发所产生的具有实用价值的成果，而“职务科技成果”是指执行研究开发机构、高等院校和企业等单位的工作任务，或者主要是利用上述单位的物质技术条件所完成的科技成果。同时该法还将“科技成果转化”界定为，为提高生产力水平而对科技成果所进行的后续试验、开发、应用、推广直至形成新技术、新工艺、新材料、新产品，发展新产业等活动。而该法第十六条又进一步明确了科技成果转化的具体方式：(一) 自行投资实施转化；(二) 向他人转让该科技成果；(三) 许可他人使用该科技成果；(四) 以该科技成果作为合作条件，与他人共同实施转化；(五) 以该科技成果作价投资，折算股份或者出资比例；(六) 其他协商确定的方式。不过该法条对科技成果转化主体采用了"科技成果持有者"的概念，却并未对此概念的具体所指进行界定与解释，盖因"科技成果"权属面临国有企事业单位与高校科研院所或是民营以及其他单位职务发明创造的可能性，此称谓固然有利于成果管理，便于"国家设立的研究开发机构、高等院校所取得的职务科技成果，完成人和参加人在不变更职务科技成果权属的前提下，可以根据与本单位的协议进行该项科技成果的转化，并享有协议规定的权益"(第十九条)，但也使科技成果转化面临主体范围不明与主体责任不清等现实困境。

其实，科技成果转化中面临的主要难题有二，一是如何在横向上充分发挥权利配置功能，调动从科技成果产出到实施转化再到商品化(服务)开发运用等环节利益相关者的资源优化积极性；二是如何在纵向上有效发展权力干预功能，调节科技成果产业化诸环节中"官、产、学、研、商"等各方参与者的资源整合能动性。因为"创新乃是技术发明的首次商业运用"而非发明本身，因而科技成果转化并非单纯如科技成果的"转让"，更重要的是贯穿于科技成果转化全生命周期的对科技成果进行后续试验、开发、应用、推广直至形成新技术、新工艺、新材料、新产品，发展新产业。当然，该法也"鼓励研究开发机构、高等院校采取转让、许可或者作价投资等方式，向企业或者其他组织转移科技成果"(第十七条)。这就需要突出科技成果转化中的企业主导作用，即尊重市场规律，遵循自愿、互利、公平、诚实信用的原则，确保利益相关者依法依约享有权益，承担风险，并保护其有关知识产权(第三条)。同时，也要重视科技成果转化中的政府引导作用，推动与组织实施"财政、投资、税收、人才、产业、金融、政府采购、军民融合等政策协同"(第五条)，特别要"合理安排财政资金投入，引导社会资金投入，推动科技成果转化资金投入的多元化"(第四条)，构造良好的法治营商环境。

为此，该法规定了"国家设立的研究开发机构、高等院校对其持有的科技成果，可以自主决定转让、许可或者作价投资，但应当通过协议定价、在技术交易市场挂牌交易、拍卖等方式确定价格"，并明确了协议定价的成果名称和拟交易价格的内部公示制度(第十八条)；同时在组织实施上规定了财政性项目成果及其知识产权的提交报告与信息入库制度(第十一条第二款)，在保障措施上进一步强调"财政投入、税收优惠、金融信贷、保险服务与股票融资"等方面的国家鼓励与支持政策导向(第三章)。基于"创新乃是发明的首次商业化应用"思想，科技成果转化涉及科技成果的"后续试验、开发、应用、推广直至形成新技术、新工艺、新材料、新产品，发展新产业"的全生命周期，因而对科技成果转化各环节的技术权益归属与分配也要作相应规范与指引。尤其是明确国家设立的研究开发机构、高等院校及其科技人员在促进科技成果转化中的奖酬标准，即当科技成果完成单位未规定、也未与科技人员约定奖励和报酬的方式和数额的，对完成、转化职务科技成果做出重要贡献的人员给予奖励和报酬所应遵照的标准：(一) 将该项职务科技成果转让、许可给他人实施的，从该项科技成果转让净收入或者许可净收入中提取不低于百分之五十的比例；(二) 利用该项职务科技成果作价投资的，从该项科技成果形成的股份或者出资比例中提取不低于百分之五十的比例；(三) 将该项职务科技成果自行实施或者与他人合作实施的，应当在实施转化成功投产后连续三至五年，每年从实施该项科技成果的营业利润中提取不低于百分之五的比例(第四十五条)。上述规范无疑有助于激励各方积极参与成果转化。

再者，我国《专利法》自 1984 年首次颁布后于 2020 年进行了第四次修订，第四次修订总体体现了如下若干方面的促进科技创新的导向。一是进一步健全专利申请保护范围、期限与内容。例如，将外观设计专利保护范围由产品的整体扩大至局部的形状、图案或者其结合以及色彩与形状、图案的结合(第二条)，同时将外观设计专利保护期限由十年延长至十五年，对于发明专利在审查授权过程中的不合理延迟可以应专利权人请求而给予专利权期限补偿，对在中国获得上市许可的新药相关发明专利可以应专利权人请求给予专利权期限补偿，以补偿新药上市审批占用的时间(第四十二条)。二是进一步鼓励与激发专利技术的转化与运用。例如，补充规定职务发明所在单位可以依法处置其职务发明创造申请专利的权利和专利权，促进相关发明创造的实施和运用(第六条)，国家鼓励被授予专利权的单位实行产权激励，采取股权、期权、分红等方式，使发明人或者设计人合理分享创新收益(第十五条)，增强国务院专利行政部门在专利信息公共服务体系建设，提供专利基础数据，以及促进专利信息传播与利用等方面的职责(第二十一条)，新增关于专利的开放许可使用方式及其许可使用费支付与相应纠纷处理方式等(第五十至五十二条)。三是进一步强化了专利权保护力度与保护措施。例如，将“管理专利工作的部门”修改为“负责专利执法的部门”，明确了专利行政执法部门的主体资格及其执法措施与权限(第六十九条)，加大了针对假冒专利的违法行为处罚力度与标准(第六十八条)，增补了国务院与地方政府的专利管理部门在应专利权人或者利害关系人请求处理专利侵权纠纷的执法能动与协调机制(第七十条)，扩大了专利侵权救济中损害赔偿请求范围的惩罚赔偿倍数上限(五倍)与法定赔偿上限(五百万)，丰富与完善了侵权赔偿事实查明的举证妨碍、财产保护、行为保全等有关制度，并延长了专利侵权诉讼时效至三年(第七十一至七十四条)。四是进一步突出了专利保护促进创新及遏制专利权滥用以平衡私权与公益的价值取向。例如，申请专利和行使专利权应当遵循诚实信用原则，对于滥用专利权损害公共利益或者他人合法权益甚至排除或者限制竞争而构成垄断行为的应予以反垄断规制(新增

第二十条)。将“在国家出现紧急状态或者非常情况时,为公共利益目的首次公开的”作为不丧失新颖性的例外情形之一(第二十四条修改)。增补了药品上市许可审批与药品上市许可申请阶段与有关专利权人或者利害关系人因申请注册的药品相关的专利权产生纠纷的行政与司法救济措施及其纠纷解决衔接机制(新增第七十六条)。

同时,技术合同制度也是科技创新保障体系的重要内容。我国于2020年5月28日颁布并于2021年1月1日施行的《民法典》将原《合同法》纳入其中作为《民法典》第三编(合同),技术合同制度体现在《民法典》第二十章,适应促进科技创新需要对原《合同法》部分条文进行了修订与完善。其中一项重要修改内容是明确地界分了“技术转让”与“技术许可”,并对两类技术合同形式及其内容与类型进行了明确界定与列示,同时将“技术转让”与“技术许可”两类合同的主体名称也明确地界分为“让与人”“受让人”与“许可人”“被许可人”。上述修改纠正了原《合同法》(第三百四十二条)将“许可”作为“转让”的下位概念及仅限适用于专利实施许可而未涵盖技术秘密使用许可情形等用语混乱与规范不周等立法疏漏,从而确保与《专利法》第四十七条关于“专利实施许可”与“专利权转让”作为分立概念的立法体系统一。

此外,反不正当竞争法律制度以及版权、商标等其他知识产权制度对于促进创新同样具有极其重要的法律保障作用。例如,《反不正当竞争法》(2019年4月23日修订)第六条对经营者实施与他人经营产生混淆误认行为的规制,第九条对侵犯商业秘密行为的规范,尤其增补第三十二条通过完善商业秘密侵权民事审判程序举证责任分配制度,以利强化商业秘密保护并为促进创新提供完备法律保障机制。围绕《反不正当竞争法》《反垄断法》等保障市场竞争与优化营商环境的立法如有关市场监管法律法规规章,甚至《刑法》第二编分则中的第三章破坏社会主义市场经济秩序罪有关内容,其中第一节生产、销售伪劣商品罪和第七节侵犯知识产权罪相关内容,有助于从公法与私法相结合角度实现对科技创新的法律保障。同时,就促进与激励科技创新而言,我国《国家科学技术奖励条例》及其实施细则分别规定了五种类型的国家科学技术奖励,即(一)国家最高科学技术奖;(二)国家自然科学奖;(三)国家技术发明奖;(四)国家科学技术进步奖;(五)国际科学技术合作奖,并就其各自的获奖条件、候选资格与名额、奖励等级与评奖标准、项目领域等分别作出相应的制度规范,其中国家最高科学技术奖和国际科学技术合作奖不分等级,国家自然科学奖、国家技术发明奖、国家科学技术进步奖设一等奖和二等奖。当然,我国专利法以及有关技术合同法律制度中也设置有对于科技成果归属私人主体(单位或个人)的奖励制度,但这并不妨碍相关科技创新(职务)发明人申请国家科学技术奖的权利。

第三章　科技运用的法律规制

法律不仅保障科技创新，也应该而且有必要对科技运用加以规制，以确保并实现科技向善。法律作为一种制度预设或规则体系，既是一种工具理性，也是一种价值理性，具有道德维度，其有赖正当性的证成，既关注目的的正当，也关注手段和过程本身的正当，并通过手段与过程的正当而实现结果的正当化。因而，需借助法制手段对科技活动施行抑恶扬善，即法律保障其科技创新的正效应并规制科技运用的负效应。

一、科技运用的负外部性

在近代西方文艺复兴时代思想启蒙时期，卢梭曾在论及人类不平等的起源时指出，当人类仅从事于一个人能单独操作的工作和不需要许多人协助的手艺的时候，他们都还过着本性所许可的自由、健康、善良而幸福的生活，并且在他们之间继续享受着无拘无束自由交往的快乐。冶金技术和农耕技术这两种技术的发明，使人文明起来。不过，金属冶炼和农耕的生产技术进步也带来了贫富两极分化趋势。科学和艺术的进步又扩大了不平等，从而也就加深风俗的败坏[①]。可见，科学与艺术进步在使社会受益时也会导致某些群体受损，而这些受损群体却并未因此得到有效补偿，由此产生所谓负外部性（negative externality）。诚然，在初民社会时代的早期科技发展中，科技与社会之间有关工具理性与价值理性的分裂趋势有助于人类在认识与改造自然过程中获得生存与发展的必要条件。但是，随着科技发展的影响加剧，僭越人性的科技异化现象不断涌现，人们对科技的人类福祉价值追求理应优先于对自然的征服欲望满足，在推动科技进步、保障科研自由、促进科技成果转化时须以价值理性维度统摄工具理性向度，并从关注工具理性转向关注价值

① ［法］卢梭. 论人类不平等的起源和基础［M］. 北京：商务印书馆，1962：120－121，145，235.

理性，从以“物”为中心转向以“人”为目的。

一般而言，人们往往认为科技具有价值中立性，为善为恶全赖其研发者与使用者的所作所为。不过，美国著名科技史学家梅尔文·克兰兹伯格(Melvin Kranzberg)在30多年前曾提出关于技术研发的六条定律，用以解释技术开发与运用的巨大威力。这六条定律包括，其一“技术既无好坏，亦非中立”；其二“发明是需求之母”；其三“单一技术需要搭配其他技术”；其四“尽管技术在许多公共问题中可能是主要因素，但在制定技术政策时非技术因素占优先地位”；其五“所有历史都是相关的，但科技历史是最相关的”；其六“技术是人本身的活动”。其第一条定律便否定技术中立性[①]。在克兰兹伯格看来，某个技术的影响取决于其对应的地理和文化环境，一种技术的好坏与我们在什么环境下使用这种技术有关，它取决于环境的好坏。克兰兹伯格以滴滴涕(DDT)为例认为，作为一种杀虫剂，它可能会致癌，但它作为廉价且有效的疟疾预防药物也拯救了无数的印度人口。如今，克兰兹伯格提出的技术研发六条定律对当今智能手机和网络新媒体，特别是基于数据追踪与算法推送技术对人们的网络虚拟社区生活所带来的巨大社会影响依然具有解释力。

其实，科学技术作为一种工具理性是达到某种目的的手段，只关心手段与效用，无法证明目的的正当性，并且可能为实现效用而在手段上无所不用其极。在法兰克福学派看来，当代发达工业社会过分依赖科技进步使得技术理性或工具理性渗透社会总体结构各方面，导致单面社会与单面人，统治者借着技术手段将自己的意志内化为被统治者的心理意识。按照马尔库塞(Herbert Marcuse)的说法，即技术和统治——合理性和压迫——达到了特有的融合。科技在现代社会已非中立，甚至已成为作为意识形态的制度框架的一部分[②]。可见，在现代社会，科技既可以除暴安良，也可能助纣为虐；既可以助力积极自由的实现，也可能侵蚀消极自由的空间；既可以规范公权正当行使，也可能助长公权恣意妄为。可见，新技术开发与运用给人们带来生活便捷与生产高效之时，也给个体身心健康与社会关系运行带来诸多冲突与矛盾，这说明科技运用在释放科技创新的正外部性时，也无可避免地引发负外部性，所谓科技的价值中立是一个伪命题。

例如，随着基因科技研究的不断突破，它在持续不断地改善人类生命质量与生存资源，但若对其研究成果运用不慎就可能引发新的社会不公甚至不义。早前在第一次进行人类基因组测序时花费了15年、30亿美元，但现在只要花上几周、几

① Kranzberg M. The 6 Laws of Technology Everyone Should Know[N]. The Wallstreet Journal, 1987-11-26.

② [德]尤尔根·哈贝马斯. 作为“意识形态”的技术与科学[M]. 李黎，郭官义，译. 北京：学林出版社，1999:41.

百美元，就能完成一个人的基因测序，基因测序成本的显著下降也就难免会带来基因信息滥用问题。其一，保险公司可能会要求投保人提供 DNA 测序数据，如果投保人基于保险公司强制要求而被迫提供其基因信息，就为保险公司据此提高保险费率提供了便利；其二，用人单位招聘时可能会要求求职者在提供其履历之外还要提供其 DNA 数据，以致为雇主歧视 DNA 看起来较差的求职者提供了借口；其三，从事生物医学研究的生化公司有可能基于他人 DNA 数据打造某种新型生物或新型器官，再申请其 DNA 序列的专利①。

再如，在古代，土地是最重要的资产，政治斗争是为控制土地，而一旦太多的土地集中在少数人手中，人们就分裂成贵族和平民。到了现代，机器和工厂的重要性超过土地，政治斗争便转为争夺这些重要生产工具的控制权。等到太多机器集中在少数人手中，社会就分裂成资本家和无产阶级。但到 21 世纪，数据的重要性又会超越土地和机器，于是政治斗争就要争夺数据流的控制权。随着信息网络技术与实体经济深度融合，传统的工业社会赖以为继的“铁(路)、公(路)、机(场)”等基础设施正趋向于由“云(计算)、(物联)网、(智能终)端”所掌控。大数据产业的兴起使得信息社会的经济增长动力也不仅建基于“劳动力、资本、土地”等传统资源，搜集、挖掘、整理与分析网络空间的数据信息等要素资源将成为未来“互联网＋”模式下的新经济增长的引擎。基于数字技术发展的共享经济模式引发了两个方面的外部性，一是数据资源的合规采集与正当来源问题，二是数据资源的合理归属与有效利用问题。

其一，数据采集或来源不当所致负外部性。目前百度、阿里、腾讯、谷歌、脸书等数据巨头往往采取“注意力经济”的商业模式，即提供免费服务吸引用户注意力，再将用户注意力转卖给广告主，正是倚仗免费服务吸纳的注意力流量攫取大量的数据资源。这种新型商业模式将权力从人类手中转移到算法手中，包括选择和购买商品的权力。从长期看，只要取得足够的数据和运算能力，数据巨头就能破解生命最深层的秘密，不仅能为我们做选择或操纵我们，甚至可能重新设计生物或无机的生命形式。随着越来越多的数据通过生物传感器从身体和大脑流向智能的机器，企业和政府将更容易了解你、操纵你、为你做出决定。如果想要避免少数精英垄断数据权力而与人类分裂，必须在用户、数据巨头与政府之间平衡数据资源分配利益。在大数据时代，个人信息处理与数据资源开发利用互为表里，大数据分析与价值挖掘有赖个人信息生态系统海量集成的大数据资源及其数据“喂养”优化算法的“外部性外部化”效应，以促进其共享经济实现，个人信息处理既引发数据安全风险也带来分享经济价值收益，从而引发双重外部性。

① [以色列]尤瓦尔·赫拉利.人类简史：从动物到上帝[M].2 版.北京：中信出版集团，2017：69－70，72－75，385.

其二，数据归属与利用不当所致负外部性。随着微信、微博、移动应用软件 App 等新型传媒融合技术下服务模式的创新，线上线下（O2O，即 Online To Offline）服务模式互动，网络用户的个人信息被大量采集引发了隐私安全威胁与数据权利归属及数据信息共享等问题。譬如，围绕网络空间数据取用曾出现系列纠纷。其中，有些纠纷例如顺丰与菜鸟互相关闭数据接口争议，华为与腾讯关于荣耀手机侵夺微信用户数据争议，涉及侵害社会公共利益而经由国家邮政局、工信部等行政部门协调干预解决。另一些纠纷例如新浪微博诉脉脉、大众点评诉百度、淘宝（中国）诉安徽美景等不正当竞争纠纷案①，涉及网络服务提供者之间不当共享与使用用户数据而损害信息主体与数据控制者的私人利益，往往寻求民事司法规制。为此，我国《新一代人工智能发展规划》（国发〔2017〕35 号）强调"开展与人工智能应用相关的民事与刑事责任确认、隐私和产权保护、信息安全利用等法律问题研究，建立追溯和问责制度，明确人工智能法律主体以及相关权利、义务和责任等"。上述规划旨在进一步规范人工智能等新一代信息技术运用所带来的负外部性，通过建立保障人工智能健康发展的法律法规，妥善应对人工智能可能带来的挑战，形成适应人工智能发展的制度安排。

如今，随着科技创新与运用的外部性呈现正负并存与交互影响趋向，有些负外部性固然可以通过技术本身加以解决，但更多的还有赖于法律的规制措施构建与实施。例如，区块链这种被称为"最有可能改变未来十年商业模式的技术"往往同时也被称为犯罪活动、庞氏骗局、无政府和独裁主义的避风港②。再如，生殖性克隆人技术可能颠覆传统的社会伦理关系，基因芯片技术可能对个体知、情、意、行产生某种践踏人性的控制，转基因食品可能对消费者的生命健康权产生潜在影响。随着基于大数据与人工智能等新一代信息技术的互联网 3.0 时代到来，网络空间公共领域私人化与私人领域公共化趋向愈发显著，如何把握技术取代法作为网络空间"守门人"的正当角色正成为民众与政府所共同关注的重要议题。例如，欧盟委员会自 2018 年先后出台《欧洲人工智能战略》《人工智能协调计划》等政策文件以勾画其人工智能发展战略框架；2019 年 4 月发布《可信人工智能伦理指南》明确"可信人工智能"两个必要组成部分和七个关键条件，细化其战略内容。继 2020 年 2 月 19 日发布《人工智能白皮书》之后，欧盟委员会于 2021 年 4 月 21 日又发布《关于人工智能的统一规则（人工智能法）并修订某些联合立法行为》提案③，按照人工

---

① 新浪微博诉脉脉（（2016）京 73 民终 588 号）、大众点评诉百度（（2016）沪 73 民终 242 号）、淘宝（中国）诉安徽美景（（2017）浙 8601 民初 4034 号）等不正当竞争案均涉及用户信息数据之争。

② ［美］凯文·沃巴赫. 链之以法：区块链值得信任吗？［M］. 上海：上海人民出版社，2019：4.

③ 邱惠君，梁冬晗，李凯. 欧盟人工智能立法提案的核心思想及未来影响分析［J］. 信息安全与通信保密，2021(9)：92－99. 该法案的英文全称为 *Laying Down Harmonised Rules on Artificial Intelligence (Artificial Intelligence Act) And Amending Certain Union Legislative Acts*.

智能应用场景风险高低将其分为“最低风险类AI、有限风险类AI、高风险类AI、不可接受的风险即禁止类AI”四个等级，强调优先规制“高风险”应用场景的人工智能应用，以免为公私主体设置过度的法律责任，尤其给中小企业带来不合理、不必要的负担。

此外，信息网络技术开发利用行为能否适用“技术中立”而予以责任豁免仍需要结合其技术性质及其开发利用功能期待而作出不同的判定。例如，关于私人复制应否纳入侵犯版权范畴而加以规制在版权史上引发争议的个案便是“Sony案”①。该案涉及研制销售带有延时播放功能技术(time-shifting，又称“时间转换技术”)的家用录像机用于录制电视节目是否属于帮助他人实施私人复制而侵犯版权行为，美国联邦最高法院基于“实质性非侵权用途”基准判定索尼公司适用“技术中立”而免予承担帮助侵权责任。与此类似，如今关于网络信息传播中P2P技术开发与使用不当是否面临侵权甚至违法犯罪风险也存在广泛争议。在备受瞩目的“深圳快播”案中，被告深圳市快播科技有限公司(下称“快播公司”)就试图以适用“技术中立”原则为其信息存储与传播等不当行为进行抗辩以寻求脱罪。快播公司辩称其通过免费提供QSI软件(QVOD资源服务器程序)和QVOD Player软件(播放程序)方式，为用户提供视频服务，用户(被其称为“站长”)均可通过QSI发布其所拥有的视频资源，快播公司中心调度服务器在站长与用户之间搭建视频文件传输平台，因而其应适用“技术中立”可以构成责任豁免。通常，适用技术中立给予法律责任豁免仅限于技术提供者，快播公司构建的P2P(Peer To Peer，即所谓“点对点”)网络视频传输服务并非纯粹属于技术提供者，也是网络服务提供者，其虽未直接上传淫秽视频，但因用户使用QSI软件均可发布淫秽视频，其为用户上传、搜索、点播淫秽视频提供便利，对用户利用其平台传播淫秽视频既已明知却不加监管，反而通过有条件的存储、调取方式为用户提供网络支持服务，因而便不能基于互联网中间服务商地位适用安全港规则予以免责。

在上述案例中，相关主体在明知其技术开发使用功能存在正与负的双重外部性的情况下，并且也能够采取相关技术手段或措施而适度规制技术使用可能面临的负外部性时，其却有意选择了默认许可等不作为方式甚至有意积极主动地提供技术支持，其以所谓“技术中立”原则为由而主张其构成责任豁免在法理上能否成立便令人质疑。事实上，科技创新即便能释放出正外部性以增进社会福祉，其所面临科技运用的负外部性趋势也需引起人们的谨慎关注。实践中，就单纯的技术提供者而言，对于能否完全适用“技术中立”原则为其技术使用中的负外部性寻求免予追责，回答亦非绝对。这里以手机使用为例，智能手机的广泛普及带来了人们的

① Sony Corporation of America v. Universal City Studios, Inc., 464 U.S. 417 (1984).

碎片化浏览习惯并由此也引发了网络成瘾危害等负外部性，智能手机供应商对此技术使用中的负外部性也应是有所预见甚至明知的。当前，智能手机等新型通信产品使得人们对手机产生过度依赖。究其原因，在科技研发上某些企业雇用大量的程序员和科学家，去发现和利用这些古老的生理机制（生理学上的刺激与反应模式），有些产品就是在利用人脑的多巴胺机制吸引消费者用户，它们与吸毒调动的是一种机制①。满足人们生理需求的产品，并非一定有益（正外部性），甚至可能有害（负外部性）。

又如，美国著名科幻大师尼尔·斯蒂芬森于1992年曾在科幻小说《雪崩》一书中使用"Metaverse"一词描述互联网的后继者，即一个与现实世界平行的、与社会生活紧密联系的虚拟世界，人们在此可以突破地理空间的限制，使用"化身"娱乐、交流。如今"Metaverse"这个词虽应确切地翻译为"虚实网"，但时隔三十年，人们出于对这项技术的正外部性的热切期待，非常热衷采用"元宇宙"（Metaverse）概念对其予以形象描述。通常，某些游戏作为"元宇宙"技术的"雏形"，往往既是一个在线游戏平台，也是一个提供游戏创作工具的UGC（User Generated Contents，即用户生成内容）平台，用户既可以是该平台的游戏玩家，也可以是游戏创作者。因此，"元宇宙"可以释放如下正外部性：① 解决网络世界的价值流通，弥合网络时代个人行为、价值和权利相分离的异化现象，例如数字作品NFT（Non-Fungible Token，非同质化通证，即在区块链上发行的数字资产，具有非同质化、不可拆分的特性）创作后可以直接流通；② 解决互联网时代的身份认证难题，虚实身份统一；③ 在线执法、在线法院、在线惩戒变得现实可行；④ 打破网络巨头（FAAMG，BATTMD）的法律割据。但是，"元宇宙"也能显而易见地释放如下负外部性：① NFT也可能导致一些金融骗局或是产生新的网络犯罪；② 进一步侵蚀个人隐私空间，个人信息被不当利用。

二、科技运用的法律规制机理

科技活动既是一项富于理性的自主创造活动，也是一项颇具风险的社会实践活动。通常，科学探索作为一项创造性活动，应当成为一种无禁区、无偶像、无终点的开放活动；而技术开发作为一项实践性活动，又必须成为一种受社会规范制约与指引的有限活动。对于那些事先难以预料其后果的科技活动，更需要接受社会公众所普遍认同的价值理性检验，建立健全有关技术风险评估、技术操作规程、技术信息公开等法律制度，以防止技术创新与科学发现成果的滥用。近代以来的文艺

① 司晓，马永武.科技向善：大科技时代的最优选[M].杭州：浙江大学出版社，2020：73.

复兴及其人文主义运动确立了人作为“万物之灵”的理性主体地位，正如康德所言：“任一个人都不能被任何人利用作为工具，而是被作为目的对待，这即是其尊严之所在。”[①]因此，在科技活动僭越人权价值而出现所谓的科技异化现象的情况下，就必须接受相应的法律规制。

科技活动具有内在价值与外在价值，前者包括对揭示世界运行规律及其真理、解释和理解所秉持的理想信念，后者涉及对科技发展能够给予社会带来何种实际用途或为实现某些公共政策提供有效的考量基准等所怀有的现实追求。一般来说，科学之所以对社会是有价值的，正因为其具有有用性，一如思想家弗朗西斯·培根所言“知识就是力量”，往往是因为科学具有“可靠性”“客观性”等内在属性[②]。实际上，所谓科技进步往往令人存疑。一方面，基于科技的实用价值来证成对科研的公共投资的合理性本身就面临着所谓“科学的线性模式”的简单化认识误差，即关于基础研究进步导致应用研究进步进而导致实用技术发展的单线进程。另一方面，一如社会学家库恩(Kuhn)的著作《科学革命的结构》在质疑科学进步时对“科学稳步通向真理”的看法提出挑战那样，在基于常规科学的信念、方法、理解与概念等核心范式未能实现向另一个范式转变之前，科学革命不会发生，即使发生范式革命，但不同范式之间由于没有共同的理论、概念、术语、方法或证据，因而它们之间存在“不可通约性”。不过，由于对科学研究的认识论的价值超越了任何特定的范式，因而人们可以据此进行不同范式之间的比较。科学的可靠性在于它近似于真实且可被用以操控自然现象，并为人们提供一个对世界的近似表达。科学的客观性在于它不受个人偏见或情感甚至文化、经济利益的影响，做到不偏不倚[③]。

然而，由于无论科学还是技术都离不开人来完成并受到其思想、决策与行动乃至偏见与情感的左右，科学的不偏不倚及其对公共政策影响的客观性并非绝对无疑的。因而，在科学家所需扮演的纯粹的科学家、观点的辩护者、科学的仲裁者、政策选择的诚实代理人这四种角色之中究竟如何取舍，尤其是如何在后两者之间进行选择与平衡往往是科学家时常面临的重大难题。为寻求科研的客观性以免科学家出于偏见与私利而滑向扭曲真理的道路，就需要借助科学的方法以减少偏误的发生，诸如同行评议、双盲检测、规范流程与操作步骤、统一认识价值与标准、遵循科学的伦理准则等。具体而言，第一，在科研活动上要遵循如下步骤：问题选取，文献综述，待检假说或理论模式的提出，设计假说检验的程序，通过观察或实验收集

① [德]康德. 道德形而上学原理[M]. 苗力田，译. 上海：上海人民出版社，2002：48.

② [美]戴维·雷斯尼克. 政治与科学的博弈：科学独立性与政府监督之间的平衡[M]. 上海：上海交通大学出版社，2015：29，35.

③ [美]戴维·雷斯尼克. 政治与科学的博弈：科学独立性与政府监督之间的平衡[M]. 上海：上海交通大学出版社，2015：33－34.

数据，分析并解释数据，将研究成果提交同行评议，出版或发表论文，接受其他科学家的评估与检验或批评，直到其研究成果为科学共同体所接受。第二，在科研评价标准上要寻求如下共识价值，包括：假说的可检验性、经验可支撑性、一致性、精确性、连贯性、俭省性（或“奥康剃刀”即假说的简单、节约、精炼），以及假说的广泛适用性或一般性、合一性或统一性、新奇性、丰产性等。第三，在科研伦理准则上要遵循如下共识规范，包括：诚实、客观性、慎重、开放与包容、保密、尊重同行、尊重知识产权、自由、社会责任、管理职责、教育、胜任、机会平等、合法性、关爱动物、保护受试者等。这些伦理原则与研究者之间的合作与信任，有助于提升研究的可靠性、客观性，推动科学进步，也有助于确保科学值得信赖并对公众负责①。总之，科学方法上的研究步骤、认识论价值、伦理原则需要通过构建针对科技运用的法律规制体系加以实现。

21 世纪以来，迅猛发展的信息网络技术与生物基因技术在改善社群关系与生命质量方面都发挥了巨大的正外部性作用，但与之同时也难以避免地释放出广泛的负外部性。以对平等权的价值追求为例，信息网络技术与生物基因技术在丰富人类的物质与精神生活品质方面尽管功不可没，但若缺失法律之目的价值的规范与指引，这两项颠覆性与革命性技术在带来社会物质与精神财富总量增长的同时，也会使人类又陷入新型的不平等状态。回顾历史，人类社会自农业革命之后，财产不断增加，分配不平等的问题也随之出现。人类不平等的状态尽管可追溯到石器时代，但到了晚近时期，平等已经成为几乎所有人类社会的理想。部分原因在于自由主义思想与民主政治兴起提升了民众的政治地位，工业革命及规模化的工业经济需要大量的普通劳动者，广大民众都日益取得了经济上自主与政治上独立的主体地位。不过，人工智能基于算法加数据技术兴起可能会让大多数人的经济价值与政治力量逐渐遭到削弱，而基于基因编辑技术的生物技术进步则有可能将此种经济上的不平等转化为生物上的不平等。

例如，网络服务提供者大量采集个人信息导致隐私安全威胁与数据权利归属争议，搜索引擎技术使用中购买关键词攀附他人商业标识所引发的不正当竞争行为等均亟待法律规范。对技术使用者而言，恶意使用技术危害社会或他人应受法律制裁，但如上分析，即便开发供他人使用而非自用技术，如明知所提供技术的唯一用途就是用于实施违法犯罪，则技术供给者也不能适用“实质性非侵权用途”即所谓“技术中立”而寻求免责。另外，在大数据时代，无论对于公法主体还是私法主体而言，网络数据爬虫技术开发与使用行为的合法性也备受争议。如现代社会中政府为执法往往借助蠕虫代码（worm）搜索公民信息，此种行为是否构成违法乃至

① ［美］戴维·雷斯尼克. 政治与科学的博弈：科学独立性与政府监督之间的平衡［M］. 上海：上海交通大学出版社，2015：36－38，44－48.

违宪也是广受关注的议题。

再如，在基因科技研发与运用中，需要确立尊重人的基因个性的原则，树立人人“生而平等”的人权观念，有效避免“基因决定论”所导致的“基因歧视”。同时，基因检测中需要明确被验者知情同意原则，事先明确告知被验人有关检验的意义、程序、结果以及风险，这也是联合国教科文组织《关于人类基因组与人权问题的世界宣言》以及国际人类基因组组织（The Human Genome Organisation，HUGO）伦理委员会《关于DNA取样：控制和获取的声明》所肯定的。知情同意原则确保雇员在雇主秘密检测其个人基因信息时免受个人数据隐私侵害。尽管近几十年来全球都以为人类将迈向人人平等，而全球化和新技术则会让我们走得更快，但21世纪可能会产生史上最不平等的社会。科技研发原本从理论上看应该是“无禁区、无偶像、无终点”的活动，但在实践中由于其后果难以预料与危害难以挽回，甚至对国家安全、社会公益、人体健康、人伦道德等具有不良影响。为此，如果我们希望避免所有财富和权力都集中在一小群精英手中，就要规范基因信息的开发利用行为，明确个人信息数据的权利归属及其利益分配。

为规制科技运用中的人类活动，有必要深入探究科技活动的本质与规律，在遵循科技发展的内在原理基础上将法律规制措施嵌入其中。例如，随着人们在科学上对地球温室效应、城市热岛效应、动植物基因性状等自然现象的生成机理进行揭示，人类便能借助法律调控机制而实现人与自然协调共生，并为人与社会和谐共存提供理论认识前提与实践行动指南。不过，谈到法律对科技发展的规制往往让人首先联想到对抄袭或剽窃之类的科研不端行为的制裁。其实，科研不端并不仅仅存在于科技创新过程，也存在于科技创新成果运用之中。如何既保障科技创新者权益又确保创新活动遵从增进人类福祉之初心显得尤为迫切。只要科技创新存在负外部性，法律就有必要通过外部性内在化方面对其加以规制。

就法律规制模式而言，通常有两种路径，一是法律制裁/惩戒，二是法律赔偿/补偿。法律制裁/惩戒在广义上固然也包括法律赔偿/补偿，但若从狭义上理解，前者指称权力干预性质的责任追究措施，后者指称权利配置性质的责任归属措施[①]。不过，传统规制模式较注重事后的机会主义即“道德风险”规避，因而相对重视法律制裁/惩戒等政府干预方法的规制措施运用。但是，基于公共选择理论来看，那种偏重权力干预的规制措施往往面临所谓“政府失灵”问题。通常，政府作为“经济理性人”难免在其权力干预之中陷于“管制俘获”（regulatory capture）危险[②]，以致危

① 胡朝阳.社会失信行为的法律规制：基于外部性内在化的法经济学分析[J].法商研究，2012，29(6)：3-8.

② 王锡锌.利益组织化、公众参与和个体权利保障[J].东方法学，2008(4)：24-44.

及社会权益。这是因为在理论上，管制机关本来是为了代表和保护数量众多未经组织的利益和公共利益而设立的，但是在实践中，由于有组织利益对这些管制机关所施加的持续而集中的影响，管制机关有可能变成组织利益实现利益最大化、甚至侵害其他利益的工具。事实上，权力总是意味着“一个人或一些人在社会行动中甚至不顾他人反对也能贯彻自己意志的任何机会”，权力运行因有“利维坦”式扩张本性而极易导致权力滥用侵害公民权利等权力异化现象[①]。

此外，基于信息经济学理论来看，政府对相对人的科技活动的干预面临信息不对称，面临超过其科技创新所致之外部性的过高成本支出，不利于社会资源优化配置。为克服法律制裁/惩戒等政府干预方法的上述缺陷，有必要赋予创新主体就其科技创新行为所致外部性的法律赔偿/补偿自愿协商达成“产权交易”的权利。即便如此，因自愿协商能达致“帕累托最优”需以信息完备为前提，因而也离不开法律制裁/惩戒等政府干预方法配合以有效发挥法律规制作用。为此，在法律规制模式的实施中须完备社会交往与市场交易中的具体措施：一要增强信息透明度以减少信息不对称，加强信息披露与惩戒公开；二要增大博弈频率以实现合作博弈，保障公众知情权、参与权与信用权，提高行为主体自主意识以增进多方主体间的反复博弈；三要完备社会监督机制以改善其约束条件，既要完备有关政策法制等正式约束条件，也要完善意识形态、道德规范、风俗习惯等非正式约束条件。为此，营造诚实守信、畅所欲言的科研氛围是必要的。正如密尔所言，禁止发表不同意见的不幸，就在于它堵塞了获得真理的道路[②]。只有努力构建既勇于表达真知灼见又善于包容歧见异思的氛围，才能促进科技创新持续进行，从而更有效规制科技运用的负外部性。

就科技运用的法律规制而言，现代科技活动往往面临重大资源投入及其国家建制化配置趋势，政府资助科研面临如何实现决策中政治与科学的平衡问题。科学史上的一系列科学丑闻促成了对科学自治的政府监督及其法律规制。例如美国1974年颁布的《国家研究法》(*National Research Act*)便源自美国国会对某种梅毒研究及其他一些不合伦理的人体试验的调查，该法案授权联邦政府制定监管条例规制涉及人类受试者的研究[③]。一方面，为了促进科技进步与创新发展，有必要赋予科学家、科学组织及机构自治权，以防政府对科学技术的控制产生妨碍科技创新和进步甚至导致研究偏见(如德国纳粹党的种族优生学)等不良倾向；另一方面，这

---

① [德]马克斯·韦伯.经济与社会(上卷)[M].林荣远，译.北京：商务印书馆，1997：81.

② [英]J. S. 密尔.论自由[M].北京：商务印书馆，1959：19.

③ [美]戴维·雷斯尼克.政治与科学的博弈：科学独立性与政府监督之间的平衡[M].上海：上海交通大学出版社，2015：75－77.

种自治权并非绝对的，过度的自治权可能会产生对社会有害的结果，政府出于捍卫人权、公共健康等伦理与社会价值的目的，可以也应该对科研提出伦理和法律方面的要求。因而，这就需要在科学自治与政府控制之间保持恰当平衡。

不过，政府资助的科学研究要保持决策中政治与科学的平衡并非易事。例如，在美国关于人类胚胎干细胞研究的合伦理性及其政府资助限制便是甚难达成平衡的议题，在政府、民众与科学界之间存在广泛的争议。况且，在企业资助的科学研究中也存在资助效应，即资助者会采取操纵研究设计、选择有利数据、强化风险提示、伪造与篡改数据等方式影响其研究结果，因而对科学研究自治的合理规制与恰当的政府监督的平衡是极其必要的。例如，美国联邦研究监督条例为监督涉及人体受试者的研究建立了一套制度，要求机构审查委员会批准某个研究方案时须满足某些必要条件[①]。这些必要条件主要包括：① 风险已被最小化且相对受试者和社会期望收益其风险是合理的；② 受试者的选择是公平的且应得到有据可查的知情同意；③ 如有需要应有关于数据与安全监督条款和弱势群体保护的措施；④ 有保护隐私和秘密的条款。

这里以区块链技术开发与使用的法律规制为例作进一步分析说明。区块链作为一种新型网络信息技术，其设立的初衷固然是为比特币等数字货币提供技术支持，但它也有助于解决人际信任难题。区块链的基本功能是提供分布式但高度精准的记录，即每个个体都可以保留一份自动更新的分类账副本，但这些副本都保持不变，即使没有中央管理员或原本。其运行机制是建立在分布式分类账、共识和智能合约等系统特征基础上，具有两大优势：一是可以使使用者对交易安全放心，无须受制于任何个体、中介或政府的诚信；二是由单一的分布式分类账取代需要对账的私人分类账，降低了交易成本。实际上，区块链的适用无非是用技术手段弥补法律之不足，以破解匿名社会下的信用构建难题。例如，在一个基于自动代码运行而完全由自我执行的软件（即智能合约）所组成的DAO（The Distributed Autonomous Organization，去中心化组织）之中，对股权、债务和公司治理的标准公司安排会被编码为一系列智能合约。投资者可以加密货币的形式进行注资，而分布式应用将会对工资、股息和代理投票等事项的支付进行处理[②]。

正如社会学家马克斯·韦伯（Max Weber）所述，现代资本主义存在的最普遍的前提就是合理的资本核算，复式记账法是现代资本主义的基础，资本主义与复式记账法两者之间是形式与内容的关系。不过，区块链和（或）作为法律替代功能的代码也有其天然缺陷。法律制度和软件代码虽能促进信任，也能摧毁信任。纵使

① ［美］戴维·雷斯尼克. 政治与科学的博弈：科学独立性与政府监督之间的平衡［M］. 上海：上海交通大学出版社，2015：125－127，161－162.

② ［美］凯文·沃巴赫. 链之以法：区块链值得信任吗？［M］. 上海：上海人民出版社，2019：3－6，21－22.

区块链潜力无穷，但若无有效管理，其对增进信任毫无助益，如果区块链适用与法律实施完全脱节，区块链系统可能起反作用，甚至造成危险后果。因为即使区块链取代法律、中介和人际关系成为信任的实现载体，并且能够完美运行，但其设计、实施和使用都是由人来完成的。虽然其表现形式是客观代码，但往往因个体的自私行为、攻击和操纵等主观意图而影响到区块链运行。如果没有法律的有效介入，那么区块链有可能成为另一块"法外之地"，以致"无法无天"而成为脱缰野马。因而，无论未来以区块链与法律的补充与替代关系如何发展，合理甄别两个系统的各自功能而实现其两者的和谐共生与优势互补，才是应对区块链等高新技术对法律之挑战的正确姿态。可见，区块链技术即便可服务于法律科技化发展需要，其技术开发与使用也必须接受法律规制的价值指引与功能调适。

三、科技运用的法律规制体系

我国目前在对于科技运用的负外部性规制方面所涉及的法律规范分散于诸多单行法之中。除《科学技术进步法》从科技创新风险控制角度提出了某些原则性规定外，其他单行法包括《著作权法》《商标法》《专利法》等知识产权专门立法，《反不正当竞争法》《电子商务法》等有关科技运用的规制条款。此外，还涉及《网络安全法》《数据安全法》《生物安全法》和《个人信息保护法》及其刑事立法与《民法典》中的公私法规制条款。

首先，《科学技术进步法》对科技运用所面临的负外部性具有规制作用。例如，《科学技术进步法》(2007 年修订)"第二章　科学研究、技术开发与科学技术应用"规范内容第二十九条规定："国家禁止危害国家安全、损害社会公共利益、危害人体健康、违反伦理道德的科学技术研究开发活动。"该条规定以国家立法形式为科技发展划定了创新活动的红线。其第五十五条规定："科学技术人员应当弘扬科学精神，遵守学术规范，恪守职业道德，诚实守信；不得在科学技术活动中弄虚作假，不得参加、支持迷信活动。"同时第五十六条规定："国家鼓励科学技术人员自由探索、勇于承担风险。原始记录能够证明承担探索性强、风险高的科学技术研究开发项目的科学技术人员已经履行了勤勉尽责义务仍不能完成该项目的，给予宽容。"上述两条规定是在继第二十九条对科研共同体行为进行整体规制的基础上，进一步规范科技活动人员行为，既强调科研诚信道德并规制学术不端，也宽容科研失败风险并倡导学术自由①。不过，现行的《科学技术进步法》(2021 年修订)对于科技创新活动采取了以鼓励立法为主的规范模式，通过增设"第十章　监督管理"对科技

① 胡朝阳. 科技进步法第 20 条和第 21 条的立法比较与完善[J]. 科学学研究，2011，29(3)：327 - 332.

发展的负效应采取动态监测与风险评估的灵活规制模式。例如,第一百零三条规定:"国家建立科技伦理委员会,完善科技伦理制度规范,加强科技伦理教育和研究,健全审查、评估、监管体系。科学技术研究开发机构、高等学校、企业事业单位等应当履行科技伦理管理主体责任,按照国家有关规定建立健全科技伦理审查机制,对科学技术活动开展科技伦理审查。"第一百零四条规定:"国家加强科研诚信建设,建立科学技术项目诚信档案及科研诚信管理信息系统,坚持预防与惩治并举、自律与监督并重,完善对失信行为的预防、调查、处理机制。"

其次,《专利法》等知识产权专门立法及其相关规范对科技创新及其运用与发展提出了规制条款。例如,《专利法》第五条规定:"对违反法律、社会公德或者妨害公共利益的发明创造,不授予专利权。对违反法律、行政法规的规定获取或者利用遗传资源,并依赖该遗传资源完成的发明创造,不授予专利权。"该法第二十六条第五款规定:"依赖遗传资源完成的发明创造,申请人应当在专利申请文件中说明该遗传资源的直接来源和原始来源;申请人无法说明原始来源的,应当陈述理由。"根据我国《专利法实施细则》(2010 年修订)第二十六条第一款规定:"专利法所称遗传资源,是指取自人体、动物、植物或者微生物等含有遗传功能单位并具有实际或者潜在价值的材料;专利法所称依赖遗传资源完成的发明创造,是指利用了遗传资源的遗传功能完成的发明创造。"所谓遗传功能是指生物体通过繁殖将基因或具有遗传功能的 DNA、RNA 片段等遗传功能单位性状或特征代代相传或使整个生物体得以复制的能力。我国《人类遗传资源管理条例》(国务院令第 717 号,2019 年 5 月 28 日发布)为了进一步规范人类遗传资源的采集、保藏与利用,其第二条指出:"本条例所称人类遗传资源包括人类遗传资源材料和人类遗传资源信息。人类遗传资源材料是指含有人体基因组、基因等遗传物质的器官、组织、细胞等遗传材料。人类遗传资源信息是指利用人类遗传资源材料产生的数据等信息资料。"由于利用遗传资源开展研究需对遗传功能单位进行分离、分析、处理等工作,以完成发明创造并实现其遗传资源的价值,既涉及遗传资源提供者权益归属问题,也涉及其研发利用者创新权益分配问题,因而上述规定对加强遗传资源保护,防止科技研发中滥用遗传资源而侵害其提供者或损害其归属地(国)利益都有重要规范作用。

关于基于人体基因资源研发产生发明创造的知识产权规范问题,这里以"穆尔诉加利福尼亚大学董事会"案(Moore v. Regents of the University of California)为例予以说明[①]。原告约翰·穆尔是淋巴细胞白血病患者并于 1976 年在加利福尼亚大学(洛杉矶)医学中心接受治疗。在他住院检查后,医院抽取其大量的血液、骨髓

① [美]杰拉尔德·科恩戈尔德. 权利的边界:美国财产法经典案例故事[M]. 北京:中国人民大学出版社,2015:27.

等身体物质。被告医生戈尔德在对原告诊断后建议穆尔进行脾切除术，并称唯此方能遏制病情，穆尔随即签署手术同意书。在手术前，被告戈尔德医疗团队一致同意将穆尔术后脾脏送到某研究机构研究，随后在原告的淋巴细胞中发现一个细胞株具有极高的科研价值，并据此在 1984 年申请取得关于使用该细胞株制造淋巴因子或淋巴激活素的方法等专利，后按大学政策由加州大学受让该专利。原告穆尔经了解得知，该细胞具有数十亿的价值潜力，于是起诉主张对其脾脏细胞享有所有权，即使该细胞脱离其身体，但他从未同意将该细胞用于营利性的商业研究，被告未经许可使用其细胞构成了对其个人财产的侵占和所有权益干预等侵权行为。加州法院虽未支持穆尔诉求，但认为原告可基于违反知情同意或违反忠实义务而提起诉讼。本案值得思考的问题在于，被告用于申请取得专利的客体(细胞株)应否是归属原告的财产，被告未经允许以原告基因资源从事研发并据此申请专利是否侵害原告权益，人体基因资源可否被授予专利，被告以原告基因资源从事研发而申请取得的专利权益是否应该为原告所分享。因此，基因专利技术研发、获取与运用均须接受法律规制。

再如，我国《商标法》(2019 年修订)分别在第十条和第十一条就商标使用的绝对禁止标志与商标注册的相对禁止标志进行了规定。该法第十条第一款第(七)(八)项规定，标志若是带有欺骗性，容易使公众对商品的质量等特点或者产地产生误认的，有害于社会主义道德风尚或者有其他不良影响的，不得作用商标使用。该法第十一条第一款规定，标志若是仅有本商品的通用名称、图形、型号的；仅直接表示商品的质量、主要原料、功能、用途、重量、数量及其他特点的；其他缺乏显著特征的，不得作为商标注册。不过在该法第十一条第二款中又规定："前款所列标志经过使用取得显著特征，并便于识别的，可以作为商标注册。"该法在上述条款中之所以作出上述绝对禁止与相对禁止事项的规定，不仅是为科学规范市场竞争秩序，有效发挥商标标志识别功能，也是为合理平衡公有领域资源取用的存量与其开发的增量之间的关系。这就要求对商业标志的使用不得违反诚实信用原则，不得损害公序良俗，若是以"仅直接表示商品的质量、主要原料、功能、用途、重量、数量及其他特点的"公有领域标识资源作为标志进行商标注册，只有在经由使用而与其使用者之间形成增量的显著识别指向时，才能赋予其法授权利地位。我国《商标法》虽未直接规定商业标志合理使用制度，但该法第五十九条规定，注册商标含有该法第十一条第一款第(一)(二)项规定的相对禁止标志的，注册商标专用权人无权禁止他人正当使用。此外，为充分发挥公共领域有限标志标识资源的取用效率，《商标法》规定了注册商标的通用名称化防范及其"撤三"制度①。因而，对公有领域标志

① 《商标法》第四十九条第二款规定，注册商标成为其核定使用的商品的通用名称或者没有正当理由连续三年不使用的，任何单位或者个人可以向商标局申请撤销该注册商标。

标识资源不得恣意取用，即使已获注册，法律对其未经使用（不劳而获）地攫取独占行为仍会适用合理使用予以规制[1]，对其怠于管理与使用行为赋予公众撤销权予以规制。

又如，我国《著作权法》（2020 年修订）第三条采用“独创性”“能以一定形式表现”“智能成果”等作品特征的方式界定作品范畴，用列举加“符合作品特征的其他智能成果”这一兜底条款的立法模式界定作品类型，不仅有助于促进数字内容产业创新发展及其数字内容创作成果运用与保护，而且也有助于有效规制数字内容创作领域的版权侵权行为。随着大数据、人工智能与云计算等新一代信息网络技术发展，图像识别及文本与数据挖掘的信息处理模式正在不断改善人类阅读学习与创作研究的方式及其获取情报数据资源的渠道。例如，在机器写作或曰智能创作过程中，若要合法利用用户的个人信息、他人的版权作品、经营者的竞争优势数据，就需要科学界定“机器阅读”的法律性质，准确厘清其输入与赖以学习的数据资源类型及其权益边界，从而合理规范文本与数据挖掘行为。若是将人工智能时代的机器创作过程分为“数据输入—机器学习—结果输出”三阶段，则其分别涉及“机器阅读”的行为性质、“机器创作”的主体资格、“机器作品”的可版权性等问题。对此，有研究提出将机器学习之前的数据输入及其文本挖掘视为机器对已有作品自动化、批量化的“阅读”，并将其纳入著作权法的合理使用范畴[2]。现行《著作权法》第二十四条规定了合理使用原则性条款及其权利限制的“三步检验法”标准，对合理使用情形由以往封闭式列举模式转而采用列举加兜底条款的开放式立法模式[3]。所谓权利限制的“三步检验法”，第一是特定、特殊情形，即在符合所列情形下可以不经许可、不付报酬地使用作品，但应注明其使用作品的来源与出处；第二是不影响作品的正常使用；第三是不得不合理地损害权利人的合法权益。《著作权法》关于著作人身财产权及其归属、合理使用、法定许可与意定许可等制度一方面有助于保护文学、艺术和科学作品作者权益，促进文学、艺术和科学领域的内容创作与传播，繁荣与发展文艺与科学事业；另一方面，这些制度也有助于规范内容创作对于在先版权作品的使用行为。例如，智能编创中的机器学习对在先版权作品的大量复制使用（尤其是商业目的使用）并非必然可适用合理使用规定而豁免，现行的合理使用原则性条款也无法为之提供确定性指引[4]，将其认定为侵权或适用合理使用均有违版权立法本意，宜将智能编创界定为法定许可[5]。因此，科学界定著作权

---

① 参见山东省高级人民法院(2020)鲁民终 398 号侵害商标权纠纷民事判决书。

② 吴汉东. 人工智能生成作品的著作权法之问[J]. 中外法学，2020，32(3)：653－673.

③ 《著作权法》第二十四条第一款增加一项即第十三项：“(十三) 法律、行政法规规定的其他情形。”

④ 张金平. 人工智能作品合理使用困境及其解决[J]. 环球法律评论，2019，41(3)：120－132.

⑤ 张润，李劲松. 利益平衡视角下人工智能编创使用行为的法律定性与保护路径研究[J]. 出版发行研究，2020(11)：72－79.

合理使用范围，司法实践中合理确立著作权限制与例外的适用情形，既是促进机器写作技术创新所需，也是规范机器写作技术运用以防其损及在先版权人利益所需。

复次，我国2017年修订的《反不正当竞争法》就“互联网不正当竞争”作出专款规定，即第十二条：“经营者利用网络从事生产经营活动，应当遵守本法的各项规定。经营者不得利用技术手段，通过影响用户选择或者其他方式，实施下列妨碍、破坏其他经营者合法提供的网络产品或者服务正常运行的行为……”其第三款采取列举加兜底条款的开放式立法模式对于“互联网不正当竞争”行为类型进行了规范[①]。数字经济又称“注意力经济”，网络用户流量对于网络服务商就意味着可变现资源，因而采取有效措施进行引流或增流以吸引网络用户注意力，对于提升网络产品或服务价值从而在互联网竞争中居于优势地位无疑至关重要。为此，不法经营者便违背诚信原则乃至公认的商业道德，采取不正当竞争手段攫取他人通过资源投入与正当经营所积累的用户流量资源，通过软件技术在其网络产品或者服务中植入操作程序，例如擅自插入链接或强制跳转网页，强制或诱导用户对有关产品或服务进行“二选一”[②]，或是恶意对他人产品或服务实施不兼容、屏蔽链接，目的都是通过妨碍、破坏其他经营者产品或者服务的正常运行而不正当地取得优势竞争资源与地位。这不仅是“不劳而获”“食人而肥”的有损同业竞争者利益的不道德行为，也是降低用户服务体验乃至侵犯用户知情权、选择权等消费者权益的违法行为，甚至是妨碍自由竞争而侵害市场经济基础的扰乱市场秩序行为。当然，由于网络技术迅猛发展的不可预测性，该法采取列举加兜底条款的立法模式对于制约经营者实施其他妨碍、破坏第三人合法网络产品或服务的行为可以发挥有效规制作用。此前2016年在校大学生魏某因通过某搜索平台寻医问药而遭遇不幸事件折射出“竞价排名”服务易诱使用户对网络搜索信息产生混淆误判，也促使国家工商总局于2016年7月4日发布《互联网广告管理暂行办法》，以规范互联网平台基于“竞价排名”服务的广告行为。

此外，《网络安全法》《数据安全法》《生物安全法》《个人信息保护法》《刑法》与《民法典》[③]有关条款，为现代信息网络技术与生物基因工程技术创新发展提供了公

---

① 该条款规定的不正当竞争行为类型包括：（一）未经其他经营者同意，在其合法提供的网络产品或者服务中，插入链接、强制进行目标跳转的行为；（二）误导、欺骗、强迫用户修改、关闭、卸载其他经营者合法提供的网络产品或者服务的行为；（三）恶意对其他经营者合法提供的网络产品或者服务实施不兼容的行为；（四）其他妨碍、破坏其他经营者合法提供的网络产品或者服务正常运行的行为。

② 参见2010年腾讯QQ对360软件的“3Q大战”，2018年的“头腾对决”，以及2021年9月工信部为实现从“圈地运动”到“互联互通”所启动的“开放外链”行动。

③ 详见我国《刑法》第二百五十三条之一（侵犯公民个人信息罪）和《民法典》第一百一十一条（个人信息保护条款）及其第四编人格权之第六章隐私权和个人信息保护。

私法规制路径。如今，在整体国家安全观的指引下，大数据、云计算、物联网、区块链等新一代信息技术以及基因编辑等现代生物工程技术发展也面临着如何划定其安全边界问题。例如，为防范国家数据安全风险，维护国家安全，保障公共利益，国家网络安全审查办公室(下称“网信办”)会同公安部、国家安全部、自然资源部、交通运输部、税务总局、市场监管总局等部门联合进驻某网约车平台公司，对其在2021年度赴境外上市开展网络安全审查，网信办为此专门修改《网络安全审查办法》并增加了关于“掌握超过100万用户个人信息的运营者赴国外上市，必须向网络安全审查办公室申报网络安全审查”等内容。“互联网+”技术应用于移动出行领域确实提升了用户交通服务体验，但新技术发展及其运用在带来便利时也引发诸如用户信息被过度采集、“大数据杀熟”、数据资源集中垄断、用户人身财产权益遭遇侵害等问题，这就要求改革监管机制并完善监管措施以有效规制新技术发展及其运用的负外部性。再以2018年“贺建奎案”为例。人类基因编辑技术是一种改造、修复人体DNA序列等以改变特定遗传性状的现代生物技术，目前常用的第三代基因组定点编辑——CRISPR/Cas9技术，其实施原理为：首先用具有定位功能的RNA(核糖核酸)去识别细胞中的特定DNA，接着用具有切割功能的Cas9蛋白酶剪断缺陷DNA，最后在该缺陷基因的位置插入已被编辑的DNA序列，进而治疗疾病或修复遗传缺陷[①]。这种基因编辑过程就像人们在电脑上进行词句检索、替换、修改、删除、增加等文本编辑一样，通过个性化的治疗措施有可能根治恶性疾病尤其是严重遗传病，对改善人类生命质量、促进个体健康成长都具有无可估量的积极意义。不过，这种技术运用面临诸如技术本身成熟度、血亲伦理冲突、侵犯基因编辑婴儿隐私自主权等多维风险，甚至有损人类尊严、自由与社会安全，乃至引发先天禀赋资源配置机会不均等困境。为此，《刑法》第三百三十六条之一和《民法典》第一零零九条作出回应，将非法从事基因编辑纳入刑法规制范畴，并从民法规制上为其划定“不得危害人体健康，不得违背伦理道德，不得损害公共利益”的技术发展及其运用的红线。

例如，算法技术滥用往往危及算法生态健康发展而有损社会公共利益。国家互联网信息办公室(下称“国家网信办”)、工业和信息化部、公安部、市场监管总局等在2021年12月31日发布《互联网信息服务算法推荐管理规定》[②]，旨在进一步规范互联网信息服务算法推荐活动。其第四条规定：“提供算法推荐服务，应当遵守法律法规，尊重社会公德和伦理，遵守商业道德和职业道德，遵循公正公平、公开透明、科学合理和诚实信用的原则。”第六条规定：“算法推荐服务提供者应当坚持主流

① 王康.人类基因编辑多维风险的法律规制[J].求索，2017(11)：98-107.

② 根据该规定第二条，应用算法推荐技术，是指利用生成合成类、个性化推送类、排序精选类、检索过滤类、调度决策类等算法技术向用户提供信息。

价值导向，优化算法推荐服务机制，积极传播正能量，促进算法应用向上向善……不得利用算法推荐服务传播法律、行政法规禁止的信息，应当采取措施防范和抵制传播不良信息。”此前，国家网信办等九部委于2021年9月17日制定《关于加强互联网信息服务算法综合治理的指导意见》，内容主要涉及健全算法安全治理机制、构建算法安全监管体系、促进算法生态规范发展等方面，首提算法分级分类，要求算法透明可释，强调建立算法备案制度，梳理算法备案基本情况，健全算法分级分类体系，明确算法备案范围，有序开展备案工作。积极做好备案指导帮助，主动公布备案情况，接受社会监督。可见，算法技术滥用不仅可能危及个人隐私安全，还可能破坏营商环境而妨碍市场竞争，甚至导致网络巨头垄断加剧，所谓“大数据杀熟”等直接或间接损害消费者权益现象时有发生而无从根治。

最后，规制科技发展的负外部性还离不开技术控制措施的完善。例如，针对智能手机使用成瘾所致的负外部性规制问题，苹果公司于2018年发布一款管理苹果设备使用时间的程序“屏幕使用时间”(Screen Time)，它通过形成手机使用报告、设定访问限制等多种模式来帮助用户了解及改进自己与家人的移动设备使用习惯。而华为手机也在其设备使用栏添加了“健康使用手机”的程序设置，其提供的功能提示中显示“帮助您平衡手机使用时间”，包括“时间统计:洞察自己使用手机的习惯;时间管理:为自己设定使用时间限额，需要时督促自己放下手机;姿势提醒:自己用机姿势不良时提醒”。在选择使用者栏目中设置“孩子使用模式”允许家长对孩子使用手机进行更多控制。“屏幕使用时间”可协助用户了解自己和孩子在App、网站等内容中花费的时间，通过使用面容ID、触控ID或设备密码创建专用保护设置，以确保只有机主可延长时间或进行更改，从而更加明智地使用设备，并根据需要设置限额。此外，2021年10月11日，微信App发布iOS 8.0.15新版本，升级了微信青少年模式，加入新功能“监护人授权”，家长可以通过该功能管理孩子使用微信的情况。开启该功能后，青少年可以通过远程申请监护人授权，以访问公众号文章、小程序、链接和延长视频号使用时间，监护人可通过个人微信账号远程对申请进行授权。无疑，这些都使得其技术提供者通过其软件程序功能设置而发挥技术使用中的工具价值与人文关怀。在科技发展及其运用的负外部性规制体系中，技术措施本身也具有配合法律规制体系构建的功效。

第四章 电子商务技术与法律

科技创新除了可直接创造新产品，更引发和带动商业模式创新，商业模式创新反过来对科技创新产生显著促进作用进而实现其创新成果价值最大化，而实现从科技创新中获取商业价值最大化则是商业模式设计的关键。通常，商业模式创新主要涉及新产品及其改进的科技创新以及企业生产和组织方式创新及其服务与营销方式创新等。作为因应大数据、人工智能与区块链等新一代互联网技术迭代发展而诞生的以商品交换为中心的新型商业模式，电商领域演化出社交电商、直播电商等新业态、新模式。作为一种交易型平台，电子商务虽区别于作为分享型平台的用户生成内容(User-Generated Content，UGC)平台，但随着两类平台的融合经营模式创新，平台电商创新发展既有赖于法律保障，也有待于法律规制。

一、电子商务的法律与社会影响

1. 电子商务的模式创新及其类型

作为信息网络技术进步所带来的商业模式创新，电子商务对法与社会发展带来巨大影响。所谓电子商务指的是利用计算机信息技术、网络数码技术和远程通信技术，借助信息网络系统中的电子邮件、数据库、电子目录和移动电话等电子工具，实现整个商务电子化、数字化和网络化的过程。易言之，它是以商务活动为主体，以计算机网络为基础，以电子化方式为手段，在法律许可范围内所进行的商务活动交易过程，即在因特网开放的网络环境下基于浏览器/服务器应用方式使用户与商户双方在非接触情况下实现网上交易与在线电子支付及其各种商务与金融等综合服务活动的新型商业运营模式，涉及电子货币交换、供应链管理、电子交易市场、网络营销、在线事务处理、电子数据交换(EDI)、存货管理和自动数据收集系统。

电子商务模式创新具有促进效率与保障安全的双重价值。电子商务有助于用户通过网上签约、网上支付而缩减与卖方信息交流与服务交易的时空距离，提高服务供给的交易效率。这种交易模式除了满足用户购物需求外，还有利用互联网、电子邮件、数据库、电子目录、电子数据交换(EDI)、移动通信和自动数据收集系统等技术手段实现物流配送、供应链管理、存货管理、在线营销、在线事务处理、电子货币支付交易等应用功能。同时，电子商务具备如下技术特征，一是实现了数字经济时代商品交易与服务供给模式的普遍性及其资金支付与信息沟通的便捷性；二是创造了数字交易流程与电子信息处理系统的整体性及其基于加密机制、签名机制、安全管理、存取控制、防火墙、防病毒保护等技术措施提供端到端(如 C2C 或 B2C)供应的安全性；三是构建了用户与卖方(生产商、批发商、零售商)之间以及银行、配送中心、通信部门、技术服务等多部门联动的协调性，并借助计算机网络、大数据、智能算法等技术措施实现其物流与信息流交汇渠道的集成性。

就电子商务的分类而言，大致可以从电子技术措施、商务主体关系、交易渠道通路若干层面界分。首先，从电子技术措施层面来看，狭义上的电子商务(Electronic Commerce，简称 EC)仅指通过使用包括电报、电话、广播、电视、传真、计算机、计算机网络、移动通信等互联网电子工具在全球范围内进行商务贸易活动，即以计算机网络为基础利用 Internet 所进行的包括商品和服务的提供者、广告商、消费者、中介商等各种商务活动的总和，这是通常意义上理解的电子商务。不过广义上的电子商务(Electronic Business)是指通过使用互联网等电子工具，使用户与卖方(生产商、批发商、零售商)之间以及银行、配送中心、通信部门、技术服务等多部门之间，利用电子业务共享信息，实现其生产与销售等交易流程及其管理系统的电子化，从而增强企业的生产、库存、流通和资金等运行环节交易效率的经营活动。总之，两者都是利用互联网技术并通过互联网空间完成商品与服务供求的商务活动。

其次，从商务主体关系层面大致可以划分出如下几种模式，具体包括：个人对用户(Consumer-to-Consumer，即 C2C)，企业对用户(Business-to-Consumer，即 B2C)，企业对企业(Business-to-Business，即 B2B)，企业对政府(Business-to-Government，即 B2G)，代理商对商家与用户(Agent-Business-Consumer，即 ABC)，商业机构对家庭(Business to Family)，供给方对需求方(Provide to Demand)等。不过，若是从交易渠道通路层面来看，又可以分为线上对线下(Online To Offline，即 O2O)与门店在线(Online to Partner，即 O2P)这两种模式。上述各种模式与类型中主要以 B2B、B2C、C2C、B2G、O2O 等最为常见。这些经营模式在供求信息发布、订单确认、结算支付、产品与服务供应及其信息交流等方面为商家与商家、商家与用户、用户与用户之间以及网络平台、平台经营者、平台内经营者、支付结算系统、用户等若干主体之间乃至线上与线下渠道通路之间构筑起顺畅的信息流、资金流、物流等交换关系。

2. 电子商务的影响及立法调整范围

世界各国与国际组织对于电子商务的专门规范与立法探讨采用的名称各异，诸如《电子商务法》《电子交易法》《电子商务基本法》《电子签名法》《数字签名法》，其调整内容也各不相同。无论国际社会对于电子商务如何界定，它一般都涉及互联网技术与网络空间平台等基本构成要素，不同的是将涉及网络商务活动中的哪些经营行为纳入其调整范围。例如，世界贸易组织《电子商务与世界贸易组织的作用》提出，电子商务是通过电子通信网络进行产品的生产、广告、销售和分配。联合国国际贸易法委员会《贸易法委员会电子商业示范法》(1996 年编拟和通过)本着为所谓的"电子商业"创造一种比较可靠的法律环境以消除此类法律障碍的精神，将其界定为通过数据电文进行的商业活动。其中，"数据电文"系指经由包括但不限于电子数据交换(EDI)、电子邮件、电报、电传或传真等电子、光学或类似手段生成、储存或传递的信息；"商业"则涵盖契约性或非契约性的一切商业活动事项，包括但不限于货物供应或交换及其分销、商务代理的任何交易，以及租赁、工厂建造、咨询、工程设计、许可贸易、投资融资、银行保险、开发协议或特许、合营或其他工商业形式，甚至空中、海上、铁路或公路的客货运输。欧盟《电子商务指令》则将其界定为特定的在线经济活动，包括在线销售货物与向用户提供免费服务，如在线信息通信或商务通信服务以及搜索服务，信息传输与接入或为服务接受者上载信息提供宿主的服务。不过，该指令将电视播送及电台广播活动、自然人之间使用电子手段缔结非商事合同、公证活动或其他基于公权力行使的职能活动、涉及金钱或者带有投机性的博彩交易等均列为其调整范围除外情形，同时又将点对点(Peer To Peer)传输服务如视频点播纳入该指令调整范围。

上述有关电子商务的界定及其调整范围的举例表明，随着电子商务技术进步与商业模式创新所带来的电子商务新领域、新业态层出不穷，由此给电子商务立法调整对象与范围的确定提出了新的挑战。我国 2018 年 8 月 31 日通过的《电子商务法》第二条将其法律调整对象界定为"本法所称电子商务，是指通过互联网等信息网络销售商品或者提供服务的经营活动"，又将"金融类产品和服务，利用信息网络提供新闻信息、音视频节目、出版以及文化产品等内容方面的服务"列入其适用范围除外范畴，并且明确"法律、行政法规对销售商品或者提供服务有规定的"适用其规定。鉴于我国专门颁布有《著作权法》及《信息网络传播权保护条例》等单行法，该条规定实际上把分享型平台排除在其法律调整范围之外，即有关基于信息网络的新闻资讯及图文音视的内容服务供给模式不受《电子商务法》的调整。不过，该法第三条又规定:“国家鼓励发展电子商务新业态,创新商业模式,促进电子商务技术研发和推广应用,推进电子商务诚信体系建设,营造有利于电子商务创新发展的市场环境,充分发挥电子商务在推动高质量发展、满足人民日益增长的美好生活需要、构建开放型经济方面的重要作用。”《电子商务法》的调整对象直接关系到法律的总体框架与制度设计及其规范安排,且关系到其立法目的的实现。如何科学确定其调整对象,需借鉴国内外立法经验并结合本国国情,特别是电子商务模式创新的信息技术革命趋势及其经济生产力发展需要而加以确定[①]。以电子商务平台经营主体为例,近年来兴起的网络直播平台带货行为应否及如何纳入《电子商务法》调整范围,《电子商务法》调整范围宜宽还是宜窄,对这些问题的回答需在法律调整对象(电子商务的内涵和外延)与范围上适应互联网技术进步及时作出因应,从而对该法作出合理解释适用并加以完善。

实际上,欧美的网络立法与研究中很少使用“平台”(Platform)一词,往往更多地使用“网络中介”或“网络中间商”(Internet Intermediary)。近年来美国法学研究中也在使用“平台”(Platform)概念[②]。平台作为数字技术推动下组织结构变迁的一种新型生产关系主体和数字化基础设施,它是将包括客户、广告商、服务提供商、生产商、供应商等不同主体或实物聚集在一起的中介[③]。我国《电子商务法》第九条第二款规定:“本法所称电子商务平台经营者,是指在电子商务中为交易双方或者多方提供网络经营场所、交易撮合、信息发布等服务,供交易双方或者多方独立开展交易活动的法人或者非法人组织。”《网络交易监督管理办法》(国家市场监督管理总局 2021 年颁布)第七条第二款规定:“本办法所称网络交易平台经营者,是指在网络交易活动中为交易双方或者多方提供网络经营场所、交易撮合、信息发布等服务,供交易双方或者多方独立开展网络交易活动的法人或者非法人组织。”无论《电子商务法》第九条第二款所界定的“电子商务平台经营者”,还是《网络交易监督管理办法》第七条第二款界定的“网络交易平台经营者”,其明确列举的运营功能主要包括“提供网络经营场所、交易撮合、信息发布等服务”。《国务院反垄断委员会关于平台经济领域的反垄断指南》(2021 年颁布)第二条第一款规定:“本指南所称平台为互联网平台,是指通过网络信息技术,使相互依赖的双边或者多边主体在特定载体提供的规则下交互,以此共同创造价值的商业组织形态。”可见,上述立法对于电商平台的市场主体性质界定体现了对网络技术变革趋势的适应性。

---

① 崔聪聪.论电子商务法的调整对象与适用范围[J].苏州大学学报(哲学社会科学版),2019,40(1):79-85.

② Lobel O. The Law of the Platform[J]. Minnesota Law Review, 2016, 101: 96.

③ [加]尼克·斯尔尼切克.平台资本主义[M].程水英,译.广州:广东人民出版社,2018:50.

电子商务技术创新与运用不仅仅是方便了人们的生活，降低了产品生产交易成本并提高商品流通与服务经营效率，也创设了更为复杂的新型社会交往模式与法律关系。它在传统的线下生产经营模式的基础上又构建了线上或线下线上相结合（O2O或O2P）的生产经营模式，这些新型社会关系既有与既往法律调整范围相重叠的，也有不在既有法律调整对象涵摄范围之内的，因而国内外都对此类社会关系的法律调整进行专门立法，有关电子商务的专门立法就形成了以电子商务的物流、信息流与资金流为核心的相关单行法（例如我国的《电子商务法》《电子签名法》），也不可避免地需要与既有立法如《民法典》（其中的"合同篇""总则篇""人格权篇""侵权责任篇"等涉及电子商务或网络平台的商品服务交易信息、个人信息与数据及其知识产权保护内容）产生交集。此外，电子商务技术进步所带来的立法挑战除了要规范数据电文与电子合同、电子商务平台、身份识别与信任服务等三类问题[①]之外，还涉及与《网络安全法》《数据安全法》部分内容及《个人信息保护法》等某些规范保持体系化适用。

实际上，随着物联网、大数据、云计算、人工智能、移动互联网、虚拟现实等新一代信息技术发展，电子商务的新模式、新业态、新应用场景不断呈现，"互联网＋"催生了线下与线上或不同领域线上空间与场景之间的产业跨界融合与分化、整合与嫁接，以及新型企业、商业乃至产业的组织形态的变革与创新。于是，数据共享、内容分发、媒体融合等新经济形态借助"羊毛出在猪身上"的运营机制而推行所谓"免费加增值服务"的营利模式，各种形式的社交电商、直播电商也日渐兴起。至此，社交电商、直播电商等新模式乃至网络约车、共享单车、智能零售等新业态的经营应否及如何纳入电子商务法调整范围，也争议纷起。例如，如何确立直播电商的法律属性及其商业模式创新中的法律关系，如何认定网络主播直播带货的身份性质及其与直播平台间的法律责任分配与分担，直播电商与社交电商的商业模式与法律规范体系有何差异，电子商务平台经营者的知识产权注意义务内容如何明晰并对其"通知—删除"规则适用进行有效改革，电子商务平台经营者的算法权力滥用呈现哪些具体情形，对其有何规制举措，等等。

首先，社交电商在技术创新及商业模式创新方面拓展了社会关系场域的空间与人际交往行为的方式。不过，所谓社交电商的模式创新还是要视其是否仍然符合"通过互联网等信息网络销售商品或者提供服务"的经营活动，倘若并未背离此种关于电子商务的本质属性，依然应属于电子商务法的调整范围。当然，区别于传统的电子商务经营模式，社交电商既存在被我国《电子商务法》第二条纳入其调整范围的利用网络销售商品或提供服务的经营行为，也存在被该法第二条列

① 刘颖.我国电子商务法调整的社会关系范围[J].中国法学，2018(4)：195－216.

为调整对象除外情形(有关新闻信息及文化产品等)的内容分享行为,其内容分享行为多采取免费服务模式,社交电商可能凭借此种免费服务作为获取流量的入口而寻求在后续如前述第一类的经营行为中谋取流量变现的营利回报。因而,电子商务立法的调整对象界定宜在现有"模式叙明+业态列举除外"的规范基础上,采取更加开放的立法姿态。基于所谓电商平台经营者的主客观双重判断标准,社交平台的内容分享是否客观上为后续的电商经营活动提供了交易场域与服务支撑功能,而且社交平台在此种功能实现中具备为后续的电商经营活动提供引流与撮合作用的主观意愿,如通过服务协议、交易规则等形式对平台内交易的当事人进行管理。可见,社交电商技术及其服务模式创新意味着在传统的电商立法调整范围之外,引发的包括内容分享机制在内的各种新型法与社会关系仍有待纳入其中。

其次,直播电商在技术创新及其商业模式创新方面也对社会关系场域的空间呈现及其人际交往行为方式带来突破影响。直播电商的经营模式主要是由网络主播借助直播平台进行商品或服务的宣介与推广,再利用其他的电商平台或是自营网站等网络信息服务进行商品销售与服务供给。不过,由流量明星主持的直播带货不同于传统上的电视广告。前者的常见模式是由 MCN(Multi-Channel Network,又称多频道网络)[①]公司组局,邀请明星出场,商户交纳占位费,明星和商户分别与 MCN 签订协议,进行直播带货。可见,直播电商既存在我国《电子商务法》第二条纳入其调整范围的利用网络销售商品或提供服务的经营行为,也存在被该法第二条列为其调整对象除外范畴(有关音视频节目等)的内容分享行为,其内容分享行为多采取免费服务模式,直播电商主要凭借内容分享型平台的免费服务作为获取流量的入口而寻求在后续商品或服务交易型平台的经营行为中谋取流量变现的营利回报。在此,网络主播(个人)与直播平台(经营者)在法律地位上可以视为是广告发布者或是广告经营者,因而除《电子商务法》外,有关行为还应受《广告法》《消费者权益保护法》《产品质量法》《食品安全法》《网络安全法》《个人信息保

---

① MCN 源于国外 YouTube 平台与内容创作者间的中介,它是内容创作由个体户生产模式到规模化科学化系列化公司制生产模式的体现。MCN 通过多方协作,提供内容制作包装、交互推广营销、合作管理、变现等帮助,使内容创作者最大化发挥其内容生产的商业价值。MCN 在确定品牌商需求后对已有资源进行分配,并将任务发放至签约网红,再通过自身流量渠道分发作品,并从与网红、平台的合作分成、广告主提供的广告费以及粉丝的相关消费中获得收入。MCN 产业链包括:上游的分散的内容方,系整个产业链的核心,例如 UGC(User Generated Content,用户生产者)、PGC(Professional Genrated Content,专业生产者)、PUGC(Prefessional User Generated Content,专业用户生产者);中游的中台 MCN,系连接产业链各方的中心枢纽,旨在实现内容方、平台方和品牌方的高效沟通;下游的受益的平台方,例如短视频平台、直播平台等视频类分发渠道以及社交平台、新闻资讯平台等综合性分发渠道。

护法》《反不正当竞争法》《网络交易监督管理办法》《网络直播营销管理办法(试行)》[①]等法律法规的规范。直播电商利用其他电商平台从事商品销售与服务供给仍应受《电子商务法》的规范与调整。当然,若直播电商利用自营网站等网络信息服务从事商品销售与服务供给,则面临《电子商务法》与前述其他有关立法的综合调整与规范衔接。

尤其是2021年3月15日国家市场监督管理总局颁布并于2021年5月1日起施行的《网络交易监督管理办法》废止了此前2014年1月26日原国家工商行政管理总局公布的《网络交易管理办法》,其第二条明确了办法的调整对象为通过互联网等信息网络销售商品或者提供服务的经营活动,该条第二款将网络社交、网络直播等信息网络活动中销售商品或提供服务的经营活动也纳入其中,其较之《电子商务法》第二条对调整范围的规范已有显著扩展并实现了制度创新与突破,适应了互联网3.0时代电商新业态发展趋势。《网络直播营销管理办法(试行)》则通过互联网站、应用程序、小程序等,以视频直播、音频直播、图文直播或多种直播相结合等形式开展营销的商业活动,对其直播营销平台、直播间运营者、直播营销人员、直播营销人员服务机构等有关主体行为进行了规范,其第二条明确,从事网络直播营销活动,属于《中华人民共和国电子商务法》规定的"电子商务平台经营者"或"平台内经营者"定义的市场主体,应当依法履行相应的责任和义务。其第五条至第十六条对网络直播营销平台应承担的责任诸如备案手续、配备专业技术人员、制定管理规则和平台公约、与直播营销人员服务机构和直播间运营者签订协议、对运营者和直播营销人员进行身份信息认证和核验、进行信息发布审核和实时巡查等平台义务进行了规范。

二、电子商务技术创新的法律保障

我国《电子商务法》第三条规定表明,电子商务无论作为一项技术创新还是商业模式创新都有赖于有关法律保障机制的建立健全。目前,电子商务的模式创新及其技术与市场细分领域日益朝着纵深发展,逐步出现诸如每月订购、反向定价、游戏化、社交购物、直播带货等新模式、新业态。

① 该办法于2021年4月23日由国家互联网信息办公室、公安部、商务部、文化和旅游部、国家税务总局、国家市场监督管理总局、国家广播电视总局等七部门联合发布,自2021年5月25日起施行。此外,中国电子商会根据《中国电子商会团体标准制修订工作管理办法》要求,批准《社交电商经营规范》作为其团体标准,标准编号T/CECC 009—2020,自2020年9月24日发布之日起实施。

1. 电商经营模式创新的法律保护

首先，电商经营模式创新发展需要健康安全的电子支付技术支撑。电商经营早期模式创新亟须解决如何有效防范买卖双方因信息不对称所致的电商市场面临的道德风险与逆向选择。为此，在市场反馈与新技术创新驱动下以第三方支付平台为电子化结算中介的金融科技发展模式应运而生。随着各种支付指令的电子化、支付工具的数字化及随之而来的金融科技创新，极大提高了电商经营者与用户间的支付效率，也为电商经营创设了更为安全的保障机制。为促进支付行业健康发展，合理维护用户合法权益和保障支付安全、防范金融风险，亟待明晰电子支付服务提供者和用户的权利义务、支付指令和支付安全管理保障措施等。我国《电子商务法》分别从电子支付用户的自主选择权、知情权、公平交易权、免费对账的权利、安全受保障权以及对于错误支付和未授权支付的处理等方面对此予以了相应规范[①]。此外，从电商技术创新与交易风险控制角度来看，可将区块链、大数据、云计算、人工智能以及指纹或人脸识别等新一代信息技术引入电商模式创新的电子支付领域，从而提高风险的预警、应对与处置水平。我国《电子商务法》第五十三条规定："电子支付服务提供者应当确保电子支付指令的完整性、一致性、可跟踪稽核和不可篡改。"所谓电子支付指令是指"将资金(以一方的货币所有形式)转移给收款人的命令或信息"，是用户与电子支付服务提供者就某次特定的支付服务达成的合意的一部分。电子支付指令应符合《电子签名法》关于"能够有效地表现所载内容并可供随时调取查用；能够可靠地保证自最终形成时起，内容保持完整、未被更改"等规定。"完整性"要求指令应能完全表达用户意志并识别用户身份、甄别用户与报文真实性，保护机密信息不受侵犯，确保指令不可抵赖；"一致性"要求指令在支付服务流程全过程中在物理及技术逻辑上保持一致，确保指令最终的正确执行；"可跟踪稽核"要求服务提供者依法建立用户身份识别、交易跟踪及记录的机制；"不可篡改"要求服务提供者建立免受内外攻击或恶意行为的影响的信息安全保障机制，防止指令在被执行前或执行后遭到篡改。

其次，《电子商务法》专设第五章内容，分别从电商发展规划和产业政策、电商绿色发展、基础设施建设与统计制度和标准体系建设、电商与各产业融合发展、农村电商与精准扶贫、电商交易安全与公共数据共享、电商信用评价、跨境电商发展等方面为促进电商创新发展提供制度保障。此外，国家市场监督管理总局出台《网络交易监督管理办法》，旨在适应电商技术及模式创新发展需要，规范网络交易行

① 杨东，黄尹旭.《电子商务法》电子支付立法精神与条文适用[J].苏州大学学报(社会科学版)，2019，40(1)：62－69.

为，维护网络交易秩序，保障网络交易各方主体合法权益，促进数字经济持续健康发展，压实平台主体责任，保障消费者权益。该办法第二章第七条界定了“网络交易经营者”等相关主体，即网络交易经营者是指组织、开展网络交易活动的自然人、法人和非法人组织，包括网络交易平台经营者、平台内经营者、自建网站经营者以及通过其他网络服务开展网络交易活动的网络交易经营者；网络交易平台经营者，是指在网络交易活动中为交易双方或者多方提供网络经营场所、交易撮合、信息发布等服务，供交易双方或者多方独立开展网络交易活动的法人或者非法人组织；平台内经营者，是指通过网络交易平台开展网络交易活动的网络交易经营者。该办法除了第二条将社交电商、直播电商的经营活动纳入其规范范围外，还在第七条规定：“网络社交、网络直播等网络服务提供者为经营者提供网络经营场所、商品浏览、订单生成、在线支付等网络交易平台服务的，应当依法履行网络交易平台经营者的义务。通过上述网络交易平台服务开展网络交易活动的经营者，应当依法履行平台内经营者的义务。”此外，该办法第二十条规定：“通过网络社交、网络直播等网络服务开展网络交易活动的网络交易经营者，应当以显著方式展示商品或者服务及其实际经营主体、售后服务等信息，或者上述信息的链接标识。网络直播服务提供者对网络交易活动的直播视频保存时间自直播结束之日起不少于三年。”上述规定明确了社交电商、直播电商的平台经营者地位，以及借此开展电商经营的平台注册用户作为平台内经营者的法律地位及其相关义务。

再次，电商模式创新发展也离不开合理的知识产权保护，这既涉及电商作为一种商业模式创新或技术创造的知识产权保护问题，也涉及电商作为一种信息服务平台或网络交易空间涉嫌侵犯他人知识产权的法律治理问题，因后者属于电商技术运用的法律规制范畴，留待后述，在此先就前者作初步分析。电子商务经营模式创新实质上是要解决交易双方之间信息不对称状态下的供需表达机制及其满足买方偏好并实现卖方边际效用最大化的交易途径构建问题。将商业方法纳入专利权保护客体范畴在传统知识产权立法看来既是一项制度创新，也有助于促进电子商务产业发展。例如，亚马逊(amazon.cn)等对文化产品的传统经营方法往往采取的是 B2C 的交易模式，包括购书仓储并自建配送体系，不过它作为一种经营模式创新也可以采取包括利用网上销售平台收取中介费用，而对物流配送可以结合传统图书、音像销售渠道解决；或是改革原有购书仓储，再结合网上购物的状况，对图书、音像进行数字化处理，联合各地加盟印刷厂或音像制作公司完成物流配送。在电子商务经营模式创新领域，以 eBay 公司所涉“在线拍卖”商业方法专利纠纷的侵权禁令请求案尤为闻名。加州电子湾公司(eBay Inc.)作为一家通过提供网上“跳蚤市场”和拍卖为主的电子商务服务商，每年交易量达数十亿美元。eBay Inc. 的相当多的拍卖网页上都有一个买家可以点击的“现在就买”功能，这项使用功能可让急性子的买家绕过拍卖过程而根据卖方的出价马上订购被拍商品，当然价钱有可能比拍卖价高一些。不过，这项看似简单的“现在就买”功能已被从事商业交易的公司 Merc Exchange LLC 申请专利，并在 2001 年被授予一项美国商业方法专利。2001 年 9 月，Merc Exchange LLC 与 eBay Inc. 之间就上述商业方法的专利许可使用进行谈判，但因为 eBay Inc. 不愿出钱购买专利授权而被 Merc Exchange LLC 提起侵犯专利权诉讼，前者认为后者侵犯了其持有的三项专利。

该案中 Merc Exchange LLC 自 2001 年向法院起诉，指控 eBay Inc. 使用的“立刻购买”“在线拍卖”交易方法侵犯了其上述商业方法专利。2003 年联邦地区法院认定 eBay Inc. 构成了对 Merc Exchange LLC 涉案商业方法专利的侵犯，判决 eBay Inc. 赔偿 3 500 万美元，但拒绝发布永久禁令。后 eBay Inc. 上诉，联邦巡回上诉法院维持了地方法院对损害赔偿的判决，同时推翻了地方法院拒绝颁布永久禁令的做法，颁布了永久禁令。eBay Inc. 继续向联邦最高法院上诉，2006 年 5 月联邦最高法院做出最终判决，推翻了联邦巡回上诉法院的二审判决，将案件发回地区法院重审，要求地区法院重新依据传统衡平法原则中颁发禁令的“四要件检验标准”，而不是按“一般规则”来决定申请人是否能够获得永久禁令救济。eBay 案说明，限制侵权禁令有助于降低专利运行成本。专利制度运行实践也需要防止其从“创新激励器”转变为威胁创新过程本身的“诉讼和不确定性发生器”。在涉及包括电子商务商业方法在内的专利侵权纠纷处理中，司法通过有限度地扩大法院对颁布禁令的自由裁量权，有助于引导专利权人避免或减少利用诉讼或许可谈判谋取不合理的专利费用，控制专利诉讼和谈判成本，使电子商务领域的高质量创新能更快速更顺利地商业化，并最终服务消费者。

2. 电商经营者的避风港规则适用

所谓“避风港规则”源于美国 1997 年的《数字千年版权法》(*Digital Millennium Copyright Act*，DMCA)[1]第 512 条规定。回顾互联网发展史可以发现网络平台责任存在着一个从无到有、从轻到重的演进历程。根据美国 1996 年的《通信规范法》(*Communication Decency Act*，下称 CDA)第 230 条规定，互联网平台对于通过其服务从事的侵权行为并不承担间接责任，其立法目的旨在区分互联网平台和传统的出版社、电视台。当然该条文并未规定基于“通知—移除”模式的所谓“避风港规则”。随后美国在 1997 年的《数字千年版权法》(DMCA)第 512 条规定传播作品的网络服务提供商在适当情形下应终止向严重侵权的用户、账号持有人提供服务，也规定了可以为短暂传输、系统缓存、信息存储、信息定位行为提供“避风港”免责，即

① Digital Millennium Copyright Act, Pub. L. No. 105 - 304, 112 Stat. 2860 (1998).

对于权利人提供了合理的侵权通知之后便已删除有关侵权链接和内容的便可免于承担相关责任;当然如果网络平台已经知道或者应当知道其侵权行为存在而未断开其侵权链接与内容的,则应视为未履行相应的注意义务而应承担其相关责任。不过,这种基于"通知—移除"规则下的"避风港规则"只适用于数字作品而不适用于其他领域。然而,域内外立法史上在借鉴吸收美国《数字千年版权法》(DMCA)这一规则时都程度不同地拓展了其适用领域,例如将其从版权领域扩大到其他知识产权甚至整个民事侵权领域。

"避风港原则"在我国的引进历程大致经历了四个阶段。一是2006年通过并实施的《信息网络传播权保护条例》(2013年修订)在网络著作权领域适用"通知—删除"规则,即以美国《数字千年版权法》(DMCA)为蓝本。二是2009年通过并于2010年生效的《侵权责任法》第三十六条将"通知—删除"规则扩展适用于网络侵权领域作为一般归责条款,拓展了DMCA主要是将基于"通知—删除"规则的"避风港原则"作为网络服务商免责条款的立法初衷。三是2018年通过并于2019年生效的《电子商务法》中的"通知—删除"规则改造,将其适用范围由规范电商平台经营者的知识产权保护义务而扩展适用于除版权保护外的其他知识产权领域的规范。四是2020年通过并于2021年施行的《民法典》侵权责任编第三章以四个条文形式的互联网侵权专款吸纳前述有关立法及其司法解释规定,在网络用户、权利人、网络服务提供者之间达成"投诉—处理—反馈—再反馈—处理终结"的互动机制以实现利益平衡与权力制衡,对包括电商经营者的网络用户、网络服务提供者的网络侵权责任认定及其承担进行优化。

例如《电子商务法》第四十二条和四十三条在原《侵权责任法》第三十六条有关"通知—删除(屏蔽、断开链接等必要措施)"规则基础上,进一步构建了"通知—删除(屏蔽、断开链接、终止交易和服务等必要措施)—转通知—转送不侵权声明(反通知)—(十五天)选择期间—终止必要措施"的互动机制与处理指引规范,拓展了必要措施类型,明确了权利人错误通知与恶意通知的民事责任,规定了转送不侵权声明(反通知)之网络用户(平台内经营者)的十五天选择期间,不过其适用范围虽扩展至全部知识产权领域,但仅适用电商领域知识产权侵权纠纷处理。随后《民法典》的互联网侵权专款则在保留上述互动机制框架基础上,构建了"通知—必要措施—转送声明(反通知)—投诉与诉讼—终止措施"的协调机制,其适用范围扩展到全部的网络侵权领域,也保留了权利人错误通知的究责机制,但关于网络服务提供者应"根据侵权的初步证据和服务类型"采取必要措施以及权利人应于"转送声明到达权利人后的合理期限内"选择采取投诉与诉讼等规定,都显示了对包括电商经营者在内的网络服务提供者的网络侵权责任持更加包容审慎的立场。

我国在引进与适用源自美国《数字千年版权法》所确立的"避风港规则"方面虽

然也进行了上述有关制度创新，旨在平衡各方参与人的利益，同时也有利于确保网络服务提供者既免受权利人的恶意投诉之侵扰，也保障权利人的正当合法权益之维护，但从立法背景与功能看，美国《数字千年版权法》第 512 条(g)款确立的“避风港规则”在整体立法目标上是作为网络服务提供者的责任限制甚至免责条款而设立的，相对而言，我国相关立法并没有明确“避风港规则”究竟是免责条款抑或是归责条款，这就未必有利于促电子商务产业发展。例如，《信息网络传播权保护条例》引进“避风港规则”时未能科学厘清与合理确立平台在侵权构成要件与免责事由之间的关系，以致实践中很大程度上架空了所谓“避风港规则”；而《电子商务法》第四十三条第二款乃至《民法典》第一千一百九十六条第二款似乎通过“转送声明—选择期间”的程序制度设计，赋予网络服务提供者以“及时终止所采取的措施”之义务，尽管可能仅是“不真正义务”。

因而，针对美国《数字千年版权法》第 512 条(g)款确立的“避风港规则”，有关“反通知—选择期间”的制度设计将网络平台纳入管道化的角色地位，我国引进“避风港规则”时对于其给予不同网络主体的正反两面激励功效需进行审慎分析与具体检视。在实施《电子商务法》知识产权条款时，有必要通过免责条款的机制为“管道化”平台提供“避风港”机制。一方面为初创平台进入市场降低门槛，另一方面不仅不应从立法和司法上排除平台积极介入纠纷解决的可能性和积极性，反而应保持法律和司法实践的谦抑性，尊重平台居于知识产权纠纷解决核心地位的现状和趋势，给予平台的制度与技术创新足够的包容与空间。因而，若将“避风港规则”明确为免责条款并赋予有关网络平台更多创新空间和权力①，似乎能为促进电子商务领域的商业模式及其技术创新与产业发展提供更加有效的激励与保障机制。

三、电子商务技术运用的法律规制

伴随电子商务的商业模式创新以及包括大数据、云计算、人工智能、物联网与移动互联等新一代信息电子技术的大发展，电子商务技术运用要求电子商务经营者不得滥用市场支配地位或从事其他不正当竞争行为，履行其消费者权益保护、环境保护、知识产权保护、网络安全与个人信息保护等方面的义务，承担产品和服务质量责任，接受有关政府部门和社会公众的监督。各级各类政府管理与监督部门既要营造诚实守信、公平有序竞争的营商环境，也要平等对待线上线下商务活动，

① 刘晓春.《电子商务法》知识产权通知删除制度的反思与完善[J].中国社会科学院研究生院学报，2019(2):124-136.

促进其线上线下融合发展，各司其职、分工负责地促进、监督管理电子商务发展等工作。就其法律规制而言，既要充分发掘电子商务经营所涉的内外社会关系，也要尊重电子商务创新衍生的新模式、新业态等新型行业生态特点，将公法规制与私法规范有机结合起来，发挥法律的调整功能。

1. 电商经营者的审查义务与责任

任何一项技术的使用往往都难免面临利弊两面性。电子商务既是一项信息技术创新，也是一项商业模式创新，电子商务技术运用既便利了生活并改善了生产、工作与交往效率，也使得社会关系与交往模式由线下向线上集聚并导致人际侵权损害乃至违法犯罪延伸到互联网虚拟空间。随着新技术进步和国际经贸利益博弈加剧，有关电子商务等网络平台的注意能力与注意义务也成为衡量电商经营者数字治理水平不可回避的议题。源于美国《数字千年版权法》的“避风港规则”作为免责条款设置有助于促进电商技术创新。在中国，随着电商模式创新与业态发展，源于移植“避风港规则”的“通知—移除”规则已经在本土化改造中趋于转向“通知—必要措施”规则。例如，关于法律应否赋予电商经营者对平台内违法信息及其有关行为的主动审查义务，不同性质的电商经营者的数字治理的责任边界如何科学界分与合理划定，而电商经营者对于不同性质的知识产权如专利、商标与版权等侵权行为能否以及是否应该适用统一的治理模式与审查判定基准，这些议题往往成为电商理论与实务界的困扰。

目前，随着互联网技术发展，对“避风港规则”的实施都不同程度地拓展了其适用领域。例如，我国在《电子商务法》《民法典》中将其从版权领域扩大到其他知识产权甚至整个民事侵权领域。同时，上述相关立法对网络平台注意义务下所应采取的措施范围也有所扩展，例如从删除、屏蔽、断链等“通知—移除”到包括转通知直至终止交易和服务等措施。特别是欧盟理事会通过的《单一数字市场版权指令》(*Directive on Copyright in the Digital Singles Market*，简称 DSM)更是进一步要求在线内容分享平台承担包括采取可能的版权过滤措施在内的特殊责任，特别是其指令第 17 条还要求在线内容分享服务提供者尽力与版权人进行合作获得授权许可。这在一定程度上提高了网络平台的注意义务遵从能力要求，甚至面临从被动的注意义务赋予到主动的审查义务强化趋势。电商经营活动的参与主体众多，既包括从事互联网监管的公法主体，也包括为网络平台经营活动提供通信信息技术支持的基础电信服务商，创建或加入电商经营网络平台的经营用户与消费用户等私法主体。

我国《电子商务法》第五条规定：“电子商务经营者从事经营活动，应当遵循自愿、平等、公平、诚信的原则，遵守法律和商业道德，公平参与市场竞争，履行消费者权益保护、环境保护、知识产权保护、网络安全与个人信息保护等方面的义务，承担产品和服务质量责任，接受政府和社会的监督。”该条规范由后续条款进行进一步落实，包括第十八条(定向广告中推荐算法的自然结果提供义务)、第二十五条(数据信息提供与安全保护义务)、第二十七条(身份核验义务)、第二十八条(身份信息和纳税信息报送义务)、第二十九条(审查、处置和报告义务)、第三十条(网络安全与交易安全保障)、第三十一条(商品和服务信息、交易信息记录和保存)、第三十三条(服务协议与交易规则公示义务)、第三十五条(禁止平台利用服务协议、交易规则及技术等手段滥用优势地位)、第三十八条(对明知或应知有违保障人身财产与生命健康要求的平台内经营者进行处置义务、主体资格审核义务与安保义务)、第三十九条(健全信用评价)、第四十条(竞价广告中搜索算法的明示义务)、第四十一条至第四十五条(知识产权保护规则及其责任)、第八十三条(违反第三十八条规定义务的行政处罚)等，均对电商平台经营者义务与责任作出专门规定。

可见，我国有关立法既赋予了电商平台经营者私法上的注意义务与责任，也赋予了电商平台作为行政法上的第三方义务主体以公法上的审查义务与责任。从立法沿革看，我国电子商务平台经营者的公法审查义务经历了从网络信息内容的审查义务到网络交易行为的审查义务的转变，并拓展至包括安全保障义务在内的消费者权益保障义务。上述有关义务规范也散见于除《电子商务法》之外的其他有关立法之中，诸如《网络安全法》第四十七条、《食品安全法》第六十二条、《广告法》第四十五条、《网络交易监督管理办法》第十三条至第二十条等法律、法规有关规定。当然，电子商务平台经营者的公法审查义务应当如何适用以及须履行到何种程度，法律规范上仍有进一步明确的空间，其具体化应当保持合理的界限，遵循法律保留原则、比例原则与类型化的监管原则。根据电子商务平台经营者对消费者权益进行保障的公法审查义务的内涵差异，可以将其大致分为信息审查义务、行为审查义务与安全保障义务三种类型[①]。其中，信息审查义务包括：① 对平台内经营者的身份与行政许可信息进行核验登记并定期核验更新的资格资质审核义务；② 对平台内经营者发布信息涉嫌违法的审查义务。行为审查义务包括：① 对平台内经营者涉嫌违法行为的审查义务；② 对平台内经营者与用户涉嫌知识产权侵权的审查义务和采取必要措施义务。安全保障义务包括：① 对平台内经营者违背人身、财产保障要求的处置义务；② 对平台内经营者从事影响消费者生命健康的经营主体资格的审核义务及其安保义务。

当然，上述审查义务既涉及单纯的公法审查义务，也涉及纯粹的私法注意义

① 伏创宇.我国电子商务平台经营者的公法审查义务及其界限[J].中国社会科学院研究生院学报，2019(2):113-123.

务。此外还包括公私法审查(注意)义务的竞合①。不过,就其公法审查义务的内容与性质而言,由于其义务履行与否的背后蕴含着行政制裁的威慑,通过对电商平台经营者课以负担的方式融合公共与私人组织的特长与优势,虽在一定程度上分担了行政机关对交易秩序与交易安全的监管职能与保障功能,但并未直接运用国家公权力,应当属于私法主体的"第三方义务"②范畴。因而,无论违法性判断还是采取必要措施,其义务履行都在一定程度上代替行政机关承担了对交易安全与消费者权益进行保障的责任,意旨在于维护网络交易秩序与消费者的权益,具有公共利益保障的属性。不过,上述公法义务设置却面临履行措施的程序正当性、执行成效的比例适当性、公共治理功能替代的合理性等问题。

此外,为避免电商平台利用搜索算法为平台内经营者提供竞价排名服务而造成用户知情与选择上的信息误判,我国《电子商务法》第四十条规定:"电子商务平台经营者应当根据商品或者服务的价格、销量、信用等以多种方式向消费者显示商品或者服务的搜索结果;对于竞价排名的商品或者服务,应当显著标明'广告'。"基于算法的搜索与推荐结果排序往往受制于个性化、搜索量和新鲜度(Query Deserves Freshness,简称 QDF)等因素,并影响平台内经营者的用户流量与获客渠道及用户对平台内商品服务信息的接触频率与选择意愿。例如,淘宝电商基于搜索算法并按信誉度、销量、价格等参数,针对其平台内数百万卖家及其数亿种在线商品为用户提供差异化排序的搜索结果。可见,《电子商务法》就电商平台基于搜索算法开展服务赋予其竞价排名广告明示义务,以及基于商品或服务的价格、销量、信用等从事"自然检索"的搜索结果提供义务等。

同时,为避免电商平台利用推荐与定价算法为用户提供基于个性化特征的歧视定价,我国《电子商务法》第十八条规定:"电子商务经营者根据消费者的兴趣爱好、消费习惯等特征向其提供商品或者服务的搜索结果的,应当同时向该消费者提供不针对其个人特征的选项,尊重和平等保护消费者合法权益。"上述规定虽明令禁止类似利用搜索结果针对消费者进行区别定价,一定程度上有助于规制电商平台基于推荐算法及其用户信息进行个性化定价,保障消费者正当权益,但该规定并未直接区分"搜索"定价和"杀熟"定价,也未对两者相关性予以明确说明,导致实践中难以遏制大数据"杀熟"行为。2021 年 7 月国家市场监管总局就《价格违法行为行政处罚规定》发布修改征求意见,其第十三条就新业态中的价格违法行为提出规范,明确电商平台利用大数据分析、算法等技术手段,根据消费者或者其他经营者的偏好、交易习惯等特征,基于成本或正当营销策略之外的因素,对同一商品或服

① 王道发. 电子商务平台经营者安保责任研究[J]. 中国法学,2019(6):282-300.
② 高秦伟. 论行政法上的第三方义务[J]. 华东政法大学学报,2014(1):38-56.

务在同等交易条件下设置不同价格的，给予警告、罚没直到责令停业整顿或吊销营业执照等行政处罚。

再者，2021 年 8 月 20 日颁布的《个人信息保护法》就网络服务提供者“自动化决策”行为进行规范。其第二十四条规定：“个人信息处理者利用个人信息进行自动化决策，应当保证决策的透明度和结果公平、公正，不得对个人在交易价格等交易条件上实行不合理的差别待遇。通过自动化决策方式向个人进行信息推送、商业营销，应当同时提供不针对其个人特征的选项，或者向个人提供便捷的拒绝方式。通过自动化决策方式作出对个人权益有重大影响的决定，个人有权要求个人信息处理者予以说明，并有权拒绝个人信息处理者仅通过自动化决策的方式作出决定。”对于电商经营者而言，上述规定能够从电商经营者的决策过程透明度及其决策结果公平公正等行为规范方面，和用户就其决策服务信息选择权及其算法决策方式解释请求权与拒绝接受权等权利赋予方面，对其自动化决策服务采取了嵌入式的过程监管，有助于更全面地规制电商经营者基于用户信息与算法机制开展差异化定价策略，以免其损及消费者用户权益。不过，通过在事前完善算法审计监督机制，并在事中构建大数据监测平台，势必有助于完备电商经营者的审查义务与责任体系。

2. 电商平台的知识产权侵权治理

“避风港规则”作为免责条款其法律适用固然有助于促进电商技术创新，不过，我国《电子商务法》第四十一条至第四十五条对电商平台的知识产权保护义务设置，乃是对电子商务技术运用所致侵害第三人权益之行为的一种法律规制措施。目前，理论与实务虽秉持网络平台在技术与地位上的中立性，但基于互联网的本质特征及其免费加增值服务经营模式，以及数字经济与内容产业发展的现实需求，一般认为网络平台不应被赋予对平台内海量信息进行主动审查的注意义务。实际上，大多中小型网络平台并没有足够能力对其平台内知识产权侵权进行全面审查。某些大型网络平台虽有一定的监测与审查能力，但也是要在遵循“避风港规则”的前提下，只有在权利人的侵权通知满足合格标准，且能准确定位侵权信息，网络平台才须对此承担“通知—必要措施”义务。当然，不赋予网络平台以主动审查义务并不意味着其没有注意义务，其对于网络平台中显而易见的侵权内容还是应当负有合理的必要注意义务并采取其可控范围内的处置措施（例如删除、屏蔽、断链等），否则就要承担相应的法律责任。尽管原《侵权责任法》的司法解释明确了其第三十六条所述的“知道”是指“已经知道”，同时列举了两类情形下的“推定知道”，甚至《电子商务法》第四十五条将网络平台对平台内知识产权侵权的主观过错由“知道”扩大到“应当知道”情形，但这是否意味着基于解释论立场，在既有规范框架下应该赋予网络平台以合理义务对其平台内侵权信息采取相应的技术过滤措施，却是颇需结合互联网产业发展需求及其技术实践能力进行损益权衡的重要难题。调查发现，出于风险规避的现实考虑，各大网络电商巨头都不同程度地已经在“自觉”“主动”采取包括算法识别与数据检测等技术措施在内的过滤机制，以清理其平台内的知识产权侵权信息内容。

在域外，美国 YouTube 公司开发的内容身份(Content ID)系统借助其储存内容数据库与用户上传内容交互比对而实现网站内容自动筛选的算法，能够自动识别、剔除侵权信息以阻止用户上传侵犯知识产权的内容。eBay 公司为应对电商领域知识产权纠纷激增趋势，在其官网(www. ebay. com)主页“帮助与联系”栏设有保护知识产权的 VeRO(Verified Rights Owner)方案，接受权利人的侵权举报投诉(Reporting an Infringement)，同时构建基于买卖双方互评信用的反馈评级制度及其自动化的在线纠纷解决机制(ODR，即 Online Dispute Resolution 的简称)，以减少纠纷产生数量[①]。在国内，阿里巴巴基于用户协议实现用户对《知识产权侵权处理规则》的认可和接受，根据同一账号 ID 用户在平台内侵权行为类型与性质例如一般侵权或严重侵权分别采取扣除用户积分、删除对应商品信息甚至予以警告、全店或单个商品屏蔽、全店或单个商品搜索降权与限权直到关闭用户账号等“三振出局”制的不同处理方式。通过知识产权保护平台并引入区块链、大数据与智能检索分析技术，利用实时搜索引擎、文本分析、logo 识别、图片文本识别、生物实人认证等技术手段，主动拦截侵权商品，搭建一套对侵权链接进行上架拦截或者主动移除的自动化防控体系，从而减少对传统“通知—删除”措施的依赖性。此外，腾讯公司采用版权保护系统能通过技术检测实现搜索、排查、取证、通知删除和汇总功能，高效处理侵权内容，创造性地增加版权主动保护措施即“公众账号原创声明功能”，优化技术系统并上线微信品牌维权平台，从而建立便捷的线上侵权投诉处理机制。百度公司的百度云对用户分享内容采取关键词禁封和黄反过滤等风控机制以监控数字产品的违法或侵权行为，通过自动化策略结合人工审核和版权举报投诉机制以保护用户知识产权，基于区块链技术构建原创图片服务平台“百度图腾”，利用区块链版权登记网络，配合可信时间戳、链戳双重认证，为原创图片生成版权 DNA，实现原创作品的可溯源、可转载、可监控，借助人工智能和大数据技术打造 DNA 反盗版文档识别系统，为数字版权保护推出“超级链”行业解决方案，实施自动化侵权检测技术自动过滤盗版视频文档等[②]。

---

① [美]伊森·凯什. 数字正义：当纠纷解决遇见互联网科技[M]. 北京：法律出版社，2019：15，39－40.

② 胡朝阳. 知识产权服务体系的互联网建设与发展[M]. 南京：东南大学出版社，2020：187－190，201－203.

上述平台治理措施有些可纳入我国《电子商务法》调整范围，例如商品销售与服务提供的经营活动，有些可能被《电子商务法》排除在调整范围之外，例如音视频与文化产品等内容服务。不过，随着新业态与新模式的创新发展例如直播电商的蓬勃兴起，上述治理措施对电商技术运用的规制也应纳入《电子商务法》调整对象范围。之所以这些电商巨头都能在传统的"避风港规则"之外积极主动地采取针对平台知识产权侵权的治理行动，一方面因为从技术可行性的层面来看，人工智能、大数据与区块链等新一代信息技术已经极大提升了网络平台对侵权信息的精准筛查与定位清除能力，似乎对电商平台内的知识产权侵权行为科以其主动审查义务更有利于促进平台知识产权治理。不过从经济可行性角度来看，可能得考虑由此带来的网络交易成本增加及其向消费者的成本转移并导致用户服务体验的下降。例如，新品上架的严苛审核可能带来网络服务延宕，甚至智能识别会带来侵权误判所致的交易梗阻，以及算法监管下的竞争公平性削弱与信息公开性阙如，直至强制屏蔽所致的信息流通不畅与表达自由受限，以致抑制互联网产业的创新活力与增长效率。根据《民法典》生效前施行的《侵权责任法》的司法解释第六十条规定："侵权责任法第三十六条所称网络服务提供者，是指依照其提供的服务形式有能力采取必要措施的信息存储空间或者提供搜索、链接服务等网络服务提供商，也包括在自己的网站上发表作品的网络内容提供商。"源自美国《数字千年版权法》的"避风港规则"及其"通知—删除"机制原本只适用于网络版权侵权治理领域，我国《信息网络传播权保护条例》吸收了该规则，随后在原《侵权责任法》和《电子商务法》《民法典》中将其适用范围从著作权领域扩大到所有的民事侵权领域。不过，即便基于大数据与人工智能算法技术的知识产权侵权治理措施行之有效，但不同类型与级别的电商平台的经营规模与经济实力往往差异悬殊，且对其平台内知识产权侵权信息进行甄别的能力与效果也有所不同。

因而，随着互联网商业模式创新与技术更新迭代，如何科学界分与合理划定电商平台的知识产权治理责任边界尚待探究。例如，能否按照电商平台的服务内容与服务性质分类施以合理范围的注意义务，何种程度上应赋予电商平台对其平台内经营者的知识产权侵权行为或信息的主动审查义务，如何按专利、商标与版权的知识产权权利属性及其侵权判定基准差异而对电商平台施以不同的审查（注意）义务标准，如何明晰权利人的侵权投诉通知要求、被投诉人的反通知标准、电商平台应采取合乎比例原则的必要措施方式等。最高人民法院于 2020 年 9 月 10 日发布的《关于审理涉电子商务平台知识产权民事案件的指导意见》（法发〔2020〕32 号），对平台电商的审查（审核）义务与注意义务在《电子商务法》《民法典》的立法规定基础上进一步进行了明晰与规范。特别是该司法解释第十一条规定："电子商务平台经营者存在下列情形之一的，人民法院可以认定其'应当知道'侵权行为的存在：

(一) 未履行制定知识产权保护规则、审核平台内经营者经营资质等法定义务；(二) 未审核平台内店铺类型标注为'旗舰店''品牌店'等字样的经营者的权利证明；(三) 未采取有效技术手段，过滤和拦截包含'高仿''假货'等字样的侵权商品链接、被投诉成立后再次上架的侵权商品链接；(四) 其他未履行合理审查和注意义务的情形。"此外，电商平台在适用"避风港规则"改造后的"通知—必要措施"规则时，对主体地位究竟适用"信使"还是"裁判者"的角度定位，对其在审查(注意)义务遵从与否的判定中，究竟适用免责模式抑或归责模式，我国相关立法模式及其司法解释规范与域外立法特别是 DMCA 第 512 条的规范意旨也存在某些差异，理论与实务中对此也存在认识分歧。尤其随着直播电商与社交电商的兴起与普及，交易型平台分享型化和分享型平台交易型化逐渐成为电商平台演进的趋势，对电子商务技术运用宜进一步采取分类施策的法律规制措施。

第五章 数据处理技术与法律

随着大数据、人工智能与移动网络等信息网络技术发展，个人信息被大量采集转移使用，网络数据生成及大数据分析正深刻揭示个人信息及其数据处理所潜藏的巨大价值。与此同时，用户个人信息与网络运营商大数据集在其全生命周期中面临客体交织与利益交叉，用户与大数据企业之间及大数据企业相互之间围绕用户信息处理及大数据挖掘利用所衍生数据利益产生剧烈角力与争夺。面对数据处理技术创新及其运用所致的法律与社会影响，亦须加以法律保障与规制。

一、数据处理的法律与社会影响

1. 数据信息来源及其处理技术

在互联网空间根据其数据信息生成过程的不同，可将其分为用户的信息数据、用户发布的数据、平台自采的数据以及衍生的数据信息。本章所述“数据处理”中的数据既包括生成于网络空间的用户信息，也包括其他各类虽非直接源于网络用户个人行为但受网络平台与用户交互运行影响的各类网络信息资源，主要涉及网络用户主体及其行为相关的结构化与非结构化数据，以网络用户的个人信息与非个人信息为主。我国有关立法涉及个人信息及其数据处理的规范文件包括《网络安全法》《数据安全法》《个人信息保护法》《电子商务法》《民法典》《刑法》，以及《数据安全管理办法》、《信息安全技术个人信息安全规范》（简称《个人信息安全规范》）等。

我国《个人信息保护法》第四条规定：“个人信息是以电子或者其他方式记录的与已识别或者可识别的自然人有关的各种信息，不包括匿名化处理后的信息。个人信息的处理包括个人信息的收集、存储、使用、加工、传输、提供、公开、删除等。”《网络安全法》将个人信息的概念界定为“以电子或者其他方式记录的能够单独或者与其他信息结合识别自然人个人身份的各种信息，包括但不限于自然人的姓名、出生日期、身份证件号码、个人生物识别信息、住址、电话号码等”。《民法典》第一千零三十四条在概括界定个人信息概念的基础上，对其表现形式进行了列举式规定。上述有关立法均明确了个人信息的“识别性＋关联性”认定标准。《个人信息保护法》区分了“敏感个人信息”与一般的个人信息；《民法典》区分了个人信息中的“私密信息”与一般的个人信息，并且对信息控制者处理个人信息的原则、处理方式、行为规范与民事责任及其信息主体的权利等进行了概括规定；《个人信息安全规范》区分了“敏感、重要和一般”的个人信息分类；《最高人民法院、最高人民检察院关于办理侵犯公民个人信息刑事案件适用法律若干问题的解释》对侵犯公民个人信息罪的犯罪情节解释也是根据侵害个人信息的类型不同而分别规定了不同的入罪标准。

我国《数据安全法》第三条规定：“本法所称数据，是指任何以电子或者其他方式对信息的记录。数据处理，包括数据的收集、存储、使用、加工、传输、提供、公开等。”《民法典》除总则篇第一百一十一条对个人信息保护作了原则规定之外，还于第一百二十七条进一步明确了法律对“数据”的保护原则。《个人信息保护法》第四条在按“识别性＋关联性”标准界定个人信息概念的基础上进一步明确了“匿名化处理后的信息”不属于个人信息范畴。理论上讲，这些经由匿名化处理的信息已经成为网络空间的非个人信息组成部分。按照网络空间的个人信息是否能识别或关联到特定个人，可将其区分为“个人信息”与“非个人信息”。上述这些个人信息与非个人信息以数字化形式生成于互联网平台，从而构成了网络空间的大数据资源。不过，数据在互联网空间往往是以二进制代码形式存续与传输的，其承载了一定的信息内容。信息与数据在互联网空间的存在也可以视为内容与形式、本体与载体的关系。因而，数据处理的对象在实践中包括以“个人信息”与“非个人信息”为内容的复杂的数据形式。就此而言，数据处理以其数据承载的信息内容为对象，而信息处理以其信息内涵的利益关系为对象。相对而言，数据较之信息具备更宽泛的涵摄范围[①]。

大数据时代的个人信息与非个人信息有其复杂而广泛的来源。例如，数据中间商往往大量收集如用户志愿提供、电脑记录测量、挖掘分析推测等行为信息并为其正外部性创造条件[②]。同时，大数据分析将传统结构化数据与非结构化数据的价值结合，如社交网络生成内容、图片、视频、监测、传感器、位置、搜索日志等非结构化数据占全球数据逾 95%，这些数据信息均极具商业情报价值，挖掘其相关性

① 当然，鉴于立法实践对信息（information）与数据（data）未作严格区分，下文论述遵从此习惯。

② ［日］城田真琴．数据中间商［M］．北京：北京联合出版公司，2016：40－44．

与数据模式可掌控市场趋势与消费行为[①]。通常,按照信息所负载利益可将个人信息类型化为如下若干方面:① 一旦披露导致人格尊严受损的个人私密信息,② 能够直接识别主体身份的个人特征信息,③ 可能影响人的消极自由的个人信息,滥用此类个人信息可能侵扰当事人不被打扰的生活安宁,④ 可能影响人的积极自由的个人信息,包括因个人行为所伴生的个人生活经历信息和个人足迹信息[②]。此外,若按照个人信息属性又可将其分为有关公民自然属性的生物识别信息,如性别、相貌等;有关公民社会属性所具有或参与社会活动与他人交往产生的个人信息,如姓名、身份证号、消费习惯;网络活动行为的个人信息,如网页点击、搜索、网购记录等数据信息。

因而,在网络服务空间中,这些数据对于网络服务运营及其经营活动具备重要的经济价值与社会功能。近年来围绕网络空间数据取用与共享在国内外均出现了一系列纠纷[③],深层次上折射出大数据产业背后错综复杂的利益链及其暗流汹涌的利益争夺关系。所谓"大数据"作为一种概念有以 IBM 为代表的技术型界定或以 Gartner 等为代表的非技术型界定,包括本体论、工具论与资源论等不同界定。它既是基于"4V"特征的海量数据集以分析挖掘彼此勾连"目的信息"的技术工具,也是基于多渠道海量数据而快速分析以产生可用于行动"知识流"的信息资源。因而,大数据既是一种内含个人与非个人信息的数据资源载体,也是一种信息分析工具。以美国 2018 年 3 月 Facebook 信息泄露事件为例,该事件因 Cambridge Analytica 数据公司滥用数据而引起广泛争议,不过也使"信息流广告"模式广为人知。该模式即一种依据社交群体属性对用户喜好和特点进行智能推广的大数据处理行为,它经由网络平台采集汇聚整合用户各种行为大数据,进而由广告公司进行大数据分析并实现向相关网络用户的精准定向投放。

此外,数据在网络空间的存在形式与取用方式变动不居。例如,网络平台用户注册身份信息、运营商通过 Cookies 工具抓取用户日志及业务与位置等行为信息、政务管理部门主动采集、网络爬虫 iWorm 从系统窃取、第三方开发者通过 OpenAPI 接口协议从开放平台间接共享或挖掘分析原生数据推测所得,既有用户输入点击

---

① [美]詹姆斯·R.卡利瓦斯.大数据商业应用风险规避与法律指南[M].北京:人民邮电出版社,2016:8.

② 刘金瑞.个人信息与权利配置:个人信息自决权的反思与出路[M].北京:法律出版社,2017:134-136.

③ 例如,新浪微博诉脉脉((2016)京 73 民终 588 号)、大众点评诉百度((2016)沪 73 民终 242 号)、深圳谷米诉武汉元光((2017)粤 03 民初 822 号)、淘宝(中国)诉安徽美景((2017)浙 8601 民初 4034 号)等不正当竞争案均涉及用户信息数据之争;此外还有,顺丰与菜鸟互相关闭数据接口争议(国家邮政局调解),华为与腾讯关于华为荣耀 Magic 手机侵夺微信用户数据争议(工信部调解),江苏省消保委诉百度民事公益诉讼案,美国 HiQ Labs 对 LinkedIn 领英的数据抓取纠纷案,美国 Facebook 信息泄露事件等。

行为而记录存储的原生数据，也有基于原生数据经算法加工与聚合生成的衍生数据。我国《个人信息安全规范》界分了个人信息与个人敏感信息并以附录对其范围和类型进行列举，个人信息包括姓名、出生日期、身份证件号码、个人生物识别信息、住址、通信通讯联系方式、通信记录和内容、账号密码、财产信息、征信信息、行踪轨迹、住宿信息、健康生理信息、交易信息等，例如用户操作记录、IMEI 信息、设备 MAC 地址等；其中身份证件号码、个人生物识别信息、银行账户、通信记录和内容、财产信息、征信信息、行踪轨迹、住宿信息、健康生理信息、交易信息、14 岁以下（含）儿童的个人信息等均属个人敏感信息，例如指纹、网页浏览记录和精准定位信息等。

随着各类先进传感技术与高科技身份识别技术的发展，个体行为触发包括语言、地理位置，甚至味觉、触觉、情绪等直接间接承载的身份属性信息都能转化为数字形态存储并具备可用性，各种内涵外延不断丰富发展并随其使用环境、使用主体及信息主体性质不同而持续变化的个人信息与非个人信息以不同形式层出不穷地呈现，不再能局限于一元论的共性描述与静态描述加以界定。例如在线行为广告（Online Behavioral Advertising，OBA）[①]便长期从电脑或设备上收集用户各种非关联网站上的网页浏览行为数据，通过网络隐秘追踪和概括网页浏览等访问用户，利用 cookie 数据记录其访问的日志站点、点开的链接等，依据用户网络活动特点与偏好为其建档并悄然完成其数据采集与分析，旨在利用这类数据预测用户的喜好或兴趣，以便根据从这些网页浏览行为中推断出来的喜好或兴趣，向那台电脑或设备发送广告。

可见，在线行为广告商作为信息控制者往往会通过秘密追踪与监视为用户建档并非透明化地对其进行信息处理，基于某种算法筛选机制结合数据处理技术向其追踪用户定向推送个性化服务。个人信息控制者是有能力决定个人信息处理目的、方式等的组织或个人，其针对个人信息或其他信息加工处理所形成信息，如一旦泄露、非法提供或滥用可能危害人身和财产安全，极易导致个人名誉、身心健康受到损害或歧视性待遇等，因而针对个人信息特别是敏感信息进行的数据处理，必须受到法律规制。与此同时，由于数据信息处理也有助于提升用户服务体验，促进大数据产业发展壮大，因而对于个人信息与非个人信息的数据处理技术也需给予相应的法律保障，从而促进大数据产业创新。我国《个人信息安全规范》将针对个人信息的收集、存储、使用、共享、转让、公开披露、删除等均纳入其信息处理活动范畴，并具体界定了各种数据信息处理行为类型。我国《个人信息保护法》实质上就

---

① ［美］詹姆斯·R. 卡利瓦斯. 大数据商业应用风险规避与法律指南［M］. 北京：人民邮电出版社，2016：68－69.

是一部有关个人信息处理中的权利与义务安排的规则，根据该法第四条对个人信息处理行为类型的罗列来看，其包括“个人信息的收集、存储、使用、加工、传输、提供、公开、删除等”。这些个人信息处理行为类型也不完全囊括或涵盖新一代信息技术发展下的数据处理形式。

信息控制者从事的关涉个人信息与非个人信息的数据处理形式包括：① “收集”，即获得个人信息的控制权的行为，包括由个人信息主体主动提供、通过与个人信息主体交互或记录个人信息主体行为等自动采集行为，以及通过共享、转让、搜集公开信息等间接获取个人信息等行为。② “用户画像”，即通过收集、汇聚、分析个人信息，对某特定自然人个人特征，如职业、经济、健康、教育、个人喜好、信用、行为等方面作出分析或预测，形成其个人特征模型的过程。它包括直接使用特定自然人的个人信息进行直接用户画像和使用来源于特定自然人以外的个人信息如其所在群体的数据进行间接用户画像。③ “公开披露”，即向社会或不特定人群发布信息的行为。④ “转让”，即将个人信息控制权由一个控制者向另一个控制者转移的过程。⑤ “共享”，即个人信息控制者向其他控制者提供个人信息，且双方分别对个人信息拥有独立控制权的过程。⑥ “匿名化”[①]，即通过对个人信息的技术处理，使得个人信息主体无法被识别或者关联，且处理后的信息不能被复原的过程。个人信息经匿名化处理后所得的信息不属于个人信息。⑦ “去标识化”[②]，即通过对个人信息的技术处理，使其在不借助额外信息的情况下，无法识别或者关联个人信息主体的过程。去标识化是建立在个体基础之上，保留了个体颗粒度，采用假名、加密、哈希函数等技术手段替代对个人信息的标识。⑧ “个性化展示”，即基于特定个人信息主体的网络浏览历史、兴趣爱好、消费记录和习惯等个人信息，向该个人信息主体展示信息内容、提供商品或服务的搜索结果等活动。⑨ “业务功能”，即满足个人信息主体的具体使用需求的服务类型。例如地图导航、网络约车、即时通信、网络社区、网络支付、新闻资讯、网上购物、快递配送、交通票务等。

2. 数据处理的外部性及其成因

我国“十三五”规划提出实施国家大数据战略，工业和信息化部为落实《促进大数据发展行动纲要》发布《大数据产业发展规划》指出，大数据产业发展面临“数据

① 匿名化作为重要的数据安全措施已发展出泛化、压缩、分解、置换及干扰等技术解决方案。经匿名化处理的数据如采用新技术、新模型仍使得非授权第三方可重新识别特定个人，则该类数据仍属于个人信息，该匿名模型不能满足匿名化要求。

② 去标识化只能无法轻易识别特定个人，但经外部信息辅助仍可重标识，技术上包括假名、加密、哈希函数、统计、抑制、泛化、随机、聚合等。匿名化技术和去标识化大多重合，但前者旨在将个人信息处理为非个人信息，更利数据安全，后者旨在降低数据集中信息和个人信息主体的关联，使之不能对应个人。

所有权、隐私权等相关法律法规和信息安全、开放共享等标准规范不健全，尚未建立起兼顾安全与发展的数据开放、管理和信息安全保障体系”等支撑体系不完善问题[①]。大数据产业发展中的法律关系及其利益分配极其复杂，往往是面临个人信息与非个人信息的提供者、收集者、分析者、中间商、使用者、第三方开发者及监督者等多元主体基于人格与财产、公权与私权之博弈，这使得大数据产业创新的“外部性”与个人信息处理的“外部性内在化”规制之间面临内在张力。在制度经济学上，所谓“外部性”即人类的个体或组织行为活动给他人与社会群体所带来的正（积极）与负（消极）的两面影响。数据处理中的信息收集、分享、开发及其利用无论对信息主体还是对社会公众都会产生外部溢出效应。

一方面，大数据背景下的个人信息处理行为能给信息主体带来积极的法益分享，产生促进分享经济实现的所谓“正外部”效应。传统的“公地悲剧”理论揭示了过度使用权属不明的公地会导致资源枯竭现象。不过在互联网背景下，“消费者从技术应用中所获价值与使用该技术的人数正相关。这增加了新技术的市场需求，进而又提升了研究者的创新激励”[②]。其实，大数据资源的价值挖掘基础正在于其信息共享及其关联利用。大数据背景下某个体对信息的使用并不影响其他个体使用该信息，无数个体可同时共享同样的信息，那些使用者少、兼容性低的孤立数据或技术未必有利于用户。数据控制者取用以个人信息为客体的信息品数量愈多、愈广，其数据分析挖掘的网络外部性效应发挥愈可靠、精准，形成所谓“公地喜剧”现象[③]。这正如梅特卡夫定律（Metcalf's Law）揭示的那样，以电话销售为例，电话订户数量增加使订户之间有更多的连接并因此受益，电话网络的价值也由此呈非线性增长。在互联网空间，随着平台用户数量增长及其需求聚集，其积极网络效应带来的非线性增长（nonlinear growth）也有助促进网络经济扩张[④]。从平台用户（顾客、商户）采集而来的消费模式、驾驭行为、可靠程度、购物习惯等个人数据，其采集与处理过程往往彼此关联，“因采集何种数据的决定本身就依赖于关于未来如

---

① 目前已经或正在不断完善的政策法制支撑体系包括《个人信息保护法》《数据安全法》《大数据服务安全能力要求》《个人信息安全规范》《大数据安全管理指南》等国家推荐标准及《大数据行业自律公约》等软法规制措施。

② [法]让·梯若尔. 创新、竞争与平台经济：诺贝尔经济学奖得主论文集[M]. 寇宗来，张艳华，译. 北京：法律出版社，2017：1-2.

③ “公地喜剧”概念由耶鲁大学法学院教授 Carol Rose 首次提出，公地问题上既有“公地悲剧”也有“公地喜剧”，结果是随着不同的制度、文化等情境而产生的“公地戏剧”。See Carol Rose. The Comedy of the Commons: Custom, Commerce, and Inherently Public Property[J]. University of Chicago Law Review, 1986, 53(3): 711-781.

④ [美]杰奥夫雷·G. 帕克，马歇尔·W. 范-埃尔斯泰恩，桑基特·保罗·邱达利. 平台革命：改变世界的商业模式[M]. 寇宗来，张艳华，译. 北京：机械工业出版社，2017：18-20.

何利用这些数据的创新性思考”[①]。大数据分析可使网络中众多个人信息之间相互关联，大数据产业中个人信息网络每个节点都有较强关联度，而网络外部性(network externalities)的强弱与网络的规模及其关联度息息相关[②]。可见，大数据背景下个人信息处理行为通过提供“喂养”大数据分析及其智能算法的“饲料”，发挥其促进个人信息开发利用与开放共享的“网络外部性”正效应。

另一方面，大数据背景下个人信息处理会带来信息泄露、隐私侵害、数据过度采集与使用乃至数据垄断或数据滥用等成本负担的“负外部”效应。在美国Facebook信息泄露事件中，Cambridge Analytica数据挖掘公司被指利用来自第三方的App收集转移Facebook用户5000万点赞信息，据此分析其用户性格和政治倾向而人为制造“信息茧房”[③]以定向推送信息影响选民政治立场，引发公众对个人信息处理行为负外部性的广泛关注。大数据信息平台的开放共享性及计算机代码的可破解性使个人信息面临被窃取他用的风险，其数据交易与数据共享面临隐私合规与数据权属等挑战，其数据分析与数据产品开发面临算法偏差与去标识后再识别风险。大数据开发利用与价值挖掘赖以为继的数据生态系统倘若呈现数据垄断、数据滥用、数据歧视等，围绕其信息主体的个人信息处理行为便呈现负外部性。例如在线行为广告(OBA)的数据处理中，其通过网络隐秘追踪和概括网页浏览等访问用户，追踪用户数据行为具有潜在危及用户人身(隐私)财产安全的负外部性。不过，若是立法“禁止追踪”以规制其负外部性，可能对在线行为广告商的个人信息处理行为构成自由限制，抑制其基于大数据分析以提升网络服务质量的正外部效应溢出，进而影响网络用户据此享受便捷服务的自由。可见，在线行为广告商的个人信息处理面临正负双重外部性，保障信息主体的信息安全可能与维护在线行为广告商的信息追踪与推送自由产生价值冲突，而且对在线行为广告商基于信息追踪与推送自由的营运效率及其产业发展产生所谓“损害之相互性”。

可见，大数据背景下的个人信息与非个人信息处理往往面临正效应与负效应的双重外部性并存格局[④]。数据处理的双重外部性成因往往较为复杂。一方面，

---

① [法]让·梯若尔.创新、竞争与平台经济:诺贝尔经济学奖得主论文集[M].寇宗来，张艳华，译.北京:法律出版社，2017:380－381.

② 喻炜，王凤生.我国大数据产业政策研究:基于网络外部性与异质信息产品视角[J].当代经济科学，2016，38(3):72－79.

③ 凯斯·桑斯坦考察互联网信息传播指出，公众对信息的需求是个性化的而非全方位的，往往只注意选择使自身愉悦的信息领域，久而久之将自身桎梏于像蚕茧一般的“茧房”中，信息茧房(Information Cocoons)概念由此而生。参见[美]凯斯·桑斯坦.信息乌托邦:众人如何生产知识[M].北京:法律出版社，2008:6－10.

④ 胡朝阳.大数据背景下个人信息处理行为的法律规制:以个人信息处理行为的双重外部性为分析视角[J].重庆大学学报(社会科学版)，2020，26(1):131－145.

数据信息处理会产生正外部性。究其原因，大数据背景下个人信息处理行为之所以会产生网络外部性正效应，往往是源于互联网产业运作模式下的规模收益递增（边际成本递减）。在互联网领域，规模收益递增（边际成本递减）是"公地喜剧"现象产生的必要条件，网络外部性外部化（共享经济）是"公地喜剧"现象产生的充分条件，相对宽松而又恰当的竞争政策对互联网领域"公地喜剧"的持续形成十分重要。"公地喜剧理论"（Theory of Comedy of The Commons）建立在如下八组概念基础上[①]：争用性与限用性（竞争性与排他性）、传统公地品与信息品、普通外部性与网络外部性、外部性内部化与外部性外部化、有形网与无形网、"右版权"与"左版权"、公地与公地品、公地悲剧与公地喜剧。基于"公地喜剧理论"，大数据形态下的原生信息不满足"争用性"（Rivalrous）却有一定的"限用性"（Excludable）[②]。在大数据背景下，若将原生态的个人信息划归私人物品范畴而让其成为私人财产权客体，将私人财产属性赋予个人信息主体，对充分激发其"网络外部性"正效应释放却未必有利。基于信息生态系统的数据信息规模化集成与数字技术交互式兼容而进行个人信息处理行为，有其推动共享经济实现并产生"公地喜剧"现象的正效应[③]，由此揭示了基于"网络外部性"之外部化而实现共享经济模式的经济逻辑。

另一方面，数据信息处理也会产生负外部性。究其原因，数据处理面临透明化悖论、身份悖论与权力悖论三重悖论（Three Paradoxes）。首先，信息透明化要求与信息搜集秘密进行的透明化悖论使个人信息处理呈正负外部性。大数据背景下个人信息处理需遵循告知、选择、访问规则等透明化要求。告知即明确数据采集的实体、用途、性质、方式及其潜在接收方；选择即信息主体对数据二次使用或超原初目的使用或与第三方共享时有权选择加入（opt-in）或退出（opt-out）；访问即信息主体可及时、便捷地访问数据控制者掌握的信息，质疑不准确信息，更正或删除其不需要及存储不当信息。美国2018年《加州消费者隐私法案》（California Consumer Privacy Act，CCPA）除赋予消费者上述权利，还规定企业可为个人信息的收集、出售或者删除提供财务激励，包括根据消费者的数据在合理范围内向其提供差异化

① 于立."公地喜剧理论"与互联网竞争政策[EB/OL].（2018-02-25）[2021-08-17]. https://www.sohu.com/a/223927338_455313.

② "争用性"即你用别人便不能用，"限用性"即可限制别人使用。两者兼具的是私人物品（Private Goods）；两者皆不具的是公共物品（Public Goods）。后者面临市场失灵而前者不会。不具"争用性"但具"限用性"的是俱乐部物品或曰共享品（Club Goods），其通过赋权（例如信息产权）等权利配置解决市场失灵问题。

③ 例如，API（Application Programming Interface）作为应用程序编程接口可应用于所有计算机平台和操作系统，这些API以不同格式连接数据，每种数据格式要求以不同的数据命令和参数实现正确的数据通信。

费率或价格的商品或服务甚至向其支付赔偿金。事实上，透明化要求可以扭转用户与数据控制者的信息不对称进而给用户提供个人信息安全保障，促进其信息的开放共享以及基于“网络外部性”的外部化而实现“公地喜剧”式的开发利用，激发大数据分析挖掘的正效应溢出，促进共享经济发展。不过，基于透明化悖论其信息搜集秘密进行又使个人信息面临着潜在的安全威胁，可能导致企业过度采集用户信息甚至数据滥用等负外部性。

其次，大数据开发利用识别个人身份与其识别个人身份中牺牲个人或者群体身份隐私的身份悖论使其信息处理呈正负外部性。一方面，大数据开发利用有赖于采集海量个人信息包括原生数据和衍生数据（推测数据），以预测特定行为发生的可能性，据此发现关联事物间的相关关系。另一方面，随着“数据中间商”大量运用 Cookie 收集用户信息甚至从以社交网络服务 SNS 为主的数据源中任意获取包括关注热点、兴趣爱好、居住地址、出入场所、消费习惯、购买记录等数据，网络运营商不仅秘密收集用户信息用于对其记分并施以差别对待，还据此开发出独特的“记分制度”并用于商品化销售，导致社会被等级化。例如，网约车平台司机给用户贴上属性标签（Tag），其识别用户身份有助于赋予司机以接单激励而提升约车效率，有益其信息处理的正外部性实现，但倘若司机给用户贴上不良属性标签（如性暗示或差评），便有牺牲用户隐私而影响信息安全甚至引发数据歧视的负外部性。

再次，大数据资源作为社会改造的强大工具与其以牺牲个人权利为代价而实现独享数据特权之间产生权力悖论，这使个人信息处理面临正负外部性。一方面，大数据背景下信息主体以让渡个人权利为代价使大数据开发利用产生“公地喜剧”式的正外部性。个人信息处理行为的网络外部性效应与其取用信息数量、网络规模和技术兼容性密切相关。对数据控制者而言，其数据价值往往取决于数据的数量规模。随着大数据产业规模化收集个人信息，网络储量巨大的用户信息为其产业创新发展及其信息处理释放正外部性创造了条件。另一方面，大数据作为社会改造工具以牺牲个人权利为代价又有沦为数据控制者专享特权的趋势，导致信息处理的数据集中垄断甚至滥用等负外部性。网络用户存在消费“黏性”，权力悖论造成信息控制者相互竞争态势下的赢者通吃及信息资源的寡头独占，妨碍其他网络运营商对信息资源的数据共享及规模化开发利用，不利于众多信息主体在权利让渡下分享网络外部性的正效应，削弱了大数据创新活力及对用户体验的改进，妨碍共享经济发展。

二、数据处理技术创新的法律保障

1. 数据处理中的个人信息使用激励机制

一般而言，网络运营者收集、使用个人信息时，必须事先征得被收集者同意，此即个人信息处理须遵循所谓“知情同意”原则。我国基本立法《全国人大常委会关于加强网络信息保护的决定》和《网络安全法》第四十一条第一款和《民法典》第一千零三十四条至第一千零三十九条及《数据安全法》《刑法修订案》（九）[①]等共同构筑了个人信息保护与数据处理中的“知情同意”框架。不过，为防范网络运营者在个人信息收集、使用及处理中滥用其支配地位而恣意收集用户信息，有关立法在此基础上又引入“最小必要”原则，以便对同意范围进行限制，使信息处理者只能收集完成服务目的必要的数据，在无法定例外的情况下，“不得收集与其提供的服务无关的个人信息”。后续的信息处理也不能超出完成目的之必要。这意味着即使用户明确同意，信息处理者依然不能获取、处理超出服务必要范围的数据。此为对网络运营者与用户在网络个人信息收集、使用及处理中的不平等地位进行立法纠偏与平衡。不过，上述原则的法律适用与实践展开偏向于通过信息主体自治以保护个人信息，无疑将对数据的合理流通和利用，以及基于数据的技术创新和公共福祉的增进产生抑制性的不良后果，实践中也存在形式化问题。

为促进个人信息的合理开发与利用，提升网络服务提供中的用户消费体验，有必要为有特定服务需求或是对个人隐私信息不具特别敏感用户在“知情同意”规则适用中开放其自主配置与合理选择的空间，同时也有助于为网络运营者合理、正当、有效开发利用个人信息提供必要通道。例如，通过定向广告推送以促进精准营销，改进服务并挖掘新的消费增长点，训练算法以推动诸如面部识别、自动驾驶等人工智能的发展，这些都依赖于大量的基于个人信息与非个人信息的数据流通和利用。为此，适度允许并开放实践个人信息处理的经济激励机制是必要的。关于个人信息处理的经济激励机制，一种可行的方案是将经济激励作为附加功能的一种。《数据安全管理办法》和《个人信息安全规范》均将产品区分出基本业务功能和

① “两高”《关于办理侵犯公民个人信息刑事案件适用法律若干问题的解释》（2017 年 6 月 1 日施行）有关规定将“公民个人信息”界定为“以电子或者其他方式记录的能够单独或者与其他信息结合识别特定自然人身份或者反映特定自然人活动情况的各种信息，包括姓名、身份证件号码、通信通讯联系方式、住址、账号密码、财产状况、行踪轨迹等”。

拓展业务功能，目的是根据用户对产品处理个人信息的预期不同而适用宽严不等的梯度保护。经济激励制度可纳入拓展业务或附加功能的一种，适用另行告知、明示同意以及拒绝后不影响使用基本功能等规则①。

实际上，“知情同意”规则适用需要考虑更为具体的场景。而在具体场景中，对信息主体的经济激励机制可以引导和促成信息主体的“同意”。因此，可以将经济激励作为同意的促成机制，这有助于在不偏离“知情同意”规则的前提下，为个人信息保护与数据合理利用双重目标的实现提供一种平衡方案。通过经济激励机制，信息处理者可与信息主体共享数据利用产生的经济收益，由此适当地突破“必要性原则”，获得超出为信息主体提供服务之目的的数据处理权限。围绕在现有的“知情同意”原则基础上是否可以引入一种法律机制，既体现价值层面对信息主体人格利益的尊重，同时在功能层面又可促进信息流通和利用。随着大数据与人工智能技术进步，无论是个人信息还是非个人信息，其商品化利用应是一个值得肯定的发展方向。对信息主体的经济激励机制可作为“知情同意”框架的补充通道，即企业可以经济补偿方式，换取数据主体同意其处理超出提供服务所必要的数据。例如，2020 年新版《个人信息安全规范》在其第 5.6 条中修改了征得授权同意之例外情形，参考欧盟《通用数据保护条例》规定，其保留了 2017 年旧版《个人信息安全规范》第 5.4 条中“g) 根据个人信息主体要求签订和履行合同所必需的”这一交由用户与网络服务商之间协商条款约定空间，却增添了一个备注，即“注：个人信息保护政策的主要功能为公开个人信息控制者收集、使用个人信息范围和规则，不宜将其视为合同”，这可否为个人信息处理的经济激励机制提供标准指引上的可能与不能则值得探讨。在逻辑上，对消费者主动参与、点击进入经济激励制度的行为，可解释为信息主体和企业订立了一个与使用企业产品本身功能无关的、独立的信息处理合同，其中信息采集行为则是履行该合同所必须①。这似乎为个人信息处理的经济激励机制实现创设了相应的制度设计空间。

从比较法视角来看，美国《2018 年加州消费者隐私法案》(CCPA)及其配套的《CCPA 行政规则》所构筑的经济激励机制可资参考。根据 CCPA 第 1798.125 条第 2 款，当消费者请求删除个人数据或者禁止企业销售其个人数据(the right to opt-out of personal information sales)等情形时，企业可以采用经济激励的方式，鼓励消费者不行使这些权利，其立法要点包括：① 经济激励既包括直接的经济补偿，也可以体现为收取不同的价格或费率，抑或是提供不同水准和质量的产品或服务；② 若采用经济激励制度，企业必须事先告知消费者；③ 企业只能根据消费者的

① 蔡培如，王锡锌. 论个人信息保护中的人格保护与经济激励机制[J]. 比较法研究，2020(1)：106 - 119.

明示同意而将其纳入激励项目，而且消费者有权随时退出该激励项目；④ 严禁经济激励措施不公正（unjust）、不合理（unreasonable）、强制（coercive）或具有高利贷性质（usurious）。这可称为“合理差别”，以区别于“歧视对待”。经济激励制度允许企业根据消费者是否进入该项目而采取差别对待，但 CCPA 第 1798.125 条第 1 款规定，企业不能因为消费者行使法定权利而采取歧视或差别对待的行为，但是如果该差别对待与消费者数据为企业的产品或服务带来的价值合理相关，则是合法的。CCPA 第 1798.125 条第 1 款又规定：“如果价格或差别是直接与消费者数据为消费者提供的价值直接相关的，企业可以提供不同的价格、费率，或为消费者提供不同水准或质量的产品或服务。”对于应统一适用“直接差别”还是“合理差别”，《CCPA 行政规则》明确认为应适用“合理差别”。可见，CCPA 虽明确禁止激励机制具有强制性，其有效行权需以充分告知为前提，但企业除了应告知用户请求额外利用的信息类型、可获得的经济性补偿，以及用户退出权等基本内容外，还应当向用户公开相应个人信息的价值以及计算方式。这就意味着经济激励机制固然对促进数据处理技术创新具有法律保障作用，但在基于个人信息收集使用的数据处理中有必要对经济激励机制的赋予采取必要限度，从而有效平衡大数据产业创新发展与个人信息合理利用、数据脱敏开发与信息有序利用的利益紧张关系。

2. 数据处理中的人格商品化利用正当性

实践中，美国通信公司 AT&T 曾在 2015 年实践过经济激励制度，但最终在争议声中结束。如果用户不禁止 AT&T 追踪其网络服务（此处是选择退出机制），AT&T 将在正常的收费价格上给予用户每个月 29 美元的优惠。AT&T 的理由是，通过追踪用户的浏览偏好，AT&T 可以将这些信息贩卖给广告商，允许其据此提供个性化广告。简言之，就是广告商代替用户向 AT&T 付费。AT&T 作为网络运营服务者（Internet Service Provider，ISP）若进行数据追踪可以获得用户所有类型的上网数据，获得的数据量远胜于 Facebook 或 Google 之类 ICP（Internet Content Provider，网络内容服务商）的特定应用。AT&T 项目的默认规则是允许追踪用户数据，而积极选择退出的用户才需要支付额外费用。这更容易被解读为“用户为了隐私付费”（pay for privacy），而不是用户主动通过隐私让渡获得优惠。根据损失规避原理，前者更容易让人们感受到歧视。因为只有更富有的人才更有决心负担额外的支出以保护自己的隐私，而经济上更窘迫的群体则只能牺牲隐私以换取优惠，这对穷困的人而言就是“强迫”。最终是根据当前的经济状况镜像地产生“有隐私阶级”和“无隐私阶级”。但也有相反观点认为，如果公司不能通过数据盈利，消费者需支付更高或至少同等的价格以补缺公司这部分亏损，这将直接影响低收入群体获得网络服务的能力，或者影响产品服务的质量，这将对低收入群体造成比人格利益减损更加不利的后果[①]。

由此引发的现实问题是，将具有人格利益的个人信息进行商品化并促使其进入市场流通领域是否会贬损人格？在网络空间推行的"用户为隐私付费"模式是否有其合理性与必要性？如果默认由网络服务提供者对用户隐私进行商业化利用并由用户基于隐私保障需要而拒绝其商业化利用，这种默认模式是否可取？如何评价网络服务提供者对于用户信息的追踪行为？在网络法学家莱斯格看来，"个人必须具有针对隐私进行协商的能力"，随着互联网信息技术的发展，将数据作为财产并赋予用户以财产权的财产规则保护个人信息，相对适用侵权责任规则的传统法律架构更具优势[②]。国内学界围绕个人信息权构造与大数据权配置探讨指出[③]，大数据时代个人数据权扩张妨碍数据产业发展，主张数据企业享有合法收集、存储和利用个人数据的绝对权。也有研究强调个人只享有消极防御的信息自决权以应对数据收集和利用不当所致人格与财产侵害[④]。不过，在大数据时代，个人信息作为公共物品而非稀缺资源兼有隐私自主价值和在社会交往中获取一定经济利益及某种社会评价与服务的使用价值[⑤]。这就意味着，大数据背景下的个人信息处理与数据资源开发利用之间往往互为表里，大数据分析与价值挖掘有赖于个人信息生态系统海量集成的大数据资源及其数据"喂养"优化算法的"公地喜剧"式效应，从而有助于促进其共享经济实现[⑥]。

基于法经济学有关"卡尔多—希克斯"效率原理，当某种行为导致他人利益受损时，如果由受益者向受损者予以适当补偿并且还能带来盈余，这就实现了真实的帕累托最优并由此带来社会效率的增长。由于数据处理技术创新及其可持续发展也有赖于以个人信息与非个人信息为载体基础上的数据资源积累及其开发利用，为促进大数据产业创新发展，需要引入"由一种对成本与收益的合理评估证明为正当"[⑦]的所谓"回应型法"理念，以有效实现网络安全保障下的大数据脱敏开发及其个人信息合理利用。为此，学界往往基于美国《2018 年加州消费者隐私法案》

---

① 蔡培如，王锡锌. 论个人信息保护中的人格保护与经济激励机制[J]. 比较法研究，2020(1)：106 - 119.

② [美]劳伦斯・莱斯格. 代码：塑造网络空间的法律[M]. 李旭，译. 北京：中信出版社，2004：197.

③ 龙卫球. 数据新型财产权构建及其体系研究[J]. 政法论坛，2017，35(4)：63 - 77.

④ 程啸. 论大数据时代的个人数据权利[J]. 中国社会科学，2018(3)：102 - 122.

⑤ 谢远扬. 信息论视角下个人信息的价值：兼对隐私权保护模式的检讨[J]. 清华法学，2015，9(3)：94 - 110.

⑥ 胡朝阳. 大数据背景下个人信息处理行为的法律规制：以个人信息处理行为的双重外部性为分析视角[J]. 重庆大学学报(社会科学版)，2020，26(1)：131 - 145.

⑦ [美]P. 诺内特，P. 塞尔兹尼克. 转变中的法律与社会：迈向回应型法[M]. 北京：中国政法大学出版社，2004：85 - 87，102 - 103.

(CCPA)及欧盟《一般数据保护条例》(General Data Protection Regulation,GDPR)吸纳“风险与场景导向”的国际主流新理念,提出变信息处理前的静态合规遵循为信息使用中的动态风险控制,以此促进个人信息“合理使用”并重点规制其“不合理使用”,提升个人信息保护的有效性及实质性,大幅减轻企业不必要的合规负担,协调隐私保护与数据价值开发①。从欧美有关个人信息处理规则的比较立法来看,美国2018年6月28日通过的《2018年加州消费者隐私法案》(CCPA),与欧盟2018年5月25日实施的《一般数据保护条例》(GDPR)相比,两者虽宗旨与价值取向不同但是往往殊途同归,CCPA旨在规范数据的商业化利用,GDPR意在保护基本人权;在个人信息的使用上,CCPA“原则上允许,有条件禁止”,GDPR“原则上禁止,有合法授权时允许”。可见,在个人信息处理中人格商品化具有一定的正当基础。

因而,在我国着力加强个人信息保护又大力促进大数据产业发展背景下,个人信息处理需协调人格隐私权保护与人格商品化利用之间的利益冲突关系。为此,在个人信息处理的“告知同意”规则设定中,除了告知内容应当充分、易懂外,告知的表述方式也有可能达到类似强制的效果,如利用心理学的“框架效应”(framing effect)。框架效应是指,如果采用积极表述,人们普遍倾向于避免损失;但如果采用消极表述,人们又较愿意选择风险。例如,积极表述形式为:消费者如果允许企业处理额外的个人信息,消费者将获得经济补偿;而消极表述形式为:消费者如果不选择进入激励项目,将对其收取不同的价格或者提供不同质量的服务。后者就是通过消极表述以强调损失,从而可能促使更多消费者潜意识地进入激励项目②。在数据处理技术创新及其商业模式发展中,法律如果赋予网络用户以人格权商品化与否的选择权,允许个人信息处理中的人格商品化,有助于促进数据处理技术进步及其商业化开发与利用,为大数据产业发展提供源头活水。

通常,数据处理中的个人信息收集使用既可能引发数据安全风险,也可能带来经济价值收益。为平衡大数据产业发展与个人信息处理风险控制关系,有研究强调个人信息保护的治理结构设计必须考虑其实施环节的“激励相容机制”实现:“个人信息从最内核的隐私信息到通常理解的敏感信息再到最外围的大数据意义上的非敏感个人信息,呈现一个放射状扇形结构。对于不同的个人信息,执行机制就要进行区分,采用不同强度的保护标准,界定信息控制者不同的责任。”鉴于大数据时代信息控制者在个人信息利用上强激励与其保护上弱激励,探索建立激励相容的

① 范为.大数据时代个人信息保护的路径重构[J].环球法律评论,2016(5):92-115.

② 蔡培如,王锡锌.论个人信息保护中的人格保护与经济激励机制[J].比较法研究,2020(1):106-119.

个人数据治理体系[1]。因而，针对数据处理中的个人信息收集使用行为，不应仅限于从负外部性视角认为当某种行为带来社会损害等负外部性时予以适当惩戒或由其生成者向受损者进行补偿，也要考虑到数据处理中的个人信息收集使用等处理行为还会给社会带来正外部性的积极效应。为促进其信息处理行为发挥“激励相容”效应，并实现其“外部性内在化”[2]的激励机制，对于此种释放正外部性的信息处理行为应予以适当补贴或由其受益者向生成者进行付费。为此，不仅要注意大数据产业创新发展对于个人信息安全保障带来的威胁与影响，也要关注个人信息与非个人信息作为网络数据资源对于大数据产业创新发展的积极作用，宜在法治框架内为数据资源控制者与信息主体提供基于私权自治的意思表示空间，从而有利于激励数据处理技术创新。

三、数据处理技术运用的法律规制

对于数据处理尤其是个人信息收集使用分别有公权规制[3]或社会控制[4]、私权规制或私法规制等多重路径。公权规制进路认为，大数据时代个人信息系公共物品而非稀缺资源且并不存在“公地悲剧”问题，适用财产规则的私权保护面临低效。私权规制进路认为，个人信息处理中适用“告知同意”规则有其正当性[5]，应适用“去身份”规则的行业标准[6]，倡导风险导向[7]与场景导向[8]的隐私管理新理念，提出基于场景的风险规制理念[9]。此外，就私法规制路径来看，又可以区分为权利规制与行为规制路径。

1. 数据处理中的个人信息权规制

赋予个人信息权是规制数据处理行为的重要路径。正如莱斯格所言，“个人必

① 周汉华.探索激励相容的个人数据治理之道：中国个人信息保护法的立法方向[J].法学研究，2018，40(2)：3－23.

② [美]杰弗里·L.哈里森.法与经济学[M].北京：法律出版社，2004：43－44.

③ 吴伟光.大数据技术下个人数据信息私权保护论批判[J].政治与法律，2016(7)：116－132.

④ 高富平.个人信息保护：从个人控制到社会控制[J].法学研究，2018，40(3)：84－101.

⑤ 任龙龙.论同意不是个人信息处理的正当性基础[J].政治与法律，2016(1)：126－134.

⑥ 金耀.个人信息去身份的法理基础与规范重塑[J].法学评论，2017(3)：120－130.

⑦ Kuner C, Cate F H, Millard C, et al. Risk Management in Data Protection[J]. International Data Privacy Law, 2015, 5(2):95－98.

⑧ Tene O, Polonetsky J. Big Data for All: Privacy and User Control in the Age of Analytics[J]. Northwestern Journal of Technology and Intellectual Property, 2013, 11(5): 240－272.

⑨ 范为.大数据时代个人信息保护的路径重构[J].环球法律评论，2016(5)：92－115.

须具有针对隐私进行协商的能力”①。关于个人信息权利的规制进路涉及个人信息权利体系构造。我国《民法典》第一百一十一条规定了个人信息须依法收集、使用、加工、传输并受法律保护。《网络安全法》专章规定网络用户数据信息取用行为既要遵循“合法、正当、必要”与目的限定原则，还要遵从向用户“告知同意”程序规范和转移用户信息“去身份化”要求，并赋予信息主体对其个人信息享有知情与同意、选择与变更、删除与撤回等权利内容。《个人信息保护法》除了进一步明确前述规定之外，其第四条第二款明确了个人信息的处理包括个人信息的收集、存储、使用、加工、传输、提供、公开、删除等，该法还专门规定了处理个人信息的一般规则以及处理敏感个人信息和国家机关作为个人信息处理主体所应遵循的特殊规则。此外，还特别以专章对个人信息处理活动中的信息主体所享有的权利及信息处理者所应承担的义务予以了进一步细化与明晰。

首先，赋予信息主体对其个人信息以知情与决定权、查阅与复制权、转移与可携权、更正与补充权、删除与撤回权等，有助于保障信息主体自主规制数据控制者取用个人信息及处理行为。相对于《个人信息保护法》的刚性规定，《个人信息安全规范》作为信息安全技术的国家推荐标准，分别从信息的收集、保存、使用、共享、转让、公开披露等方面为信息处理行为规范提供了软法规制工具。《个人信息安全规范》为保护大数据产业发展，将匿名化后不可恢复识别的个人信息及出于公共利益或学术研究而采取去标识化的个人信息作为同意规则的例外。不过为保护个人信息安全起见，同时规定个人信息控制者（指有权决定个人信息处理的目的、方式等的组织或者个人）开展个人信息处理活动时应遵循权责一致、目的明确、选择同意、最小够用、公开透明、确保安全、主体参与等基本原则，对个人信息的委托处理及共享、转让加以规范。近年来，欧美政府主导“消费者授权政策”以强化用户权限。例如英国政府推行 Midata Project、美国政府推行 Smart Disclosure，旨在实现个人数据由机构掌控转向用户自行掌控②。

为此，由网络平台开发“数据盒子”（Data Box）为信息主体自我管理、储存、交易、转移个人信息提供技术支撑，赋予网络平台商有关义务以确保其利用“数据盒子”整合个人信息并完备其数据库，从而为信息主体与信息买家建立商谈平台并基于平台对话使信息主体获得满意的对价③。同时，完善反爬虫机制，为用户提供一站式撤回与关闭授权。上述数据处理机制为数据权利配置与实现提供了技术规制

① ［美］劳伦斯·莱斯格. 代码：塑造网络空间的法律［M］. 李旭，译. 北京：中信出版社，2004：197.

② ［日］城田真琴. 数据中间商［M］. 北京：北京联合出版公司，2016：192－209.

③ Haddadi H, Mortier R, McAuley D, et al. Human-data Interaction［R］. Cambridge: Computer Laboratory, University of Cambridge, 2013.

手段。例如，数据可携权（转移权）要求数据控制者为用户提供可自主将个人数据以机器可读格式畅通无阻地直接迁移至新的网络运营商的服务以防数据丢失。被遗忘权（被删除权）要求数据控制者为信息主体提供删除个人数据的功能，且不能无端延长数据留存时间，以防数据控制巨头滥用数据处理优势地位而损害信息主体利益。此外，基于信息运行数据流建立个人信息泄露溯源机制[①]，有利于个人信息权行使发挥规制数据处理技术运用的功能。基于元数据标签绑定技术可有效提升用户对信息处理中的控制权行使及信息处理透明度，运用加密算法实现信息密文传输以防被窃听或篡改，引用安全认证、数字水印、电子签名、区块链确保原始信息真实。

其次，赋予信息主体以算法解释权（数据处理规则可解释请求权）有助于扭转数据控制者对信息主体的信息强势地位，以及数据控制者对于信息主体的数据歧视威胁。所谓算法解释权又称算法公平性，即信息主体有权要求数据控制者在利用算法技术处理个人信息作出自动决策时，对其基于算法技术的信息处理规则给出合理解释，当信息主体不满意其算法决策时有权选择退出，例如贷款申请人被算法决策拒绝时有权寻求合理解释，以此规制算法技术滥用。然而，自社会学家孔德以降的社会实证主义兴起以来，逐渐出现一种利用数学将人类社会事务量化、客观化的思潮，受此“数学清洗”（Math washing）思维方式影响，尤其随着计算机网络技术的迅猛发展，人们更倾向利用算法、模型、机器学习等数学方法重塑一个更加客观的现实世界，以致甚少质疑算法决策公平性。但算法作为技术面临工具理性与价值理性的张力[②]，算法设计将交易或服务规则代码化后倘若信息披露不足，基于算法决策的选择自由即潜藏了算法监管缺失的危机，不仅难以趋向公平正义甚至有呈现算法歧视的极大可能。这是因为算法设计往往要以数据结构为基础，针对实际问题待处理数据选择恰当的存储结构，基于选定的存储结构而优化算法设计，机器学习中的算法优化有赖于可靠的数据资源，否则会导致算法偏差。

因而，规制数据处理行为既要基于信息资源取用的数据权利配置以利于信息主体的自主规制，也要基于算法优化与代码设计的协同规制体系，在制度设计上基于用户作为信息主体与网络平台作为数据控制者的双重授权机制，制止数据滥用，辅以数据登记及溯源监管、网络运营备案审查、代码设计合法评估与算法决策审计监督等数字技术干预措施。在莱斯格看来，法律、社会规范、市场、代码等任一手段在互联网规制中都面临局限性，因法律无法介入互联网信息传输的技术过程直接

① 王忠.大数据时代个人数据隐私规制[M].北京：社会科学文献出版社，2014：28.

② 工具理性基于功利导向关注目的与结果，与基于某些重要信念（义务、尊严、美、规训等）作为行动指引的价值理性不同。参见[德]马克斯·韦伯.经济与社会（上卷）[M].林荣远，译.北京：商务印书馆，1997：57.

规制虚拟空间的生成和运作，应充分发挥代码规制的应有作用，代码构筑了网络空间并具有“隐形法”的功能[①]。代码设计者基于理性人的机会主义倾向面临效率性的违法的经济激励[②]。因而，规制个人信息与非个人信息等数据资源处理既要运用市场手段确保个人信息权自主行使，又要对数据控制者在算法决策中科以保障信息安全的义务并将其转化为程序代码设计的规范要求，在信息处理合规边界内为促进大数据产业创新寻求制度适用选择空间，从而设计出验证、证实、知情同意、透明性、可责性、救济、责任等机制，以削弱或避免机器歧视、确保公平正义[③]。

此外，赋予个人信息主体以算法决策解释权也源于大数据所具有的透明化悖论、身份悖论、权力悖论三重悖论（Three Paradoxes）[④]。以基于算法决策的智能分析评估系统为例，网络运营者与用户在大数据分析计算中的数据结构安排与算法选择上存在因透明化悖论所致数据控制者对信息主体的信息不对称，以及身份悖论所致数据控制者对信息主体的数据歧视威胁，算法“黑箱”（Black box）面临透明化困境。例如美国 North pointe 公司开发的犯罪风险评估算法 COMPAS 在使用中出现系统地歧视黑人现象，更多将白人错误地评估为低犯罪风险的群体，显示了其算法偏见[⑤]。与此同时，大数据的身份悖论、权力悖论使数据占有使用一旦沦为数据控制者的专享特权，网络运营商在工具理性驱使下便有基于算法设计对用户实行记分化追踪并依各类信息识别社会主体身份的内在激励。据此构筑的“信息茧房”（Information Cocoons）又强力维系用户网络化生存空间秩序，用户受“透明化悖论”所限却对其构筑的“理性铁笼”[⑥]了无体悟，对算法差错甚至数据失当所致正义价值迷失鲜有觉察。随着智能决策愈益投射于现实社会空间参与其秩序再造，算法及其代码设计日益主宰着公共决策并对个体权益产生广泛影响。若欲“通过设计实现公平”（Fairness by Design）还需前瞻构建技术公平规则[⑦]。欧盟《一般

---

① ［美］劳伦斯·莱斯格. 代码 2.0：网络空间中的法律［M］. 李旭，沈伟伟，译. 北京：清华大学出版社，2009：4，98.

② 例如 2018 年 4 月今日头条因智能推送内容问题受到监管部门责令其永久关停“内涵段子”客户端软件及公众号的处罚，随后发布声明称要全面纠正算法与机器审核的缺陷，将正确的价值观融入技术和产品。

③ Citron D K. Technological Due Process［J］. Washington University Law Review，2007，85：1249－1313.

④ Richards N M，King J. Three Paradoxes of Big Data［J］. Stanford Law Review Online，2013，66：41－46.

⑤ 曹建峰. 人工智能：机器歧视及应对之策［J］. 信息安全与通信保密，2016(12)：15－19.

⑥ 马克斯·韦伯认为，随着工具理性对价值理性的替代，工具理性对人类生存状况造成了新的束缚，即所谓“理性的铁笼”（Stahlhartes Gehäuse /iron cage）。参见［德］马克斯·韦伯. 中国的宗教 宗教与世界［M］. 康乐，简惠美，译. 南宁：广西师范大学出版社，2004：187.

⑦ Citron D K. Technological Due Process［J］. Washington University Law Review，2007，85：1249－1313.

数据保护条例》赋予用户对智能决策的“可解释权”(The Right to Explanation)[①],其规制个人信息处理行为的价值取向便是算法设计的技术正义实现优于其智能决策的秩序再造,其规制的经济逻辑则是为避免后者对前者的更大损害,需赋予用户对算法技术运用的可解释权。

2. 数据处理中的数据财产权规制

从法经济学视角来看,将产权配置给使用价值最高者有助于实现效率优化。因而,赋予信息主体以个人信息控制权有助于用户自主决定信息安全价值并基于市场交易需要参与在线行为广告商的大数据资源优化配置。欧盟《一般数据保护条例》(*GDPR*)赋予用户以数据可携权、被遗忘权(被删除权)、算法可解释权等,其规制个人信息处理行为的价值取向便是用户的信息安全优于在线行为广告商的数据自由,此种规制的经济逻辑在于为避免后者对前者的更大损害,宜将数据可携权、被遗忘权等配置给用户。针对个人信息的数据处理中,去身份是个人信息有序流通与再利用之前提,分离数据中隐私与资产属性可降低数据流通中的隐私风险[②],不过集中于人格隐私保护的大数据研究面临局限[③]。数据脱敏处理若过于彻底去除大数据所涉个人身份信息的直接标识符或改变其准标识符的判断,虽有助于保障个人信息安全,却削弱其潜在挖掘价值。数据控制者为减少数据匿名化后的信息损失并提高其可用性,往往有基于代码设计降低去身份标识标准甚至变相追踪、识别用户身份的机会主义倾向。因而,赋予数据控制者对其采集的原生数据以财产权往往会强化其攫取个人信息与非个人信息等数据资源的内在激励。

不过,若是赋予数据控制者基于大数据原生信息开发的衍生数据产品以产权配置,却是有助于数据控制者协同规制第三方的个人信息处理行为。对数据控制者而言,相对于遵从“告知同意”规则取用个人信息,其适用“去身份”规则的成本付出更高且面临反向工程被再识别风险,若对处于粗放状态的原生数据赋予绝对权的产权配置,反而助长其基于“告知同意”规则的概括授权随意取用个人信息。若是数据控制者通过云计算、大数据挖掘与分析等技术将原本单一且价值有限的碎片化原生数据进行提炼整合生成有使用价值的数据产品,对此赋予相应产权则有

---

① 经济合作与发展组织(Organization for Economic Co-operation and Development,OECD)2017 年发布《算法与合谋》报告指出,完全的算法透明度并非仅公开或向管制部门披露其源代码,而要解释特定算法的结果如何得出,实践中强制性的算法透明度与可问责性可能面临很大挑战,尤其黑箱算法恐难实现更高透明度要求。目前各国对算法监管的执法实践与理论研究尚存分歧。

② 金耀. 个人信息去身份的法理基础与规范重塑[J]. 法学评论,2017(3):120 - 130.

③ Helvestion M N. Consumer Protection in the Age of Big Data[J]. Washington University Law Review, 2016(4):859.

助于激励大数据产业创新，也有助于促使数据控制者积极规制第三方因擅自使用其数据产品而不当进行信息处理行为。因而，立法赋予何种类型与强度的个人信息权与数据资源产权往往彰显规制个人信息收集使用行为与促进大数据产业创新发展的不同价值取向。

如今大数据背景下的个人信息很大程度上是经由线上活动留下一种易被追踪并能透露出个体身份、交易、去向的数字印迹等信息构成，其对大数据厂商而言无疑具有重大商业价值。例如，在淘宝(中国)诉安徽美景不正当竞争案中，杭州互联网法院审理认定，如无法定或约定，用户对提供给网络运营者的单个用户信息尚无独立的财产权或财产性权益；网络运营者对由用户信息数字化记录转换而来的原始网络数据依其与用户约定享有使用权；对其深度开发与系统整合的大数据产品“生意参谋”，因其内容是源于却又独立于用户信息、原始网络数据的衍生数据，网络运营者对其应该享有独立的财产性权益。再如，在微博诉脉脉案中，我国法院判决脉脉对微博注册用户个人数据抓取构成不正当竞争，借助《反不正当竞争法》一般条款之行为规范进路保护用户数据权益。

值得注意的是，数据财产权化与个人信息权利化之间存在外部溢出效应的交互影响。网络外部性的数据集聚效应虽会激发个人信息处理的正外部性，不过若是不受限制地赋予大数据集等信息资源以财产权来规制其个人信息处理的正外部性，反而会对其负外部性溢出产生潜在的激励预期。大数据作为信息资源或技术工具均面临滥用风险。例如，提供独特产品与服务的数据运营商独占其获得的特定数据的控制权，第三方开发者未经用户再授权而擅自抓取、使用网络平台上的用户信息，数据控制者拒绝开放共享其收集的用户数据导致数据市场的单寡头垄断等。再如，处于优势地位的数据运营商利用大数据技术定向追踪竞争对手行为乃至与其明示或默示达成价格垄断共谋，通过分析潜在用户的支付意愿价格而给特定用户以歧视性垄断定价。可见，基于数据产权进路规制数据处理的正外部性也会潜在地激发其负外部性溢出。

不过，在美国 HiQ Labs 诉 LinkedIn 爬虫案中，法院认为，原告对抓取和复制数据进行开发而产生有别于领英公司产品却又方便用户的使用功能，领英却禁止原告抓取和复制其平台数据，原告遂向法院申请禁令，要求领英解除技术措施，加州北部地区法院认定领英的行为构成数据垄断，裁决领英须解除限制并允许原告抓取数据。这与上述淘宝诉美景案的裁判理论逻辑不同。后者立足财产法益保护取向，区分原生数据及开发生成衍生数据的数据产品，并根据其法益特点赋予相应权利配置。基于“公地悲剧”理论，如财产资源因权属不明而沦为人人皆可任意使用的公地，往往因个体行为的边际收益大于等于边际成本，却又不负担其行为外部性的社会成本，个人被无限制赋予对公地的过度使用权，进而导致有关社会资源枯竭甚至经济系统崩溃。

为此，有研究基于“卡—梅框架”及其“规则菜单”组合保护模式，分析数据法益在产生者与使用者间优化配置及财产规则与责任规则对不同类型数据及其不同处理阶段的适用选择①。就大数据背景下个人信息处理而言，有研究认为，除了用户初始数据上配置人格权与财产权外，还须在数据经营者层面配置数据经营权与数据资产权，并对其原生数据与衍生数据开发提供权益保障。当然，“卡—梅框架”下对法授权利(entitlement)的保护有“财产规则、责任规则、不可让渡规则”三种路径。据此有研究主张，将数据法益配置给数据产生者，并适用财产规则是一条相对优选的路径。

值得注意的是，个人信息处理中的数据红利与数据安全往往此消彼长。若是赋予数据控制者对大数据资源尤其是原生数据以绝对财产权，网络运营商出于机会主义倾向便有适用“告知同意”规则以“一揽子协议”概括授权模式借由用户点击而过度收集甚至恣意圈存用户信息的内在激励，以致其规避遵从“去身份”规则甚至回避遵从“防止身份再识别”义务。可见，对数据控制者掌握海量用户信息的大数据集赋予财产权以规制其信息处理的正外部性，难免对个人信息处理的负外部性溢出产生某种潜在激励。

因此，为避免未经授权的个人信息处理行为所致负外部性的风险，法律赋予了大数据开发利用者对其所处理个人信息进行去身份标识化等义务，要求对其进行脱敏处理后使其成为无法识别特定个人且不能复原的信息，据此将数据隐私属性与资产属性剥离以确保数据流通的信息安全。不过，为提高匿名化后数据的可用性，需采取适当的数据匿名化算法，以降低实行匿名保护隐私安全时对数据进行“概化处理”②所带来的信息损失。但是，大数据开发的共享经济特性有赖于对网络空间信息资源的有效掌握与使用并对其信息内容的充分挖掘与整理。因而，若采取过高标准而严格遵从“去身份标识”规则对个人信息进行脱敏处理与数据清洗以规制其负外部性，难免大为削弱原始数据的潜在挖掘价值，妨碍大数据开发利用的商业目标实现甚至动摇其产业创新发展的经济基础。

不过，相对个人信息权利进路强调以“风险与场景导向”规制个人信息处理，数据财产权利进路往往突出以“激励相容机制”设计数据治理结构。两者在规制进路上虽有差异，但殊途同归，均着眼于数据控制者与信息主体在网络空间的整体结构关系，其规制逻辑正是法经济学有关“损害之相互性本质”。为降低甚至避免大数据产业创新与个人信息安全保障产生“相互损害”，宜将大数据资源控制者与个人

① 肖冬梅，文禹衡.法经济学视野下数据保护的规则适用与选择[J].法律科学(西北政法大学学报)，2016，34(6)：119-127.

② 所谓“数据概化”是指以抽象(更高层次)属性的数据取代低层次或原始数据。数据挖掘就是从大量而不完全的、有噪声或模糊而随机的实际应用数据中提取隐藏其中但又有潜在价值的信息和知识的过程。

信息主体双方视为互有约束性的变量因素，并依其（敏感、重要或一般）个人信息处理的不同场景的外部性大小，匹配适用用户（积极或消极）同意标准并据此确立规制强度，使规制的制度供给与制度需求相均衡并保持两者间的动态回应，从而增强用户与数据控制者之间的私权自治，实现个人信息处理的“帕累托效率”①。因此，为有效平衡数据处理技术创新激励与数据处理技术运用规制之间的利益冲突，有必要以数据控制者与信息主体双方作为整体性的调整范围，并且以个人信息处理全生命周期为观察对象，以其正负双重外部性及交互影响的视角，基于多元进路探寻其法律规制可能的破局②。

3. 数据处理中的竞争行为规制

数据处理往往也会引发基于对数据资源占有、使用、收益与处分的竞争行为，有研究者据此提出从权利规制转向行为规制进路。例如 Mayer-Schönberger 认为，大数据时代告知同意、模糊化或匿名化处理等隐私政策均告失效，主张“从个人同意到让数据使用者承担责任”，实现责任与自由并举的信息管理③。在涉及个人信息与非个人信息的相关数据采集、使用与开发等企业竞争行为中，往往存在着正当竞争与非正当竞争行为之分，法律往往需要根据其竞争行为的新业态、新模式进行利益衡量与价值分析，评估这种对于用户数据的共享及使用甚至开发与挖掘等处理行为是否有其正当性，从而对此类有关竞争行为进行合理的法律调整，以有效规范其数据处理行为，确保有效激励科技创新并实现其创新利益合理配置。从既有司法实践看，法院大多认为，基于平台方的经营、投入、成本付出而积累、形成的具有市场价值并可给平台带来市场竞争优势的合法的海量数据，应当给予平台方以反不正当竞争法上的财产法益保护。在认定涉及数据类不正当竞争行为时，除了考虑所涉数据市场价值、获取成本及其使用是否得当以及竞争对手使用数据情况四个因素外，还需研判有无如下情形：其一，违反“三重授权原则”收集和使用数据；其二，违背商业道德复制、抄袭他人数据；其三，所涉数据产品或服务存在实质性替代关系④。

---

① “帕累托效率”指所谓“除非损人便不能利己”的资源配置均衡状态，而“卡—希”效率要求由损人利己者向受损者提供合理补偿。参见[美]波斯纳. 法律的经济分析[M]. 北京：中国大百科全书出版社，1997：40.

② 胡朝阳. 大数据背景下个人信息处理行为的法律规制：以个人信息处理行为的双重外部性为分析视角[J]. 重庆大学学报（社会科学版），2020，26(1)：131－145.

③ [英]维克托·迈尔·舍恩伯格. 大数据时代[M]. 杭州：浙江人民出版社，2013：220－221.

④ 典型案例参见新浪微博诉脉脉（(2016)京 73 民终 588 号）、大众点评诉百度（(2016)沪 73 民终 242 号）、深圳谷米诉武汉元光（(2017)粤 03 民初 822 号）、淘宝（中国）诉安徽美景（(2017)浙 8601 民初 4034 号）等不正当竞争案，美国 HiQ Labs 对 LinkedIn 领英的数据抓取纠纷案等。

适用“告知同意”规则意味着赋予信息主体以信息自决权而规制其数据处理行为。随着数据处理技术发展，个人信息交换领域不再限于商品市场，信息智能处理机制也将成为其交换的新场所。大数据时代个人信息生态系统的去中心化重构使用户信息处理面临网络服务商、数据中间商及后续开发利用者等多元主体，其价值创造源泉取决于对信息后续的多方流转与比对挖掘开发。共享经济模式下“信息最小化”原则的合理性以及基于“告知同意”规则限定个人信息权属的有效性令人质疑。基于“反公地悲剧”理论，赋予作为大数据客体的个人信息以分散的数据控制权将极为不利于大数据商业价值发掘。将个人信息关在密室中永远见不到阳光，排斥其商业正当利用必然是落后的。数据开发利用有赖于产业创新激励，加强个人信息保护更要探讨如何促进其有效利用，其数据处理的规制原则应是防止滥用，而非严格保护，故个人信息处理行为正当与否宜基于责任规则及事后判断方式，不应仅以同意作为个人信息处理的正当性基础。相对事后适用内在化补偿机制（责任规则）的规制模式，严格遵循事前告知同意规则（财产规则）恐有碍个人信息处理的正外部性实现，不利于充分激发大数据产业创新活力与促进分享经济发展。

一方面，大数据形态下的原生信息不具有“争用性”而有特定条件下的“限用性”，对其数据处理行为必然要进行外部性内在化规制。大数据中未进行去身份处理的个人信息兼具人身与财产属性，因其人身属性而有一定的“限用性”。大数据背景下个人信息处理存在危及信息主体的信息安全和挑战信息控制者的限用性能力等负外部效应。以外部性内在化的自愿协商规制为例，纵然“卡—梅框架”揭示“财产规则、责任规则、不可让渡规则”具有内在对称性，当市场的交易费用低于法院的交易费用时，财产规则优于责任规则；当市场的交易费用相对较高时，则与此相反①。但财产规则与责任规则的优选适用存在界分歧义②，所谓价高者得的权利配置忽视了“管理财产权制度的成本”，产权界定要考虑“管理（主要是信息）成本”③。大数据背景下的个人信息同样面临权利界定及其隐私利益协商定价的交易成本难题。在数据处理问题上，适用财产规则有可能面临制度定价成本更高的复杂局面。即便适用责任规则的市场交易成本更低，但正确适用责任规则有赖第三方定价者（例如法院）拥有更强的信息搜集与判定能力。因而，基于制度供给与制度需求相均衡实现效率最优的经济学原理，外部性规制的制度供给应与外部性规制的需求相适应。规制数据处理行为需完备其信息分类并辨明其外部性的具体样态，针对原

① Calabresi G, Melamed A D. Property Rules, Liability Rules, and Inalienability: One View of the Cathedra[J]. Harvard Law Review, 1972, 85(6): 1089 - 1128.

② Rose C M. The Shadow of the Cathedral[J]. The Yale Law Journal, 1997, 106: 2175 - 2200.

③ [美]波斯纳. 法律的经济分析[M]. 北京：中国大百科全书出版社，1997：64 - 65.

生数据与衍生数据、个人核心数据与非核心数据等各类信息特性，依其外部性差异采取不同规制措施。对于极端敏感的核心信息若是收集使用不当可能造成难以挽回的损失，需经由“财产规则”甚至“不可转让规则”予以特别保护；对于非敏感的普通信息可以适当容许适用“责任规则”来解决其数据处理行为规制问题。通过构建数据使用者责任机制并借以“卡尔多—希克斯”效率标准，基于外部性内在化规制对数据处理中利益受损的信息主体予以经济补偿，从而实现其数据处理行为的效率增长。

另一方面，蕴藏海量信息的大数据集作为信息资源呈现出俱乐部物品（共享品）属性，除了基于“外部性内在化”解决其开发利用中权属不明所致市场失灵之外，还要基于“外部性外部化”解决其数据价值挖掘中开放共享不足所致资源配置低效与竞争妨碍问题，借以促进数据产业创新并实现其信息处理的正外部性。数据产品开发需采集海量的个人信息，经脱敏处理后作为“喂食”并优化其算法设计的信息资源，但由海量的个人信息集成的大数据资源有别于公共物品之处在于其固定成本很高而边际成本很低甚至趋于零。数据处理的网络外部性使众多网络用户集聚在需求侧对信息品进行争相使用并带给公众规模化的网络外部正效应，满足了共享经济需要。网络经济或数字经济实行“免费＋增值服务”的运营模式便源于其规模经济上和边际收益上的递增趋势，网络平台使用者越多，其网络外部性正效应越大，具有满足“外部性外部化”（共享经济）的“公地喜剧”色彩，从而实现其规模收益递增（边际成本递减）以充分激发其分享经济功能。大数据不具“争用性”但具“限用性”的属性使数据产业面临数据集中而导致数据垄断甚至数据滥用趋势。随着智能算法大力提升市场透明度，即便竞争者间并无明确协议，默示合谋（tacit collusion）仍有可能①。这增添了反垄断执法在评估与算法相关的协议、协同行为等反竞争风险上的挑战②。为避免大数据开发利用与个人信息处理面临外部性规制上的“相互损害”，除借助“外部性内在化”规制其数据处理中的不当侵占，还要借助“外部性外部化”规制数据处理中的垄断集中③。若是数据控制者拥有数据占市场支配地位，无正当理由拒绝数据分享而排除、限制竞争，需要结合本国数据产业发展需要适用反垄断法规制④。

---

① Ezrachi A, Stucke M E. Virtual Competition: The Promise and Perils of the Algorithm-Driven Economy[M]. Cambridge: Harvard University Press, 2016: 17.

② 韩伟.算法合谋反垄断初探：OECD《算法与合谋》报告介评（下）[J].竞争政策研究，2017(6)：68 - 77.

③ 前者参酌新浪微博诉脉脉抓取使用微博用户信息案（(2016)京73民终588号）；后者参酌美国 HiQ Labs 诉 LinkedIn 拒绝数据抓取纠纷案，HiQ Labs, Inc. v. Linkedin Corporation. No. 3:17-cv-03301(N. D. Cal. 2017).

④ 各国对数据分享的反垄断执法尚存分歧，数据作为信息资源既可作为企业的竞争优势也会构成相关市场的进入壁垒，关键是数据在何情形下构成反垄断法上的必要设施（Essential Facility）并合理界定其适用领域。参见孙晋，钟原.大数据时代下数据构成必要设施的反垄断法分析[J].电子知识产权，2018(5)：38 - 49.

第六章 算法推荐技术与法律

算法推荐及其技术创新与运用往往与精准营销、定向广告、在线行为广告、个性化推荐等概念相关联。目前,众多网络服务提供者都在利用包括 Cookie、客户端软件等自行获取或与第三方共享获取用户浏览行为等个性化数据,并借助对用户浏览行为进行画像、设置标签或者其他技术处理,优化其平台信息分发机制并按用户需求推送其搜索结果。这种基于推荐算法的技术创新及其运用不仅产生了广泛的社会影响,也在法律人格、法律方法、法律责任、社会正义与平等、安全与认证、隐私与权力、知识产权归属、竞争与消费者保护、智能产品监管等诸多方面产生深远的法律影响。

一、算法推荐的法律与社会影响

1. 算法及其推荐算法类型

(1) 算法与计算机程序

“算法”即演算法的中文名称,出自《周髀算经》;而其英文名称“algorithm”源自数学上提出这一概念的公元 9 世纪波斯数学家 al-Khwarizmi 的拉丁名,称为“algorism”,意即阿拉伯数字的运算法则,在 18 世纪演变为“algorithm”。经典的算法诸如欧几里得算法、割圆术、秦九韶算法。欧几里得算法被视为史上第一个算法。1842 年 Ada Byron 为巴贝奇分析机编写求解伯努利方程的程序被视为史上首次编写程序,Ada Byron 也被视为世界上第一位程序员。因为查尔斯·巴贝奇(Charles Babbage)未能完成他的巴贝奇分析机,这个算法未能在巴贝奇分析机上执行。由于“well-defined procedure”缺少数学上精确的定义,19 世纪和 20 世纪早期的数学家、逻辑学家在定义算法上出现了困难。20 世纪的英国数学家艾伦·图灵于 1936 年 5 月 28 日发表《论可计算数及其在判定问题上的应用》,提出一种假想的计算机的抽象模型，这个模型被称为图灵机。图灵机的出现解决了算法定义难题，图灵的思想极大促进了算法的发展。随着计算机的发展，算法在计算机上得到广泛的应用及发展，如用随机森林算法进行头部姿势的估计，用遗传算法解决弹药装载问题，将信息加密算法应用于网络传输，将并行算法应用于数据挖掘等。

如今，算法被用来指称一系列解决问题的清晰指令，作为准确而完整地描述解题方案的算法，它能够根据一定规范的输入，在有限时间内获得所要求的输出，从而代表着用系统的方法描述解决问题的策略机制。算法的指令描述及其计算运行能从一个初始状态和（可能为空的）初始输入开始，经过一系列有限而清晰定义的状态，最终产生输出并停止于一个终态。一个算法的优劣可以用空间复杂度与时间复杂度来衡量。算法具备有穷性（finiteness）、确切性（definiteness）、可行性（effectiveness）等特征。有穷性指算法必须能在执行有限个步骤之后终止；确切性指算法的每一步骤必须有确切的定义，并且能够在数据的输入与输出及其加工后输出相应的结果；可行性是指算法在执行中的任何计算步骤都是可以被分解为基本的可执行的操作步骤，即每个计算步骤都可以在有限时间内完成（也称为有效性）。因而，算法在形式化意义上被定义为“一种有限、确定、有效的并适合用计算机程序来实现的解决问题的方法”①。算法分析旨在选择合适算法和改进算法。

实践中，人们可以采用不同的算法并在不同的时间、空间以不同的效率完成同样的任务。通常，一个算法的功能结构不仅取决于所选用的操作，而且还与各操作之间的执行顺序有关。同一问题可以采取不同的算法加以解决，而一个算法的质量优劣将影响到算法乃至程序的效率。如果一个算法有缺陷，或者不适用于某个问题，执行这个算法将不会解决这个问题。计算机程序作为算法的代码实现，是对计算机程序源代码进行编译之后得到的可执行文件，而算法则是程序用以解决某种问题的具体思路与方法，是其对特定问题求解的思想描述，其必须在有限步骤内执行终止，并通过输出项在规定时限内反映出对输入数据的处理结果。

（2）推荐算法及分类组合

根据算法的设计原理、具体应用或其他特性可将其分为基本算法、数据结构的算法、数论的算法、几何的算法、图论的算法、加密算法、排序算法、检索算法、随机算法、并行算法等。按机器学习方式可以将算法分为监督学习算法、非监督学习算法及半监督学习算法。图论的算法可分为最短路径算法、最小树形图、网络流算法、匹配算法等。按算法运行时间及结果可分为有限的确定性算法与非确定算法、无限的算法。按其用户获取信息的影响方式，可分为搜索算法、个性化推荐算法、定价算法等。根据国家互联网信息办公室 2021 年 12 月 31 日发布的《互联网信息

① ［美］塞奇威克，韦恩. 算法［M］. 谢路云，译. 北京：人民邮电出版社，2012：1.

服务算法推荐管理规定》第二条，用于提供互联网信息服务的应用算法推荐技术，是指利用生成合成类、个性化推送类、排序精选类、检索过滤类、调度决策类等算法技术向用户提供信息。

以个性推荐技术为例，这个概念源于1995年3月美国人工智能协会上卡耐基梅隆大学Robert Armstrong等提出的个性化导航系统Web Watcher，以及斯坦福大学Marko Balabanovic等推出的个性化推荐系统LIRA。源于20世纪90年代的推荐算法研究可追溯到由美国明尼苏达大学GroupLens研究小组率先制作的一个名为Movielens的电影推荐系统，其可以实现对用户进行电影的个性化推荐。首先研究小组让用户对自己看过的电影进行评分，然后小组对用户评价的结果进行分析，并预测出用户对并未看过的电影的兴趣度，从而向他们推荐从未看过但可能感兴趣的电影。Amazon随后也在网站上使用推荐系统，对用户的浏览购买行为进行分析，尝试对曾经浏览或购买商品的用户进行个性化推荐。据统计，这使网站销售额提高了35%。此后，个性化推荐取得了日益广泛的应用①。

推荐算法有基于内容、协同、关联规则、效用、知识等不同形式的推荐。其中，基于内容的推荐（Content-based Recommendation）是信息过滤技术的延续与发展，它是建立在项目的内容信息上作出推荐的，而不需要依据用户对项目的评价意见，更多地需要用机器学习的方法从关于内容的特征描述的事例中得到用户的兴趣资料。基于协同过滤的推荐算法（Collaborative Filtering Recommendation）作为应用最早也最为成功的一项技术，一般采用最近邻技术，利用用户的历史喜好信息计算用户间的距离，然后利用目标用户的最近邻居用户对商品评价的加权评价值来预测目标用户对特定商品的喜好程度，根据其喜好程度来对目标用户进行推荐②。

此外，基于关联规则的推荐（Association Rule-based Recommendation）是以关联规则为基础，把已购商品作为规则头，规则体为推荐对象。关联规则的基本逻辑就是用户在购买某些商品的时候有多大倾向去购买另外一些商品。比如购买牛奶的同时很多人会购买面包。如何发现关联规则以及商品名称之间的同义性是其问题关键。同时，基于效用的推荐（Utility-based Recommendation）建立在对用户使用项目的效用计算上，其核心在于如何为每个用户创建一个效用函数并经由系统所采用而决定用户资料模型，从而在效用计算中考虑到如提供商的可靠性（Vendor Reliability）和产品的可得性（Product Availability）等非产品的属性。最后，还有基于知识的推荐（Knowledge-based Recommendation），它在某种程度上可

① 赵守香，唐胡鑫，熊海涛. 大数据分析与应用[M]. 北京：航空工业出版社，2015：12，182.

② 杨旭，汤海京，丁刚毅. 数据科学导论[M]. 2版. 北京：北京理工大学出版社，2017：58.

看成是一种推理(inference)技术,它并非建立在用户需要和偏好基础上①。

鉴于各种推荐方法均有不足,又产生了基于各种推荐方法的加权(weight)、变换(switch)、混合(mixed)、特征组合(feature combination)、层叠(cascade)、特征扩充(feature augmentation)、元级别(meta-level)等方式进行的组合推荐(Hybrid Recommendation)。其中内容推荐和协同过滤推荐是研究和应用最多的组合形式。目前,推荐算法已应用到包括图书、音乐、视频、新闻、电影、地图等各类网站中,以电子商务领域应用尤其普遍,不仅为网络服务商带来巨大的附加利益,也提供用户服务体验,增加用户黏性。在基于内容的推荐系统中,项目或对象是通过相关特征的属性来定义的,系统基于用户评价对象的特征、学习用户的兴趣,考察用户资料与有待预测项目的匹配程度。用户的资料模型取决于所用的学习方法,常用的有决策树、神经网络和基于向量的表示方法等。基于内容的用户资料需要有用户的历史数据,用户资料模型可能随着用户的偏好改变而发生变化。通过这种机器学习而不断优化其推荐算法,从而产生用户满意的推荐功效。

2. 算法推荐及社会影响

算法推荐技术具有广泛的应用领域与积极的社会影响。算法推荐技术的正外部性首先体现在提高信息编辑及其分发与配置效率。在传统的人工编辑模式下,信息编辑及其分发配置所需平均时间和人力成本高,借助算法推荐技术的机器编辑模式可以对相关材料高效地完成自动筛选、过滤,大大提升了信息编辑及其分发配置效率。此外,其正外部性还体现在突出用户在信息分发与配置中的中心地位。传统的信息分发模式往往以传播者或分发者为中心而非以受众为中心,主要考虑的是大众整体的普遍性的需求;而随着信息传播方式的变革,其信息传播内容远超用户能接受、处理或有效利用范围,信息传播的速度超越了用户对信息反应的速度,因而亟待改变信息分发模式以适应变革趋势。为此,引入基于算法推荐技术的信息分发模式以满足用户个性需求,以用户价值为中心,实现从"人找信息"到"信息找人"的个性化传送与推广,从而解决了在资讯过载情况下从海量数据中以低成本且高效率方式快速筛选与精准搜寻所需信息的难题,提升了用户服务体验。

例如,基于协同过滤的推荐算法能处理如音乐、电影等非结构化的复杂推荐对象,并能过滤如艺术品、音乐等难以进行机器自动化分析的内容信息,且能过滤基于一些复杂的而难以表述的概念(如信息质量、个人品位),能推荐新信息并有效使用其他相似用户的反馈信息。再如,基于关联规则的推荐通过挖掘不同商品在销售过程中的相关性而被成功应用于零售业中。目前,算法推荐伴随互联网技术手

① 杨旭,汤海京,丁刚毅.数据科学导论[M].2版.北京:北京理工大学出版社,2017:58.

段而被日益广泛地应用于互联网精准营销、定向广告、在线行为广告。互联网定向广告是网络精准营销的手段。网络精准营销往往通过网页、邮箱、手机号、微信号等进行有关用户信息的采集，针对消费者消费行为、消费能力、消费习惯等个人信息及其网络行为进行分析，从而研判消费者在某一时间段内的偏好，对消费者进行计分与贴标签，借助算法技术并利用互联网、邮件、短信三大渠道，精准地向消费者投放定向广告，使其所推荐商品服务直接匹配消费者兴趣爱好、消费能力。这种个性化推荐大大提高了其商品与服务的信息推送精准度及其营销效率。同时，算法构造指令集，通过过滤信息、建构模型可以降低认知负担、提高认知效率[①]。

不过，算法推荐技术的运用也会带来各种不良的社会影响，产生所谓的负外部性。首先是会造成所谓"大数据杀熟"、价格歧视等侵害消费者权益的现象。通常，消费者进行网站搜索、网页浏览、购买商品服务都会在其网站上实时留下消费纪录等个人信息，网络运营商会据此进行数据分析并给其贴上某类商品与服务、消费行为的标签，当该网络运营商与第三方网站或商家合作时，会提供给第三方广告位，允许第三方使用其留存与记录的消费者个人信息，并向第三方提供投放广告的服务；当消费者再次登录其网站，或者与其有合作关系的网站时，网站系统内会根据该消费者的标签，向该消费者投放定向广告，第三方网站或商家在使用消费者的个人信息时，检测到自己的某一商品服务与消费者的标签相吻合时，也会通过网络向消费者投放定向广告。

其次，算法推荐技术在用户个体层面导致"信息茧房"(Information Cocoons)效应。"信息茧房"效应反映了人们的信息接触面会习惯性受制于其专注或兴趣所及领域，以致将其自身桎梏于像蚕茧一样构筑而成的"信息茧房"之中而"乐不思蜀"。由于推荐算法是一种动态、优化中的应用，因而其"信息茧房"效应不仅始终存在，而且随着算法推荐技术的创新运用而愈发增强。例如，推荐算法根据既往采集与分析得到的用户浏览信息与阅读习惯或消费偏好进行综合模型构建，并根据推荐算法进行兴趣挖掘而不断向其推送类似的图文信息或视听作品，看似适时满足用户的个性化需求，长此以往却将用户带入"井蛙困境"。一旦用户被锁定在基于用户信息与自动化决策推送的特定信息内容中并形成稳固的信息接收习惯后，便难以再关注其他非类似信息内容，以致造成思维方式僵化，认知结构单一，产生所谓"信息茧房"效应。因此，算法推荐技术创新与运用可能制约用户对纷繁复杂信息的接触权与知情权及其认知观念与行为选择。

最后，算法推荐技术在社会群体层面导致网络信息同质化与网民群体意见极化。由于"信息茧房"效应制约了用户对网络信息的接触面及其自主感知与认知选

---

① 蒋舸. 作为算法的法律[J]. 清华法学，2019，13(1)：64 - 75.

择，推荐算法服务商为迎合用户需求以吸引受众，往往借助人性“弱点”比如人脑的多巴胺机制，利用公众的猎奇心理与非理性情感表达机制，通过推荐算法操纵大众的群体思维及其行动方式，使之越发接近算法暗含的价值取向。基于推荐算法的信息分发机制缺少了传统传媒体制下基于人工编辑的信息审核和筛选机制，其分发的信息难免良莠不齐甚至鱼龙混杂。特别是当推荐算法采取基于用户点击量的权重指标设定，虽有助于维持个体内容需求市场的活力，促进合格的信息充分自由流动，但基于“投其所好”式的信息分发逻辑往往使其信息传输趋于信息娱乐化、低俗化，削弱受众对多元信息接纳与交流的机会，甚至造成内容生产与分享呈现同质化倾向，以致面临群体意见极化的社会风险，造成内容产业领域中工具理性与价值理性的冲突，引发社会舆情危机。此外，算法推荐技术运用有赖于对用户的个人信息的取用与分析，因而会引发过度采集用户信息甚至侵害用户隐私的风险。推荐算法作为一项技术性的私权力，一旦被滥用还会导致算法歧视、算法共谋、算法黑箱等社会危害。

3. 算法推荐的法律影响

首先，算法推荐技术引起法律责任主体认定的困扰。由于推荐算法并非单一、静态的应用，推荐算法服务商为了适应其动态、优化中的应用往往要构建综合模型，并利用机器学习技术不断优化其推荐算法。相对于为了解决特定任务进行硬编码的传统的软件程序，机器学习往往要通过使用大量的数据来加以“训练”或“喂养”，从而使用优化算法来解析数据并从中学习如何完成任务，以此进行关联信息挖掘并对真实世界中的事件作出相应的决策和预测。例如，网上商城会根据用户既往购物记录和冗长的收藏清单，对用户真正感兴趣并且有购买意愿的产品进行识别，然后再将符合用户浏览习惯或有购买意愿的商品信息推荐给该用户。基于机器学习的算法决策模型可帮助平台经营者为用户的商品采购提供合理化建议并给予其相应的消费激励。不过，以机器学习为代表的现代人工智能系统往往面临自动化决策模式下的法律责任主体认定争议。通常，国家和公司作为法律上的拟制法人，即便由人类主体代表实施相关行为，法律上仍可由其拟制法人作为责任主体承担相应的法律责任。人工智能体作为经由图灵测试而实现自动化决策的非自然实体，其即便能够表现出像人一样的行为能力，例如自动完成问答、交易、创作与内容分发等活动，不过其在法律上的主体地位界定问题仍面临理论逻辑与技术实践的挑战。因此，基于推荐算法的自动化决策所进行的内容生产与信息分发机制往往涉及多元法律关系主体不同行为方式，例如开展机器学习的算法模型，用于优化算法的数据处理，借助算法推荐的信息分发，这使自动化决策模式下的法律责任主体认定问题呈现复杂化趋向。

其次,算法推荐技术扩张了法律调整客体的范围。算法推荐技术的运用要以掌握其推荐对象的用户信息作为前提,因而有赖于大量采集、使用用户信息并加以综合处理。推荐算法处理的用户信息既涉及自然属性的信息也涉及社会属性的信息。前者包括与其自然人身份相关而无法轻易改变的生物识别信息,例如性别、虹膜、指纹、声音、血型、基因序列、相貌等。后者包括与其社会人身份相关或参与社会交往所产生的社会主体信息,例如姓名、身份证号、银行账户及密码,以及在升学、求职、就医、就业、出行、消费等社会性的活动过程中留下的信息及其兴趣爱好、生活习惯、宗教信仰、性别取向等;特别是涉及用户在网络活动中的行为信息,包括网页点击、搜索、收藏、网购记录及收货地址、注册账号、邮件账号、各类手机 App 注册使用中产生的数据信息。其中,有关用户网络活动行为信息往往由网络运营商利用 Cookies 技术收集,如消费者购买记录、搜索记录、支付方式、购买习惯等个人信息。随着推荐算法的动态优化运用,用户日益广泛地参与到各类网络平台的信息交互与分享活动之中,网络空间呈现公共领域私人化与私人领域公共化的双向互动与彼此渗透趋势。为改善信息内容生产编辑与分发机制,需要不断利用机器学习技术优化其推荐算法,平衡内容产业发展与用户信息保护之间的利益冲突关系,对用户隐私信息采取动静结合管理与场景化调控机制,因而用户隐私权边界也将随着算法推荐技术创新与运用需要作出适度拓展与调整。

再者,算法推荐技术丰富了法律权利义务的内容。算法被用于大数据产业以来,一直统治着社会各领域。算法推荐挑战人类固有生活、工作方式及其利益分配模式,增强了网络用户消费黏性却带来了网络巨头的赢者通吃效应,增加市场监管与反垄断执法难度,加剧社会资源在信息主体与数据控制者之间的分配不公,冲击平等观念以及权利义务配置体系。算法通过采取精密、复杂的技术手段可以决定公众获取信息的范围、相关信息的具体排名以及网络用户的访问权限等。算法推荐技术不仅垄断了公众个人的信息视域,还冲击了公平有序的市场经济竞争秩序,对用户权益保障带来法律挑战。通常,算法通过无关参数的设置,在没有任何正当依据的前提下,任意提升某一商品信息排名,从而间接干扰甚或阻碍消费者获取其他同类产品信息,严重削弱消费者正常获取其他产品信息的权利。为此,《电子商务法》第十八条规定:“电子商务经营者根据消费者的兴趣爱好、消费习惯等特征向其提供商品或者服务的搜索结果的,应当同时向该消费者提供不针对其个人特征的选项,尊重和平等保护消费者合法权益。电子商务经营者向消费者发送广告的,应当遵守《中华人民共和国广告法》的有关规定。”此条规定认可了网络平台提供个性化推荐算法的合法性,也明确了其在向消费者提供个性化推荐算法搜索结果时,还负有提供不针对消费者个人特征的非个性化推荐搜索结果的义务,以便消费者在面临与网络平台之间信息不对称状态下维护其知情权与选择权。不过从技术上看，究竟是否存在绝对纯粹的所谓自然搜索结果往往是令人存疑的。譬如，根据用户互联网协议 IP 地址、搜索引擎所在地理位置或其使用搜索语言等所提供的搜索结果，就面临其属于自然搜索还是针对用户进行个性推荐的认定分歧，为此需进一步明确“个性推荐”的技术标准。

二、算法推荐技术创新的法律保障

1. 有关算法技术的知识产权保护

算法推荐技术作为一种程序算法，其技术创新离不开知识产权保护。不过，程序算法在何种情况下具备可专利性，对程序算法采取专利保护模式或是商业秘密保护模式的各自优劣何在，这既涉及专利法保护客体标准的判定，也有赖于立法基于产业政策调整与需求上的归因。就专利法保护模式而言，在传统意义上，无论是被视为抽象文字作品的计算机程序代码还是被视为抽象思想的程序算法，其本身往往均被排除在专利保护客体范围之外。我国《专利法》第二十五条便将“智力活动的规则和方法”纳入了不授予专利权的智力成果范围。易言之，凡是基于人脑进行精神和智能活动的手段或过程（例如速算法或口诀、各种游戏或娱乐方法与比赛规则等）均被视为是一种抽象的东西，作为人类思维活动而不宜被授予独占性的垄断权。由于程序算法是借助特定数学模型加以设计并通过特定数学语言符号加以表达与描述，因而其往往被纳入数学规则的范畴，应否将其纳入专利法保护客体范围一直面临争议。

不过，随着 20 世纪 70 年代中后期以来软件行业的迅猛发展，在计算机软件产业界人士的不断游说与施压之下，计算机程序相关的发明主题逐渐被纳入专利保护范围之中。计算机程序算法能否获得专利保护的关键是其能否被归于专利法上的具体技术方案而非仅仅属于传统意义上的抽象思想。例如，当计算机程序与某种传统的工业应用系统结合作为一个整体系统，当程序算法与某种传统的工艺流程结合作为完整工艺方法，当它能够用来解决某种实际问题并且产生某种非显而易见的技术效果之时，它便成为专利法意义上的某种具体技术方案而非所谓抽象思想，也因此而能够得到专利法保护。就计算机程序算法本身而言，其作为一种所谓“计算方法”却有其独特性，而并非属于纯粹意义上的“智力活动的规则和方法”，这是因为计算机程序算法乃是经由某种可执行程序的代码指令运行而实现对计算机设备等物理实体运作的功能性操作。随着新一代信息技术迅猛发展，基于程序算法的计算机运行操作可实现其操作功能优化。例如，文本格式转换、加密与解密措施、笔迹与语音识别、多窗口的任务管理、多路径选择、图像识别及其加工处理、数据挖掘与分析等。这种针对抽象信息所进行的机器处理方法也在改变其计算机的信息状态并由此产生相应的技术功效，因而具备“以某种技术手段、解决某种技术问题并实现某种技术功能或效果”的构成要素，在一定程度上可以被认定为某种技术方案而加以专利保护。

实际上在专利法的发展历史上，专利保护客体范围经历了一个由看得见、摸得着的机器、设备等物质实体的“产品”，向操作步骤、工艺流程、成分配比等抽象形态的“方法”拓展的历程。就专利法将“物质状态改变”作为区分抽象思想与具体技术的传统判定标准来看，程序算法作为运行独立于人脑的物理系统（计算机）的具体方法步骤而并非抽象的思维规则，其被执行后会导致传统专利法意义上的“物质状态改变”，因而其应该被纳入传统意义上的专利法审查范围，而不应否定计算机程序算法的专利客体属性[①]。我国《专利审查指南》第九章规定了涉及计算机程序的发明专利申请审查基准及其示例。《专利审查指南》[②]提出，涉及人工智能、“互联网＋”、大数据以及区块链等的发明专利申请，一般包含算法等智力活动的规则和方法特征，这类申请的审查不应当简单割裂技术特征与算法特征，而应将权利要求记载的所有内容作为一个整体，对其中涉及的技术手段、解决的技术问题和获得的技术效果进行分析。除非其权利要求中除了算法特征还包含技术特征，该权利要求就整体而言并不是一种智力活动的规则和方法，否则不具可专利性。审查示例还规定“一种建立数学模型的方法”不具可专利性，而“一种卷积神经网络模型的训练方法”“一种共享单车的使用方法”“一种区块链节点间通信方法及装置”具有可专利性。

不过，司法实践对算法能否适用专利保护依然争议不断[③]。即便其可适用专利保护还需解决其专利申请时效与算法更新迭代矛盾，也需确保其“可实施性”问题。我国《专利法》第二十六条第三款规定：“说明书应当对发明或者实用新型作出清楚、完整的说明，以所属技术领域的技术人员能够实现为准。”有研究者根据算法特征对算法进行了分类[④]。“白箱”算法完全是确定的，即为预先确定的指令集。“灰箱”算法是不确定的，但易于预测和解释。“黑箱”算法呈现出突发性，很难甚或不可能预测、

① 崔国斌. 专利法上的抽象思想与具体技术：计算机程序算法的客体属性分析[J]. 清华大学学报（哲学社会科学版），2005，20(3)：37－51.

② 参见国家知识产权局 2019 年 12 月 31 日发布、于 2020 年 2 月 1 日实施的《专利审查指南》第二部分第九章增加的第 6 节的有关内容。

③ See Mayo v. Prometheus, 132 S. Ct. at 1298 (citing 35 U.S.C. § 101) (2012), Alice Corp. Pty. v. CLS Bank Int'l, 134 S. Ct. 2347, 2358 (2014).

④ Tutt A. An FDA For Algorithm[J]. Administrative Law Review, 2017, 69: 84－123.

解释其特征。"感知"算法能够通过图灵测试，已经达到或超过人类智商。"奇异"算法能够实现自我递归完善，已经具备"奇异"功能。因而，"白箱"算法和"灰箱"算法作为低阶算法因根据其遵循的计算机指令形式及其披露的具体操作规程而能够由一般技术人员付诸实现，但"黑箱"算法、"感知"算法、"奇异"算法作为高阶算法系机器自主学习的结果而超越人们的认知与控制范围，对其具体操作规程难以清晰描述和披露而付诸实现。不过，目前从技术上看，所有的算法应该都是可以解释与实施的。

此外，算法能否适用专利法保护而被纳入其保护客体范畴，首先要判明其是否满足专利客体之"合法性"要求。根据我国《专利法》第五条规定，"对违反法律、社会公德或者妨害公共利益的发明创造，不授予专利权"。易言之，不合法的算法技术便不能适用专利保护模式而被纳入其保护范围。事实上，对于算法技术究竟合法、合理与否的判定，不能简单地从"是"与"非"的角度进行回答，而应结合算法技术运用的时间、地点等具体场景以及其可能的损害结果等要素进行综合判断。判断算法技术合法与否不仅涉及计算机编程技术操作规范问题，还涉及编程伦理评估与价值判断问题，后者往往因其开放性、模糊性特征难免间接增加算法合法、合理与否的判定难度。

除了专利保护之外，关于程序算法的知识产权保护通常存在商业秘密或是著作权保护模式。根据我国《计算机软件保护条例》第二条、第三条和第六条规定，计算机软件是指计算机程序及其有关文档。计算机程序是指为了得到某种结果而可以由计算机等具有信息处理能力的装置执行的代码化指令序列，或者可以被自动转换成代码化指令序列的符号化指令序列或者符号化语句序列。同一计算机程序的源程序和目标程序为同一作品。文档是指用来描述程序的内容、组成、设计、功能规格、开发情况、测试结果及使用方法的文字资料和图表等，如程序设计说明书、流程图、用户手册等。对软件著作权的保护不延及开发软件所用的思想、处理过程、操作方法或者数学概念等。因而，纯粹的算法构思本身不属于软件作品，也不受版权保护。不过，算法决策往往需要借助来自包括个人信息在内的源数据进行机器学习与数据"喂养"训练，经由此种学习与训练而实现算法优化以权衡用于算法决策的各项要素并给出其问题解答或决策结果。因而，作为算法的个性推荐技术往往蕴藏开发使用者的智力劳动投入与相应的商业竞争价值，也可以受到商业秘密保护。不过，算法技术的商业秘密保护可能面临如下若干现实问题：其一是可能为当事人利用高风险算法故意实施侵权行为提供便利；其二是将进一步削弱公众对相关信息的获取权；其三是在某种程度上抑制了社会累进创新。

2. 有关机器学习的数据权益保障

算法的不完美性意味着需要基于机器学习以优化算法，而算法优化往往依赖于海量的大数据资源。诚然，如果将包括用户信息在内的网络大数据视为公共物品而非稀缺资源，那么它便不存在“公地悲剧”问题。不过，用户信息中的个人信息往往是兼有隐私自主价值和社会交往价值的，后者可供信息主体在社会交往中获取一定经济利益以及某种社会评价与服务[①]。学界往往基于适用财产规则保护个人信息面临低效，主张对其施以公权规制[②]或社会控制[③]。但正是因为大数据分析与价值挖掘有赖于个人信息生态系统海量集成的大数据资源，从而通过数据“喂养”优化算法以实现“公地喜剧”式效应并促进其共享经济实现，由此带来分享经济价值收益的溢出效应。如今，数据已经成为新时代的“石油”，可供优化推荐算法的数据资源包括用户同意和用户同意规则例外情形（《个人信息保护法》第十三条第二项至第七项规定）的个人信息，也包括经由匿名化处理的非个人信息及其电子信息，这些数据信息承载着用户、平台及其他网络服务主体的各种利益诉求。为优化推荐算法的机器学习要求用户信息数据处于合法有序开放状态，以确保基于机器学习的智能系统所需相关专有数据得到适当的整理和保护。

机器学习从学习方法上看包括监督学习（如分类问题）、无监督学习（如聚类问题）、半监督学习、集成学习、深度学习和强化学习。传统的机器学习算法在指纹识别、人脸检测、物体检测等领域的应用基本达到了商业化的要求或特定场景的商业化水平。传统的算法包括决策树、聚类、贝叶斯分类、支持向量机、EM、Adaboost等。不过，直到深度学习算法出现才实现了其技术瓶颈的突破。机器学习是一种实现人工智能的方法，深度学习则是一种实现机器学习的技术。深度学习简言之就是利用深度神经网络来解决特征表达的一种学习过程。为了提高深层神经网络的训练效果，人们综合运用有监督和无监督的学习方法训练深度神经网络，对神经元的连接方法和激活函数等方面作出相应的调整。因而，深度学习可大致理解为包含多个隐含层的神经网络结构。早年由于训练数据量有限、计算能力落后，纵然有深度学习的思想也难以实现。

随着深度学习在计算机视觉图像识别、自然语言处理领域的应用远超传统的机器学习方法，其作为一种相对独特的学习手段被提出并在无人驾驶汽车、预防医疗保健等领域的应用中取得长足进步，业界甚至出现“深度学习最终可能会淘汰掉其他所有机器学习算法”的极端看法。但深度学习并非机器学习的终点，其面临的现实问题包括：其一，深度学习模型需海量数据进行训练才能产生满意的成效，但

---

① 谢远扬. 信息论视角下个人信息的价值：兼对隐私权保护模式的检讨[J]. 清华法学，2015(3)：94-110.

② 吴伟光. 大数据技术下个人数据信息私权保护论批判[J]. 政治与法律，2016(7)：116-132.

③ 高富平. 个人信息保护：从个人控制到社会控制[J]. 法学研究，2018，40(3)：84-101.

深度学习若是面对现实中的小样本问题却无法入手，反而不及传统的机器学习方法更易于解决；其二，有些领域问题采用传统的简单的机器学习方法就能很好解决而并无必要采取复杂的深度学习方法；其三，深度学习思想虽源于人脑的启发，不过深度学习方法无法完全模拟人脑学习方法并达致精确无误程度，这是因为人类的学习过程虽也有赖于必要的训练数据，但相对而言，作为机器学习方法的深度学习技术往往需要大规模、高质量的训练数据才能精准实现其算法优化。

当然，推荐算法技术创新的必要而充沛的数据资源来源的合法性及其管理的合规性，乃是机器学习得以可持续深入的前置条件。为此需加强数据资源保护及其权益保障制度建设，确保为应用开发者提供检索分析与挖掘整理其系统服务器中的数据资源以满足其机器学习的先决条件。例如，我国《个人信息保护法》明确了个人信息处理的一般规则，其第十三条规定了个人信息处理须以取得信息主体同意为原则，同时规定了若干免予适用同意规则的例外情形，包括为订立、履行用户协议所必需，为履行法定职责与义务所必需，为应对突发公共卫生事件或急待保障其生命健康、财产安全所必需，为公益实施新闻舆论监督而合理处理信息等，特别将信息主体自行或经由他人合法公开信息也纳入免予适用同意规则的例外情形，不过虽以“法律、行政法规规定的其他情形”作为其免予适用同意规则之例外的兜底条款，但仍秉持法定化标准，体现了在基于推荐算法的自动化决策中对个人信息处理须遵循严格的合法性要求。我国《数据安全法》第二章也专门强调数据处理要统筹其安全与发展的辩证关系，坚持以数据开发利用和产业发展促进数据安全，以数据安全保障数据开发利用和产业发展。为此，推荐算法开发及其智能技术创新发展仍应基于场景化风险控制理念并结合数据处理需求，强化个人信息保护及其开发利用中的数据权益保障，在涉及机器学习的研发项目中，对纳入机器学习的数据资源须满足可验证性与公开透明性要求。

在有关数据权益的法律保护方面，需要明确企业间数据获取与利用的基本规则，加强对企业数据资产及其合法利益的保护。在国内，包括阳光诉霸才，大众点评诉爱帮网，钢联诉纵横、拓迪，大众点评诉百度，微博诉脉脉，酷米客诉车来了，淘宝诉美景，同花顺公司诉灯塔公司等诸多涉及数据获取与利用的不正当竞争纠纷典型案件中，法院均认可了企业对其投入劳动采集、加工、整理、生成的数据资源享有相应的财产性权益。例如，在淘宝（中国）诉安徽美景公司的不正当竞争纠纷案中，杭州互联网法院认定，如无法定或约定的例外情形，用户对提供网络运营者的单个用户信息尚无独立的财产权或财产性权益；网络运营者对由用户信息数字化记录转换而来的原始网络数据依其与用户的约定享有使用权；对其深度开发与系统整合的大数据产品“生意参谋”，因其内容是源于却又独立于用户信息、原始网络数据的衍生数据，因而网络运营者应对其享有独立的财产性权益。在域外，在International News Service v. Associated Press案中，美国最高法院认为，信息、设计等无形物可以因劳动、金钱等投入而产生一种“准财产权”(quasi-property right),从而可以基于反不正当竞争法上的权益而禁止他人不当盗用。

根据前述判例,法院一般采取两个测试标准来认定这些行为的不正当性:一是实质替代标准,即将获取的数据用于足以产生替代效果的竞争性产品、服务,此标准主要体现在大众点评系列案件中;二是正当商业利益标准,其出发点是企业对其投入劳动搜集、获取、加工、整理、生成的数据和数据产品,享有竞争法上的财产性利益,他人未经授权予以利用具有不正当性。国内外相关司法判例已经揭示,不当获取与利用数据的主要方式既包括未经许可或超出许可而采取侵入方式获取非公开数据,也包括采取爬虫等技术手段复制、抓取数据,特别是公开数据。前者通常表现为侵入服务器、破解或规避技术措施或者使用他人 ID、密码等侵权形式。后者典型体现在奋韩网诉 58 同城案中,法院认定 58 同城网站伪装个人名义在网站上发布复制于奋韩网的侵权数据信息,其行为属于未付出相应劳动却掠夺了奋韩网流量而将他人成果据为己有的“剽窃”行为,由此影响他人经营利益,严重损害韩华公司的合法权益,违背诚实信用原则及公认的商业道德,构成不正当竞争。

3. 有关人工智能产业的促进法保障

鉴于人工智能技术由“算法+算力+数据资源”加以支撑与型构,算法推荐技术创新还有赖于大力促进人工智能产业发展的法律保障。例如,我国出台了《新一代人工智能发展规划》(国发〔2017〕35 号),系统规划和部署我国到 2030 年的人工智能发展的总体思路、战略目标和主要任务、保障措施,确立 2020 年人工智能总体技术和应用与世界先进水平同步,2025 年人工智能基础理论实现重大突破、技术与应用部分达到世界领先水平,2030 年人工智能理论、技术与应用总体达到世界领先水平并成为世界主要人工智能创新中心的“三步走”目标。在域外,英国自 2016 年先后发布《人工智能对未来决策的机会和影响》《机器人技术和人工智能》《产业战略》;欧盟自 2018 年发布《人工智能时代:确立以人为本的欧洲战略》,提交《欧盟人工智能报告》;美国自 2016 年发布号称新的“阿波罗登月计划”的《国家人工智能研究和发展战略计划》《人工智能、自动化与经济》《产业战略:人工智能领域行动》《国家人工智能研究和发展战略计划》等政策文件。

值得注意的是,自 1956 年提出人工智能概念以及此后 60 多年的演进之中,特别是在移动互联网、大数据、超级计算、传感网、脑科学等新理论、新技术的引领下,再加上经济社会发展强烈需求的驱动,如今人工智能产业发展呈现五个特点:一是从人工知识表达到大数据驱动的知识学习技术;二是从分类型处理的界面或者环境数据转向跨媒体的认知、学习、推理;三是从追求智能机器到高水平的人机、脑机相互协同和融合;四是从聚焦个体智能到基于互联网和大数据的群体智能,它可以把很多人的智能集聚融合起来变成群体智能；五是从拟人化的机器人转向更加广阔的智能自主系统，不是一个单纯的机器人才叫人工智能，比如说智能工厂、智能无人机系统，这都是人工智能。正如我国发布的《新一代人工智能发展规划》（国发〔2017〕35号）指出，"它呈现出深度学习、跨界融合、人机协同、群智开放和自主智能的新特点"。新一代的人工智能主要是大数据基础上的人工智能。

《新一代人工智能发展规划》强调发挥财政引导和市场主导作用，撬动企业、社会资源，形成财政、金融和社会资本多渠道支持新一代人工智能发展的格局，并从法律法规、伦理规范、知识产权、科学普及等方面提出保障措施。《新一代人工智能发展规划》重点部署了高端高效智能经济，人工智能概念包括技术、产业与企业三个层面的意涵。首先，人工智能作为战略性新兴产业技术，包括模式识别、人脸识别、智能机器人、智能运载工具、增强现实和虚拟现实、智能终端、物联网基础器件等人工智能技术创新与发展的新领域。其次，人工智能作为对传统产业的改造和提升，让传统产业智能化，包括智能制造、智能农业、智能海洋、智能物流、智能商务。再次，人工智能技术与产业发展都有赖于促进与鼓励智能企业创新，例如对企业进行智能化升级，培育人工智能产业的领军企业。以提升新一代人工智能科技创新能力为主攻方向，以加快人工智能与经济社会国防深度融合为主线，按照"构建一个体系、把握双重属性、坚持三位一体、强化四大支撑"进行总体布局，确定了建立开放协同的人工智能科技创新体系、培育高端高效的智能经济、建设安全便捷的智能社会、强化人工智能对国家安全的支撑、构建泛在安全高效的智能化基础设施体系、实施新一代人工智能重大科技项目六方面的重点任务。

三、算法推荐技术运用的法律规制

1. 有关算法权力滥用的法律规制

算法开发与使用中往往产生所谓算法权力滥用现象。例如，算法歧视所致的自由竞争秩序破坏，算法共谋所致的垄断集中，算法黑箱所致的公众知情权削弱，等等。司法实践中，权利人往往以算法的商业秘密保护为由而拒绝披露其算法决策过程。例如，在 Viacom v. YouTube 一案中，尽管审查计算机源代码有助于解决 YouTube 搜索算法是否存有提升排名等不当行为，但法院并未接受原告要求被告提供控制 YouTube. com 搜索功能和谷歌 Google. com 网络搜索工具的计算机源代码的请求，理由是其源代码具有商业秘密的价值性，若是随意披露将会导致 Google 丧失原本拥有的比较竞争优势，不过这却为当事人假借商业秘密保护而利用高风险算法故意实施侵权行为提供了便利。采取商业秘密保护算法也将进一步削弱公众对相关信息的接触权与获取权，某种程度上抑制社会累进创新。因而，实现开发者和使用者的合法权益保障与算法决策相对人的知情权之间的利益平衡，便需要有效规制其算法权力滥用。例如，算法歧视、算法共谋、算法黑箱等均可看成是算法权力滥用的体现，有赖于相应的法律规制。

首先是算法歧视的规制。算法推送技术往往被用于进行歧视待遇、不公平交易、窃取他人数据或者暗箱操作。欧盟数据保护委员会 2015 年发布《应对大数据挑战：呼吁通过设计和可责性实现透明性、用户控制及数据保护》，提出要重视大数据对穷人或者弱势群体的歧视，并提出是否可以让机器代替人类来解决原本以道德、法律等加以评判的问题。此外，美国联邦贸易委员会 2017 年发布《大数据：包容性工具抑或排斥性工具？》要求关注大数据中对于消费者的歧视和偏见问题，确保关于消费者公平机会的法律得到有效执行，同时防止大数据分析中采取歧视等不公平行为[①]。算法设计中虽看似以数字符号等客观形式呈现，但其程序代码编写难免夹带开发者和设计者的主观价值判断与选择，因而无法绝对客观而面临算法歧视可能。算法运行阶段面临输入带有偏见的数据问题，也将使算法歧视在所难免。算法歧视自然影响算法推荐结果。例如，微软聊天机器人上线首日被用户训练出反犹太人、性别歧视、种族歧视等偏见；Facebook 曾被曝不当利用算法推荐技术向特定用户推送种族歧视枪击案新闻而干预用户获取相关信息；Northpointe 公司 COMPAS 智能风险评估系统对符合假释条件的 Rodríguez 作出“高风险”评估决策[②]。

随着算法推荐技术发展及其大规模应用，它将信息分发由 Web 1.0 时代的“人找信息”变成 Web 2.0 时代的“信息找人”，信息分发平台深度参与用户信息获取行为并在其中扮演更加积极主动的角色，此种算法推荐技术运用意味着平台经营者一定程度上具备对分发信息进行算法干预并不断修订算法以避免相关信息深入传播的技术能力，从而对此形成相应的判断标准。在我国，《电子商务法》第十八条规定了对利用定向广告或精准营销技术进行“大数据杀熟”行为的规制措施。《信息网络传播权保护条例》以及原《侵权责任法》及其司法解释，均明确网络服务提供者对涉嫌侵权信息具备“控制”行为与能力（如主动对其进行选择、整理、分类或加以改变）时便不再适用避风港规则予以免责，且在明知或应知其侵权信息存在时，如不及时采取必要措施还须担责，以此可规制推荐算法技术的滥用。不过，算法推荐服务提供者对其推荐信息（例如侵害第三人的著作权或商标权）必须是在

① 龙卫球. 科技法迭代视角下的人工智能立法[J]. 法商研究，2020，37(1)：57－72.

② Martin K. Ethical Implications and Accountability of Algorithms[J]. Journal of Business Ethics, 2019, 160(4): 835－850.

"明知""应知"其侵权情况下才须担责,问题是如何判定其"应知"标准。算法推荐服务提供者是否因为其提供了推荐服务就对其推荐信息是否侵权应知,是否意味着要强化服务提供者对推荐信息是否侵权负有更高的注意义务。对此有认为"有理由要求内容分发平台为积极的推送行为负责"①,也有认为"既不能简单地以技术中立而免责,也不能仅仅因为技术先进而承担更重的注意义务",不宜对服务提供者提出过重的注意义务要求以致变相地要求其承担事前审核义务,否则就会陷入"应知"认定的"概括知情论"②。

再者是算法黑箱的规制。算法黑箱是指用户对算法的目标和意图不甚了解,甚至视之为未知的"黑箱",对算法设计与控制使用者及其自动化决策的责任归属信息缺乏了解,甚至无从进行评判和监督。算法黑箱的产生源自算法技术的复杂性、算法运行的变动性、算法设计的保密性等多重因素的综合影响。人工智能发展面临着技术与伦理双重不确定性风险的挑战。在算法技术规制上,关键是如何避免算法设计与应用中可能面临的技术安全及其误用风险并对其实现有效管控。由于人工智能开发利用带来广泛的社会与法律影响,而智能技术使用者却对其算法运行的内在原理缺乏专业技术上的认知,为此强化算法的运行机制解释与运行后果评估就显得尤其必要。随着数据驱动创新的长足发展,人工智能领域基于深度学习的算法优化面临不可解释与不可通用性挑战。

面对某些不可解释性的算法越来越多地被用于包括公共决策选择领域的社会福利分配、自动驾驶控制领域的"电车难题"等算法黑箱问题,如何发展其可解释的算法,并赋予用户以算法解释权,以便可以识别人工智能算法输入与输出的内在关联,确保算法选择的安全、健康、可靠、透明与可问责,这是科技向善并实现其人本、普惠宗旨的重要保障。因而,须将社会价值或伦理准则等要素嵌入算法设计中,从而减小算法技术的危害,控制算法不当适用所致社会价值及人类福祉的减损,对算法权力滥用施行必要规制。当采集与遴选的数据带有潜在价值偏向甚至隐含偏见且被基于机器学习的优化算法所吸收,如何维系网络空间的社会共识并确保用户平等与无歧视,就成了算法推荐技术运用面临的现实挑战。为此,强化算法设计与优化中的评估、监督与究责机制就成为规制算法技术运用的当然之选。

2. 有关机器学习优化算法的法律规制

人工智能的发展大体经历了基于符号的形式逻辑推理与基于知识储备的专家系统两次发展及其之后的低潮期。二十世纪八九十年代,基于数据的算法开始兴盛起

---

① 姚欢庆."通知—删除"规则的新挑战:算法推荐下的平台责任[J/OL].知产力,2020-07-29.

② 刘维.算法推送者过错认定中的应知状态[J/OL].中国知识产权,2020-12-09.

来,目前强调的机器学习特别是深度学习是其典型代表。随着计算机与信息技术的发展,其法律规制的重心也大致经历了三个阶段。早期主要着眼于计算机本身,各国围绕计算机的安全、犯罪、欺诈、滥用等问题制定了一系列法律,其典型立法包括美国1984年的《计算机欺诈与滥用法案》等。此后,随着互联网兴起及信息量的指数级增长,有关网络信息的隐私、保护、传播、滥用等问题成为其法律规制的重点。例如,从欧盟1995年颁布的《个人数据保护指令》到如今的《通用数据保护条例》和《算法责任与透明治理框架》,从美国1996年颁布的《通信规范法》到随后的《数字千年版权法》等。如今,随着大数据和人工智能算法技术发展,其法律规制重心正转向如何实现可信任的人工智能及其算法的透明、公开与可解释性要求。

基于机器学习优化算法机制除源自新一代信息技术背景下不断增长的"算力"之外,还源于各种智能感应、云计算、移动互联网等技术运用所带来的数据资源的指数级增长及其低成本与高时效的信息可及性,特别是2012年以后数据量上涨、运算力提升和机器学习新算法(深度学习)出现,为机器学习与算法优化训练提供了基础保障。在图像搜索、语音识别领域运用基于神经网络进行机器学习的深度学习方法有助于更好地建立知识系统,不过这需要大量的文本供机器进行更多的学习才能实现。假如让机器对猫进行图像识别,根据逻辑或知识体系进行识别就需要先确定某些规则,当然可根据猫的形象大致归纳出它有一个圆圆的脑袋,两个尖尖的耳朵,两个闪闪发光的眼睛,外加一个比较圆润的身体,长长的尾巴等,于是便可把这些规则写到计算机里面。不过,由于猫呈现不同的运动姿势且还会处于各种动态调整中,以及猫还有各种不同品种与体型,仅凭手工设计或人工算力就难以穷尽猫的各种图像特征,很难就此设计出一套可行的算法向机器构建一个完整的关于猫的外形识别的规则与方法,即使设计出来也很难取得令人满意的识别效果。不过,若模拟人类儿童的认知学习过程,给出各种形态、品种、动态下的猫的图像供机器识别进行大数据训练,并通过机器学习完成对猫的耳朵形状、胡须分布等参数赋值优化算法,可能就会取得神奇的识别效果。

如今,深度学习也可以不用告诉机器到底要判断哪些特征,它可以根据这种学习方法自行提取特征并作出最终判断。因此,在深度学习模式下算法便被视为一个黑箱,虽无从知晓其运算逻辑及其设计内容,尤其是那些拥有千万量级以上节点的算法,即便并未预先设计却也能获得良好的算法运行结果。基于深度神经网络或深度卷积神经网络模仿人类神经元的构成理念,在中间建立很多节点与参数及非常多的连接边线,据此结构向机器示意这个是猫,而那个不是猫,在经由大量训练之后,机器就能自主提取其中的特征参数,从而形成如何去正确判断"这个是猫,而那个不是猫"的一种规则,而无须再由人类手工编写规则决定如何识别猫。由于机器学习是基于给定的数据来完成的,当给定的数据样本有限或是出现偏差往往都会导致其训练结果出现差错。因而，对机器学习算法优化而言要避免“偏见进，偏见出”，就必须从源头上规制其喂养的数据集的质量，从而确保其数据供给的完整与可靠并富有代表性。

同样，对于算法特别是对于经由机器学习与数据喂养之后所优化的推荐算法，如果不加监督而随便适用，就极有可能产生算法的可信危机问题。所以，不仅要规制喂养算法的数据质量，而且要监督算法决定的伦理价值目标，使其不致背离其算法设计的服务初衷，还需要让算法运行能够为用户与公众理解与可解释，以便其自主作出恰当的风险评估与利弊权衡，避免算法歧视与算法霸权。无论是谷歌在图片识别中将黑人女性标注为大猩猩，还是特斯拉汽车的机器识别图像中因遗漏白色大卡车导致惨烈车祸，都说明可供机器学习的数据集须满足完整性、代表性与可靠性质量要求，尤其是基于深度学习的优化算法的可适用精确性，数据偏差或算法缺陷都会导致灾难性后果。此外，为确保算法识别及人工智能运用不致危害他人与威胁人类而被不良利用，避免基于深度学习的算法运行及其结合数据训练的系统演化与算法解释出现障碍，还须从法律上明确数据质量控制与算法风险评估的规范。例如，我国在新一代人工智能发展方向、发展规划的有关文件中特别指出，当前深度学习领域面临不可解释、不通用缺陷问题。智能算法发展的未来愿景应当确保基于数据驱动的知识创新及其机器学习能自动实现“科技向善”，并能更好地被解释和更广泛地被运用。

3. 有关算法推荐的伦理评估与法律规制

算法作为一种明确定义的计算过程其往往需要接收一些值或集合作为输入，并产生一些值或集合作为输出，从而实现将输入转换为输出的一系列计算过程。人工智能算法往往通过信息技术系统尤其是软件来完成。通常，同一问题的解决可以采用不同的算法，软件设计者也可能持不同价值观而选择不同路径设计同一种算法，因而算法伦理价值选择无可回避，这种渗入算法决策的价值判断就难免左右其输入选择与输出结果。

以图像识别为例，如果要将图像中的实物转换为一组彩色像素时往往需要经由过滤器选择和外形轮廓线识别进行几何算法判断，这时就需要借助相应的效用数值附于不同判定的可选结果。因此，主体价值选择便渗入其算法决策过程从而产生对客体的认知意义。一般来说，软件设计师在涉及算法伦理的价值选择时，宜尽量采取由算法使用者的外部道德判断按照其自身偏好来进行伦理决策，并且保持其算法伦理的假设公开透明又易于识别，即由用户自身基于其价值判断作出相应的决策。当然也有一些算法需要软件设计者在伦理价值冲突中进行取舍，在不同偏好差错之中作出选择。为避免或减控算法决策所可能带来的失误，有必要将算法设计中面临的价值冲突取舍与偏好优劣选择交给用户自行决定，即便在不能或无法完全交由外部决定的情况下，也应尽量确保其公开透明性与易于识别性，以便留给算法使用者更多选择空间。

无论是算法权力的滥用还是基于机器学习优化算法的误用，都意味着对算法设计及其运用进行伦理评估并据此加以法律规制的必要。尽管算法推荐本身具有中立性，但“技术中性”不代表技术开发利用的社会影响呈现“价值中立性”，因而算法推荐技术不应成为某种不良价值观的附庸。例如，近年来国家互联网信息办公室发布的《互联网信息服务算法推荐管理规定》针对算法推荐明确释放“倡导向上向善，抵制逐利作恶”价值取向并将其上升为行政规章规范使其具有制度刚性，从而强化对算法推荐技术本身的法治监管。通过对算法推荐技术的依法治理，防止算法模型设置诱导用户沉迷网络或高额消费等违背公序良俗的权力滥用行为。又如，美国计算机协会的公共政策委员会在 2017 年发布了关于算法透明性和可问责性的声明，提出了算法解释问题，更希望鼓励使用算法决策的系统和机构，对算法的过程和特定的决策尤其是在公共政策领域的决策提供解释。再如，美国电气和电子工程师协会（Institute of Electrical and Electronics Engineers，简称 IEEE）2016 年发布人工智能伦理报告《利用人工智能和自主系统最大化人类福祉的愿景》，提出人类利益、责任、透明、教育和意识等发展人工智能的四项原则，包括某些规制算法、数据的标准，用来指导 IEEE 各种标准制定。该报告将人工智能定性为“社会—技术系统”，倡导深化价值观，特别提出应该合乎伦理地设计开发和应用这些技术，遵守有利于保护人权、人类社会福祉，能问责，够透明等原则及在一些领域要谨慎适用相关算法。

此外，美国 2019 年先后发布的《关于启动“美国人工智能行动倡议”的行政令》《美国如何领导人工智能：联邦参与制定技术标准及相关工作的计划》均提出，要确保使用人工智能技术的系统可靠、稳健、值得信赖。其中，除了一些最低伦理标准之外，主要还是集中在可安全信任的技术伦理问题，对相关人文伦理关切尚欠明确。同年，欧盟委员会在人工智能高级别专家组的支持下起草发布《可信人工智能伦理指南》，明确可信赖的人工智能伦理准则，并宣布启动试行阶段，邀请多方机构对该准则进行测试。根据欧盟委员会的解释，人工智能的伦理问题有两个必要组成部分：一是应尊重基本人权、规章制度、核心原则及价值观；二是应在技术上安全可靠，避免因技术不足而造成无意的伤害。“可信赖的人工智能”包括七个关键条件：人类的自主性和监督，技术的健全性和安全性，隐私和数据管理，透明度，多样性、非歧视和公平性，社会福祉，问责机制。

在我国，国务院 2017 年 7 月发布的《新一代人工智能发展规划》（国发〔2017〕35 号）也提出要重视人工智能法律伦理的基础性研究，确保人工智能安全、可靠、可控发展。2019 年 6 月 17 日国家新一代人工智能治理专业委员会发布《新一代人工智能治理原则——发展负责任的人工智能》提出人工智能治理的框架和行动指南，积极推动人工智能全球治理，强调和谐友好、公平公正、包容共享、尊重隐私、安全可控、共担责任、开发协作、敏捷治理八个原则，其中涉及伦理治理要求的重点在负责任。值得注意的是，上述治理原则中提及的“敏捷治理”原则，这意味着要采取敏捷灵活的政策路径去规制智能算法，既要适应新一代信息技术迅猛发展对既有监管政策法制妨碍其技术创新之处及时加以“废、改、立”，还要确保监管政策法制的“废、改、立”采取包容审慎并富有灵活弹性的规制方式。因为技术及商业模式都处于快速发展和迭代更新之中，仓促的立法难以产生正面的效果，且成文或专门的立法恐难跟上技术步伐，故应避免严格、细致的法律要求，而是可以采取事后监管、追责或者通过出台标准、行业公约、伦理框架、最佳实践、技术指南等“软法”性质的规范，来调整人工智能的发展应用，支持行业自律。对技术应用的“软法”规制，可以通过科技伦理来对科技行业狭隘的技术向度和利益局限进行纠偏和矫正，通过预警性思考、广泛的社会参与和多学科评估，充分讨论可能存在的风险和危害，制定切实可行的指导方针和伦理准则，从而引导、规范人工智能研发应用①。

最后，在算法透明机制与可问责制方面应追求“有意义的透明”。由于支撑算法系统的源代码既涉及商业秘密价值与个体隐私数据安全，而且源代码本身的公开披露并无助于公众与用户充分理解其算法推荐技术的价值功能，也无法帮助其认识算法决策伦理的实质，因而并不宜苛求推荐算法服务对于算法设计开发的每个操作步骤、技术运作原理及程序运行细节进行全面解释。此外，赋予算法开发者以算法解释义务也会极大限制其技术应用。为此，应将算法解释义务落实在其算法决策行为选择对于社会的影响与伦理价值评估之上。例如，考虑到人工智能的技术特征，《通用数据保护条例》并没有要求对特定自动化决策进行解释，而仅要求提供关于内在逻辑的有意义的信息，并解释自动化决策的重要性和预想的后果。此外，应根据比例原则实行算法影响评估的分级监管机制。例如，欧盟议会的《算法责任与透明治理框架》支持建立“算法影响评估”(Algorithmic Impact Assessment，简称 AIA)机制，但这并非应一律适用于所有算法系统应用，若一律适用可能给某些商业企业带来不成比例的财务和管理负担。因而，有必要建立分级监管机制，对那些政府和公共部门的算法系统应用或是具有与之相似的重大影响的商业算法系统才有必要考虑采取 AIA 机制，对于其他商业算法系统，宜采取事后究责机制进行法律规制。

① 曹建峰. 从行业角度看人工智能治理与伦理问题[J/OL]. 中国知识产权，2020-01-25.

第七章　搜索引擎技术与法律

互联网 Web 1.0 时代产生了谷歌、百度这样的搜索引擎，它给我们提供了合作、交流和共享信息的平台；互联网 Web 2.0 时代扩大了搜索和交流的范围，形成了京东、亚马逊等在线市场；互联网 Web 3.0 时代正在改变服务业，极大降低了线下交易的成本，并深刻改革了线下市场的物质基础架构①。第三代网络经济以大数据、人工智能、云计算与区块链及兼具信息分享型与网络交易型的网络平台兴起为标志，其中，搜索引擎技术平台经济兴起的创新发展引发了诸多法律与社会问题。

一、搜索引擎的法律与社会影响

1. 搜索引擎、浏览器与爬虫

搜索引擎作为借助软件程序服务而构建的信息检索网络平台，主要通过各种算法对网络上种种数据信息以关键词为核心进行分类，借此构建巨大的数据库。当用户使用搜索引擎通过关键词进行信息检索时，与用户输入的关键词相关的信息就会以一定的排名方式呈现于用户界面，用户借此能快速检索到所需信息。搜索引擎这种方便、快捷的优势为大众所接受，并为社会生产生活带来了极大变革。搜索引擎需通过浏览器实现上述检索工作。浏览器是一种用来解释网页脚本进而查看网页（网站）的软件程序工具，它能显示万维网或局域网内的网页服务器或档案系统文件并让用户与这些文件进行信息交互，这些文件可以是文字、影像及其他资讯，也可以是连接其他网址的超链接，用户借此可迅速及轻易地浏览各种网页资讯。网页一般采用超文本标记语言（标准通用标记语言下的一个应用）的格式。有

① Lobel O. The Law of the Platform[J]. Minnesota Law Review, 2016, 101: 96.

些网页则需使用特定的浏览器才能正确显示，例如，移动端手机上的网页浏览往往需通过“通用分组无线电业务”（General Packet Radio Service，简称 GPRS）登录网络系统以浏览互联网内容。因而，浏览器与搜索引擎是相关但并不相同的概念。

搜索引擎作为一些服务器的集合，是类似中介的提供信息检索服务的网站。它在浏览器内部以网站的形式，根据一定的策略，用特定的计算机程序并采用一定的算法与技术对网络上的资源进行收集和分类，从而整理信息并向用户呈现或提供网站收集到的资料，方便互联网用户搜索相关资源。浏览器上的搜索框是搜索引擎和浏览器合作的产物，搜索引擎借助浏览器为用户搜索其需要的信息提供网络服务。倘若将互联网看成一个旅游景区，那么搜索引擎可被视为导游，浏览器便是用来逛这个旅游景点的观光车。从目的上来说，浏览器旨在为人们共享文字、图像及其他信息，搜索引擎旨在提高人们获取搜集信息的速度，为人们提供更好的网络使用环境。从用途上来说，通过浏览器这个程序工具可以连接互联网，浏览网页，获取服务器上的资料。搜索引擎需要用浏览器访问，用户用浏览器访问网页时只需在浏览器地址栏中输入搜索引擎的域名。以谷歌（www. google. cn）或百度（www. baidu. com）为例，这些域名作为一个网站可帮助用户借助相应的浏览器去搜索到其所需的信息。浏览器作为一个可供信息检索的流量入口，主要通过给搜索引擎等网站导流量进行盈利，搜索引擎则靠提供竞价排名或广告服务进行盈利。

网络从业者往往认为互联网领域半数以上的流量都由爬虫所创造。目前，爬虫技术是互联网获取第三方网站信息和数据的最常用技术手段之一，它通过编程自动实现对目标站点和目标信息的批量获取。最早的爬虫事实上就是搜索引擎，它可以对网络上的超链接进行遍历式的爬取，检索网站的信息并将其编制成索引以便其他用户访问，用户借此也就无须记住每个网站的域名便可方便、快捷地访问这些网站资源。爬虫技术虽早已被用于搜索引擎，但随着大数据应用的普及，数据需求日渐提升，爬虫技术也早已脱离搜索场景并被用于各种数据搬运场景。从使用场景上可将爬虫分为“通用网络爬虫”（General Purpose Web Crawler）和“聚焦网络爬虫”（Focused Web Crawler）。通用网络爬虫针对不特定网站进行数据和信息获取，从一些种子地址扩充到整个网络上的链接都是其爬取的对象，典型代表是搜索引擎爬虫。聚焦网络爬虫针对特定类别或单一网站爬取数据，且通常并非锁定目标后爬取目标网站所有信息，而是定向获取目标网站上特定内容（故又称“定向爬虫”“主题爬虫”）。例如，仅爬取某电商平台的用户评价或商品销售信息等。所以，聚焦爬虫往往只负责搬运特定用途的网络数据，爬取的数据不如搜索爬虫那样给网络用户带来访问入口等便利，而是被用于诸如洗稿、用户画像、数据镜像等特定的商业性用途。

2. 搜索引擎技术的社会影响

由于在现代社会中信息对于个体自我发展、社会文化传承、经济生产力提升以及民主政治有序实现都发挥着极其重要的作用，特别是数字经济兴起后，非接触经济社会中生存样态与生产方式将发生根本变革，数据信息作为新时代的“石油”已经成为网络社会的重要生产要素资源，人们的日常生活与社会生产都离不开信息的查询与发掘工作。互联网的诞生从根本上扭转了人们对于信息的收集、存储、传播与分享的方式，从以往的报纸、电台或电视台等集中渠道进行信息供给转变为人人皆为自媒体的去中心化的信息分发模式。但是，由于互联网信息呈爆炸式增长与分散式分布，网络用户并不知道互联网上存在哪些信息或信息存在于何处，一般不会也难以记住那些复杂多样的网络地址信息，而搜索引擎技术正是通过网页的网址或统一资源定位符(Uniform Resource Locator，URL)聚合网络上的信息并建立网页索引目录，根据用户搜寻条件向其呈现相应的信息内容，将信息搜寻者和信息提供者匹配起来，因此，搜索引擎在现代社会信息传播过程中起到了信息交换的枢纽功能，为网络用户提供了可及、便捷、广泛的信息获取通道。

搜索引擎技术的创新发展与运用有其积极意义。首先，搜索引擎大大降低了用户搜索信息的难度。通常，只有被搜索引擎收录的网站才有可能被用户找到，甚至在某种程度上可以认为网站及其有关信息只有被搜索引擎收录后其在互联网上才是存在的。况且，任何信息搜寻都需要时间与精力成本的支出，由于网络信息的呈现分散与来源庞杂，因而更需要通过信息的整合、分类与组织甚至过滤以实现对其有效的搜寻、查阅及筛选。搜索引擎便由此而生，为网络用户提供了便于查询与检索的信息编排、梳理与归类功能。这导致搜索引擎占据了现代社会信息传播的枢纽位置。由于控制了公众对信息这一重要资源的可及性，搜索引擎具有显著的公共性[①]。此外，搜索引擎多样化使用户信息搜索更便捷。随着智能手机与平板电脑等的普及与运用，搜索引擎平台极大提升了网络用户的信息可及的深度与维度，使信息传输超越时空范围局限。

其次，搜索引擎技术创新运用还有利于网络终端用户精准匹配其需求的信息。通常，信息拥有与发布者和信息搜寻与获取者双方之间存在着信息不对称，前者可决定何时、何种方式及向何主体发布其信息。搜索引擎作为网络信息的“信源”与“信道”，在内容的可视与分发上更具优势地位，往往具有影响受众的信息可及性的能力。在网络空间中，那些被某搜索引擎收录与关注并纳入搜索结果且排序靠前的网站资源在网络用户的信息查询中往往占有优势地位。目前，第三代的搜索引

① 赵鹏. 搜索引擎对信息传播的影响及其法律规制[J]. 比较法研究，2018(4)：188－200.

擎技术已达到以智能化检索、用户行为分析为特点,并可以基于自然语言和个性化的用户需求进行检索,从而实现信息异步传输与精准筛取。搜索引擎技术的进步促进了搜索引擎功能多样化,进而扩大了用户信息搜索选择范围,从而更加切合用户信息检索的实际需要。如今,搜索技术从仅能提供单一的网页检索发展到能够提供软件、视频、翻译、地图等数十种专项搜索服务功能,能够满足用户生活、娱乐、学习等各方面的信息检索需求①。

再次,搜索引擎技术创新发展与运用也有助于为网络用户创造有效的信息发布平台。如今,随着网络搜索引擎技术的发展,特别是 Page Rank(又称网页排名)新搜索算法的应用,使得搜索引擎公司能够在为用户提供优质搜索服务的同时,还可以获取高额的经济收益。Page Rank 算法的核心价值在于它可以根据流出和流入网络页面的超链接数目,计算出每个页面的 Page Rank 值。因而,当用户通过搜索引擎进行有关商品的查询操作时,与这个商品有关的品牌的网络链接页面及其相关的商品广告也随之呈现,并仅被推送给广告商选定的目标用户群体。广告商也只在用户点选广告时才需付费,以此从互联网搜索市场上获取相应的经济回报。随着搜索引擎在网络信息价值挖掘中核心地位的确立,生产力和生产关系的传统结构也随之发生根本改变,新技术改变了企业传统的价值生产模式并破解了其所面临的营销推广难题。因此,网络用户特别是商业用户可以凭借搜索引擎技术的信息聚集与分发功能而实现其发布信息的流量增长与价值变现。

当然,搜索引擎技术的运用也会有消极的社会影响,如竞价排名技术滥用、信息人为集中垄断、信息分类与网页时效不足、数据存储质量有限等。《电子商务法》第四十条规定:"电子商务平台经营者应当根据商品或者服务的价格、销量、信用等以多种方式向消费者显示商品或者服务的搜索结果;对于竞价排名的商品或者服务,应当显著标明广告。"用户正是基于平台经营者的搜索算法进行信息检索而获取相应的商品或服务信息,该条是为网络平台经营者设置展示自然搜索算法结果的明示义务。与谷歌、百度等信息分发算法不同,网络交易平台的搜索算法决定了其平台内经营者的交易流量。个性化、搜索量和新鲜度(Query Deserves Freshness,简称 QDF)等因素直接决定搜索算法的排序结果,进而极大影响消费者对商品与服务信息的可及性。例如,淘宝网站上数百万卖家提供在线商品达数亿种,其搜索算法为用户提供按信誉度、销量、价格等不同排序的搜索结果。淘宝网于 2010 年调整搜索规则曾引发其站内经营者广泛抗议,乃因站内经营者对扩大竞价广告会影响其自然搜索结果的担忧。《电子商务法》上述规定旨在强化对搜索算法的事前监管。

---

① 李海莹.百度公司搜索引擎技术的专利分析[J].中国发明与专利,2019,16(4):99-106.

搜索引擎技术运用的消极影响还体现在信息人为集中垄断。搜索引擎技术在当代社会信息聚集与分发中已经占据优势地位，对公众的信息可及具有枢纽性的控制作用，对公共利益的实现与分配具有显著影响，担负着信息筛查与过滤的"守门人"角色，但它作为私人主体往往基于所谓"意思自治"而为公众提供服务，其"私权力"行使的正当性、公正性面临现实的考验与诘问。此外，搜索引擎技术运用也面临信息分类准确性与更新时效性不足等缺陷。网页处于实时更新、频繁删除等动态变化之中，爬虫程序甚至难以及时抓取那些已被删除的信息；加之建立信息索引数据库涉及信息量极其巨大，往往无法完全整合所有的信息资源，爬虫抓取的数据即使经过预处理其数据量依然相当庞大，因而搜索引擎技术难以对其搜索结果的信息进行准确分类。同时，关键词出现的概率及文档类别和长度之间的平衡处理问题也导致网页难以及时更新。此外，搜索引擎大多利用结构化的数据库来存储数据，这种数据存储模式固然可实现高共享、低冗余等优势，但是结构化的数据库难以并发查询，导致其查询效率受限。

3. 搜索引擎技术的法律影响

首先是搜索引擎技术对网络言论自由与公众信息可及的影响。各国基于网络安全与公共利益的考虑一般都赋予网络服务提供者（当然包括搜索引擎服务商）作为第三方义务主体对其网络信息的"发布或者传输"[①]均负有公法上的审查义务与处置义务。这就意味着搜索引擎服务商作为信息"管道"也不能免于甚至不能疏于管理与处理其网络空间的违法信息内容，也由于对违法信息的识别与判定及其过滤与取舍拥有了一定程度的"私人执法者"的权力，这就不免对网络言论自由的边界勘察及其行使尺度产生相当的影响力。此外，不同的搜索引擎服务商往往出于其商业竞争之目的难免有意提升对于竞争对手不利的负面信息的排序，却降低于己不利的负面信息的排序，此种基于搜索算法对网络信息"发布或者传输"所施加的人为干预自然会直接影响到公众意欲寻求信息内容的可及性，甚至可以通过舆情监测与操控而利用搜索算法技术人为制造某个"热搜事件"，或通过转移公众对某个热点事件的关注度而人为平息网络焦点事件的事态发展。

其次是搜索技术使用不当导致私权僭越公权的影响。搜索引擎服务商作为私人主体往往基于自身商业利益考量而对信息的结构、编排施加一定影响，凸显或遮蔽信息，这就使得搜索引擎服务的公共性遭遇信息的多元性、个人自治等诸多价值追求的现实挑战。特别是搜索算法中的主观判断因素使得难以按照某种统一、客

① 例如我国《网络安全法》第四十七条规定了网络运营者处置违法信息的义务，即"发现法律、行政法规禁止发布或者传输的信息的，应当立即停止传输该信息，采取消除等处置措施，防止信息扩散"。

观的标准对搜索引擎要求保持“中立”①，实践中难免面临着搜索算法滥用的危机。如今，搜索引擎正利用对上网用户的兴趣习惯、浏览癖好、消费水平等数据信息的采集与分析向用户定向分发其所需要的内容，借助已掌握的用户数据信息资源优化自身的搜索算法以巩固自己在搜索市场中的优势乃至垄断地位，通过信息“投喂机制”左右网民的社会心理认知与决策行为选择，或利用信息过滤与筛选、编排与归类、凸显和遮蔽等技术手段而决定受众的信息可及范围与程度，或基于“竞价排名”等商业广告的经济利益驱使而人为改变用户搜索信息的排序结果及其呈现方式。如果这种对网络信息资源流向与匹配的“私权”行使得不到合理规制，难免出现私权僭越公权的困境，进而影响到网络社会的用户私人利益分享与公共利益分配。

再次，数据爬取不当导致隐私信息或知识产权侵权的影响。如果将搜索引擎这类爬虫比作游客，将爬虫进入的网站比作其游览的景区，作为游客的爬虫进入类似景区的网站游览时，其光顾景区商家的行为自然会让商家（网站）获得客源（访问流量），但聚焦爬虫却并非普通游客而更像情报调查员，往往认准目标商家（网站）且频繁访问却不去别家光顾，正常游客每天到店一两次，聚焦爬虫却成百上千次，以致造成甚至加剧正常访客访问拥堵，致使网站为应对聚焦爬虫过量访问需消耗大量的服务能力，甚至出现服务器瘫痪影响正常访客访问。为防止聚焦爬虫的过度访问，大量的网站开始采取诸如用户验证、限制 IP 等反爬虫措施，其结果却又使得正常用户的访问变难，体验变差。即便如此，仍有某些用户甚至网络运营者违背“Robots 协议”②利用爬虫技术非法爬取网站数据。例如“人肉搜索”的信息查询机制，或通过内置链接的方式并配以相应的转码技术无偿利用他人站内源作品的数据库资源，或借此寻求低成本牟利。然而，由于这些数据可能涉及第三方隐私信息或是关乎网站运营商的商业秘密、数字作品或有关软件代码等知识产权信息，这就难免构成对他人权益的不当侵害。

二、搜索引擎技术创新的法律保障

1. 搜索引擎上关键词合理使用

搜索引擎技术创新发展离不开相关应用场景的支持与激励，利用关键词检索

① 赵鹏.搜索引擎对信息传播的影响及其法律规制[J].比较法研究，2018(4)：188-200.

② Robots 协议又称爬虫协议，是网站为了对外表明爬虫对其爬取网站内容的态度和限度所设置的一份技术声明文件，全称是“网络爬虫排除协议”(Robots Exclusion Protocol)，相当于网站对利用搜索引擎技术的访问者所发布的一个“非诚勿扰”的告示（警示）牌。

实现竞价排名服务便是其创新发展的一种商业模式。竞价排名又称付费搜索，属于点击付费(Pay Per Click)网络营销服务模式。在这种服务模式下，用户向搜索服务商提出申请，约定根据点击量向搜索服务商支付相应费用，搜索服务商则根据双方达成的参与竞价排名的服务协议，以用户所购关键词付费高低为标准，将相应用户的链接网站或页面给予排名靠前的排序服务，以使更多消费者有机会接触该网站从而点击该网站宣传的产品，而搜索服务商按点击次数向用户收费。这种服务模式往往被申请者用来通过使用竞品词，例如使用竞争者商标作为付费搜索关键词等方式，意图使其搜索结果在搜索服务商的搜索网页中获得更优先靠前的排序，以便获得更高关注度和点击量，此种商业模式有利于为申请者促成商业交易。上述将他人商标设为网页内置关键词，学界既有认定其为指示和定位某一特定信息而构成侵权[①]，也有认为其目的仅在于传递思想、表达观点或将自身信息通过搜索引擎传递给消费者，并非用于指示商品或服务来源[②]，因而其并不构成侵权。

在基于关键词检索的竞价排名服务中，终端消费者用户往往是围绕其欲查询的相关信息内容梳理或罗列一些“关键词”并将这些文字输入到提供搜索服务的浏览器的搜索框中，在点击其页面上的搜索按钮后即可得到排序不一的各种检索内容的网页链接，当然相关的网页链接中也简要列示了其网页内容的标题及其有关内容概要信息，消费者如需全面了解其网页内容还需再进一步点击上述不同排序的网络链接标题以寻求展开其完整的网页信息。由于网页内容概要信息文字及其网页标题排序直接关系到用户的检索目的与搜寻意图，这往往成为搜索引擎服务商以及被其纳入检索数据库目录的各个网页内容服务商所着重关注的流量聚焦“阵地”。为此，搜索引擎服务商可以通过“竞价排名”服务方式改变上述搜索结果中的网页标题排序，让围绕某个竞品词的“关键词”作为其网页内置标签并自愿出价更高的网页内容服务商的网络链接标题排序靠前，以此作为商业上的赢利模式。相应地，网页内容服务商则可利用搜索引擎服务商的上述“竞价排名”服务模式，通过“核心词”加“包含词”的“关键词”遴选与购买机制向搜索引擎服务商缴费，并将上述关键词作为其网页内置标签以便在消费者以该关键词进行检索时，能将其网络链接标题按先后次序等级动态地呈现于消费者检索页面的搜索结果之中，从而使之能够获得消费者的优先点击与重点关注。当上述关键词一旦涉及他人的驰名商标或是带有其他商业价值例如厂商或商品名称等时，搜索引擎服务商及其网页内容服务商基于上述商业模式使用竞品词作为检索关键词的合法性往往受到

① 陈晓俊. 竞价排名商标侵权认定的新思路：商标间接侵权原则的应用[J]. 电子知识产权，2009(4)：57-60.

② 凌宗亮. 仅将他人商标用作搜索关键词的行为性质分析[J]. 中华商标，2015(9)：66-71.

质疑。

有关搜索引擎上使用竞品词汇作为付费搜索关键词的合法性问题，目前司法实务上往往区分其具体使用场景究竟是“显性使用”还是“隐性使用”而作出不同认定。一般认为，若是显性使用他人商标或商号等竞品词作为付费搜索关键词而引起消费者用户的混淆与误认的则构成商标侵权，相反，若是隐性使用则不构成商标侵权。在河南东易力天装饰有限公司起诉东易日盛家居装饰股份有限公司、百度公司商标侵权和不正当竞争纠纷案中，在百度搜索“东易力天”“东易力天装饰”后出现东易日盛家居装饰股份有限公司（下文称“东易日盛公司”）的网站链接，河南东易力天装饰有限公司（下文称“东易力天公司”）认为，东易日盛公司和百度公司构成对东易力天公司的商标侵权和不正当竞争。但是，河南省郑州市中级人民法院于2019年11月29日作出（2018）豫01民初2419号一审判决，判定第一被告东易日盛家居装饰股份有限公司在百度搜索上使用他人商标作为关键词并不构成商标侵权和不正当竞争，法院据此判决驳回东易力天公司的全部诉讼请求。法院在判决理由中认定，在搜索引擎上使用他人商标作为关键词并不构成商标侵权是国际通行的看法。在Veda Advantage Limited诉Malouf Group Enterprises Pty Limited案及阿尔茨海默氏症协会诉阿尔茨海默氏症美国基金会商标侵权案中，美国法院均认定被告不构成混淆，其将原告的商标在Google上作为关键词使用也并不构成侵权。Google在其网站公布的搜索推广商业政策中对关键词使用所作规定是：Google公司在任何情况下都不会审查和限制推广客户将商标作为搜索推广的关键词，即使其收到了来自权利人的侵害商标权投诉。Google公司所坚持的上述商标政策，也反映了在国际准则中对搜索引擎服务平台中使用竞品词作为关键词的开放态度①。

在上述“东易力天”商标侵权案中，东易日盛公司使用东易力天公司的商标“东易力天”作为其网页内置推广链接关键词在百度网上进行商业推广时，对商品来源作了清晰明确的表述，以免使消费者在搜索时产生混淆和误认，法院认为东易日盛公司对上述关键词的使用不属于商标使用行为。不过，司法实践对以他人商标商号等竞品词作为其付费搜索关键词进行隐性使用是否构成不正当竞争存在不同判决②。在“东易力天”商标侵权案中，法院认为，百度网页中链接的表达方式有多样性，对使用他人字号生成链接是否属“利用搜索引擎争夺商业机会”，属于合法竞争还是构成违反公认的商业道德并引起用户混淆或误认等不正当竞争侵权，需结合

① 立秋.利用搜索引擎争夺商业机会属合法竞争，法院认定源自国际通则[J/OL].知产力，2020-02-13.

② 参见（2016）京73民终88号商标权侵权纠纷二审民事判决书，“益生康健”商标案；对比（2014）一中民（知）终字第8599号不正当竞争二审民事判决书，“360杀毒”特有名称案。

具体语境、社会发展和商业模式进行个案判定。《反不正当竞争法》中的商业机会是市场主体确认将与他人达成交易的可预期利益，而非被选择达成交易的一种可能性，其禁止无序竞争而并不反对甚至鼓励市场主体的自由竞争。法院指出："法律不会因任何原因赋予某一市场主体竞争豁免权，现实也不会存在不经竞争可轻易获得的交易机会""市场主体对竞争中发生的不违反规则且有利于交易效率的'合理冲撞'，应保持一定程度的容忍，树立通过公平充分的市场竞争获取竞争优势的经营意识。"法院最终认定基于关键词购买方（东易日盛公司）不构成不正当竞争，进而认定其出售方（百度公司）也不构成不正当竞争。

问题在于，当关键词购买方涉嫌侵权（如对他人驰名商标进行显性使用）时如何确定其出售方注意义务及其合理边界。实践中如果对搜索服务商及内容服务商使用竞品词作关键词持开放态度，合理确定搜索服务商对其竞价排名关键词选取的注意义务边界[①]，在一定程度上有利于促进搜索引擎技术创新发展。通常，只要搜索服务商对广告主购买关键词采取基本限度的技术过滤措施，对其提交的链接、广告标题与所链接网页内容进行初步范围的形式审查，并在遵循"通知—删除"规则前提下采取符合比例原则的必要措施，对其搜索服务模式及技术创新就应采取充分保障而非严格规制。随着人工智能、大数据技术发展，基于智能算法的关键词广告及其搜索结果的匹配模式已不再限于传统的精准匹配，即仅当用户检索词与广告主购买关键词完全一致才展示链接网页，其搜索信息定位服务已有短语匹配、广泛匹配等新模式，并从"准确性"发展到"相关性"的信息查询响应要求。其中，短语匹配又有短语精确包含、短语同义包含、短语核心包含等触发推广链接的三种模式；广泛匹配模式仅需用户检索词与广告主购买关键词高度相关即可触发推广链接。此外，搜索服务商还会根据广告主的浏览记录、搜索习惯以及全网用户的搜索历史等信息为广告主提供基于智能算法自动推荐购买关键词的搜索建议服务。从精准匹配到短语匹配再到广泛匹配直到智能推荐模式的发展中，如何确定搜索服务商的关键词广告注意义务与审查责任，搜索服务商基于智能算法向广告主推荐购买关键词是否属于对关键词广告行为的主动参与，搜索服务商基于向广告主推荐购买关键词服务所发布的广告链接若是涉嫌侵权，其对此是否构成"明知、应知、能知"，如何确立其构成"明知、应知、能知"的判定标准，为维护新技术创新的发展空间，对侵权损害的司法规制可秉持适度谦抑性。

2. 网络广告屏蔽技术合理使用

利用浏览器搜索服务实现屏蔽贴片广告也是一种搜索引擎技术创新形式。广

① 陶乾. 论竞价排名服务提供者注意义务的边界[J]. 法学杂志，2020，41(5)：75－83.

告屏蔽技术开发使用者往往将广告商投放在网页或视频中的广告屏蔽，以达到用户无须观看广告即可直接浏览网页或观看视频的效果，因而屏蔽技术对以“广告观看换免费视频”的商业模式赢利机制势必构成影响。网络上充斥诸如“能屏蔽网站的浏览器”“防屏蔽的浏览器”“浏览器怎么拦截弹窗广告”等技术介绍。实践中，基于浏览器的搜索服务往往推送形式多样的广告，这包括搜索引擎网站的竞价广告、视频网站的视频播放广告以及某些网站的弹窗广告等。当然，基于浏览器的搜索服务通过安装屏蔽脚本或插件等技术手段可以清除或是屏蔽网页或视频广告，实现更加顺畅与清爽的网页浏览或视频观赏。目前网络上虽有传授各种有关开发、提供网络广告屏蔽软件技术的宣介信息，但是对此种技术开发及其装载与使用的合法性面临一定争议。不过，关于广告屏蔽技术究竟属于“不劳而获的寄生性竞争”，还是“商业模式创新的助推器”①，司法裁判与理论研究对此往往观点不一。

以网络视频广告屏蔽为例，反对屏蔽技术使用者认为，提供广告屏蔽软件让用户免费播放影视剧类似提供规避手段以规避为保护作品而采用的“接触控制措施”。保护“接触控制措施”的正当性在于维护版权人的正当利益——从他人对作品的利用中获得报酬。适用《反不正当竞争法》，禁止提供广告屏蔽软件供用户免费欣赏影视剧的正当性在于，法律保护由商业模式实现的视频网站从提供视频中获得报酬的正当利益。“保护消费者利益”和“实质性非侵权用途”规则不能为广告屏蔽软件使用提供正当理由，否则任何规避“接触控制措施”技术均可由此免责②。此外，广告屏蔽技术原理揭示该行为确实给网站造成损失，基于回归分析法可以量化损失大小。在损失认定基础上，透过“广告＋免费内容”商业模式的本质，分析广告屏蔽对流量竞争产业的影响，从短期和长期竞争效应展开“福利分析”，厘清屏蔽行为与消费者剩余、社会整体福利之间的相关性，可以证成广告屏蔽不具有正当性而应受规制③。

相反，赞同屏蔽技术使用者认为，广告屏蔽技术固然冲击现有商业模式，但过度保护“广告＋免费视频”商业模式利益具有片面性，势必阻碍新技术创新发展。随着视频网站基于盈利需要而大量投放过多、过滥、过长的视频广告影响消费者需求，将广告屏蔽行为一概认定为不正当竞争并不符合竞争法理论和市场经济发展规律以及世界发展潮流。需要在竞争法框架下，从竞争关系、不正当性、规则适用等出发，基于谨慎干预原则，重点分析广告屏蔽行为是否满足消费者利益保护和技

① 龙小宁．广告屏蔽技术的经济分析（上）：不劳而获的寄生性竞争 or 商业模式创新的助推器？［J/OL］．中国知识产权，2019-12-17．

② 王迁．论规制视频广告屏蔽行为的正当性：与“接触控制措施”的版权法保护相类比［J］．华东政法大学学报，2020，23（3）：59－80．

③ 杨明．互联网广告屏蔽行为的效应分析及规制路径选择［J］．清华法学，2021，15（4）：176－194．

术中立抗辩的适用条件，结合类型化的视频广告屏蔽行为和视频广告进行个案分析，当视频广告屏蔽行为确实属于不正当竞争行为，才应根据行为特征并适用竞争法具体规则予以规制①。只要屏蔽技术并无特定侵害的主观恶意而只是由用户自主选择该功能开启与否，就不存在扰乱市场秩序或违背诚实信用原则和商业道德，其技术创新发展有助确保用户选择权并方便浏览网络，提升上网体验且净化网络空间。司法裁判应摒弃"非公益必要不干扰原则"，确立互联网经营者原则上可互相干扰的基本立场，否则有悖《反不正当竞争法》鼓励正当竞争、维护市场秩序的宗旨。

在域外，美国 Fox v. Dish 案与德国 Axel v. Eyeo 案均终审判决认定屏蔽技术使用不构成侵权。特别是 Fox v. Dish 案中，Fox 公司起诉 Dish 公司向其用户提供录制、随时播放 Fox 节目和屏蔽其中广告的服务构成侵犯著作权，但加州中部的联邦法院及第九巡回上诉法院在系列案审理中，引用美国联邦最高法院在索尼案件（Sony Corp. of America v. Universal City Studios，Inc.）判决中确立的技术中立原则，即可实现观看时间转换的音像录制设备具有非实质性侵权用途，属于合理使用，据此判决 Dish 公司不构成侵权。当年，美国联邦最高法院关于 Sony 案的多数裁决意见认为，Sony 公司生产的 Betamax VCR 产品除了录制电视节目外，还有其他诸多不涉及侵权的用途，包括用来播放已获许可或无须许可的影视作品，因此即使 Sony 公司为产品进行了广告促销，它提供的产品也并未构成共同过失侵权②。

与欧美在涉及广告屏蔽技术的使用上判定为不构成违法的裁判倾向不同，我国法院在诸如优酷猎豹案、爱奇艺案、腾讯案和快乐阳光案等系列案中，均倾向作出构成不正当竞争的裁判，后两案虽一审认定不构成，但终审均改判认定构成不正当竞争侵权。不过，在"腾讯诉世界星辉案"初审中，法院似乎改变既往普遍形成"竞争关系—商业模式—商业道德"的裁判逻辑，不再遵循将"商业模式"作为静态利益加以严格保护的裁判倾向与思维范式，注重综合考量新技术发展和消费者自主选择等社会本位的多元法益冲突的衡量。这是因为广告屏蔽技术不仅可用于屏蔽广告内容本身，还具有助力屏蔽色情、赌博、暴力等有害公益的不良内容的积极用途。正如被告世界星辉公司所辩称那样，其提供的"世界之窗"浏览器只是默认对弹窗广告进行拦截，消费者需自主勾选"强力拦截页面广告"按钮后才可使用被诉的广告屏蔽功能。因而，保护广告屏蔽技术创新有利于丰富技术使用功能以提升用户服务体验，维护消费者选择权，从而间接起到持续激励技术创新的作用。

---

① 郭壬癸. 互联网视频广告屏蔽行为的竞争法规制研究[J]. 电子知识产权，2018(8)：50－59.
② 龙井瑢. 新媒体时代的版权与技术[M]. 西安：陕西师范大学出版社，2016：61－66.

我国于2017年修改《反不正当竞争法》，增设了“互联网专款”，其第十二条采取了“列举＋兜底条款”的保护模式，明确了经营者不得利用技术手段，通过影响用户选择或者其他方式，实施妨碍、破坏其他经营者合法提供的网络产品或者服务正常运行的行为。事实上，基于静态影响与动态激励的比较分析揭示，禁止广告屏蔽技术使用可能导致未来创新的缺失。这是因为技术进步带来的收益应在生产者和消费者之间合理分配并要考虑对社会的长期动态利益（包括未来创新）的激励作用。在有关“广告观看换免费视频”商业模式与广告屏蔽技术使用的纠纷案中，司法判决支持保护网络平台的商业模式利益实际上所预设的裁判理论前提便是，网络平台当然拥有对消费者时间的支配权以及以此为基础的广告收益权，即便网络平台与用户之间存在所谓隐性契约（implicit contract），但技术进步带来的收益并不当然都归消费者所有①。

当然，广告屏蔽对象既有出于维护消费者利益和市场经济秩序而针对不良网页广告的屏蔽，也有出于“广告＋免费视频”商业模式利益而针对视频网站广告的屏蔽（例如快进）。后者虽然为学界所包容，但在实务中往往被认定为不正当竞争。域外裁判倾向尊重用户选择而支持被告抗辩，我国侧重保护既有商业模式而支持原告诉求，因而理论与实务中对此多有认识分歧。通常，在不损害“社会总福利”前提下，司法适度确认屏蔽技术开发使用的正当性，既有利于保障消费者利益，也更符合全球竞争法裁判的价值共识。特别是随着自媒体技术普及与网络用户增长，充斥于网络空间的不良信息不仅危害国家安全与社会稳定，也极大影响网民的用户体验与身心健康。目前各国都在全面加强网络信息管控，严禁诸如有关色情、恐怖、暴力和赌博等有害信息泛滥，并强化网络上有关文字、图片和视频等内容信息的合规传播，网络服务商（包括搜索引擎服务商及其内容生产服务商）势必要为此负有更高与更广的注意义务乃至审查义务。因而，保障屏蔽技术创新发展可为用户提供更优质的浏览体验与更全面的浏览器功能，也有助于激励搜索引擎技术创新发展。

三、搜索引擎技术运用的法律规制

1. 搜索引擎自动补足技术的规制

搜索引擎技术的应用场景除了上述搜索竞价排名或搜索屏蔽浏览器贴片广告

① 龙小宁.广告屏蔽技术的经济分析（下）：不劳而获的寄生性竞争 or 商业模式创新的助推器？[J/OL].中国知识产权，2019-12-17.

等之外，还包括搜索引擎的自动补全功能。搜索引擎的自动补全功能又称自动补足功能或自动完成功能。搜索引擎技术中“自动完成”服务项目的功能是在键入Web地址或完成Web中的条目时，该服务功能可以随着用户键入的文字信息而显示以前的匹配条目，从而节约用户输入文字内容的时间。以Internet Explorer浏览器服务为例，用户若是要启动或关闭“自动完成”功能，可以在“工具”菜单上，依次单击“Internet选项”命令，进入“Internet属性”页面，再点击“内容”选项卡，显示“自动完成”栏目，该栏目提示“自动完成功能会存储以前在网页上输入的内容，并向你建议匹配项”的内容，点击右侧“设置”按钮，页面提示“自动完成功能应用于……”其默认选项是勾选“地址栏（A）”，在其下拉菜单选项中默认勾选“浏览历史记录（H）”“收藏夹（V）”“使用Windows Search获取更好的结果（W）”“URL输入联想（U）”等。

搜索引擎“自动完成”服务功能能够保存用户以前建立的用于Web地址、表单和密码的项目，通过Cookie可自动存储用户浏览历史记录及其网站数据，包括网站存储在用户电脑上的信息，用于记住用户的浏览偏好，如用户的登录信息或用户的位置。用户如需从地址栏删除有关服务项目，必须手动剔除已经默认的勾选项目。具体操作进路是，在Internet Explorer的“工具”菜单上，单击“Internet选项”，单击“常规”选项卡，在“浏览历史记录”下，单击“删除”按钮后进入“删除浏览历史记录”页面，该页面的默认勾选项目包括“保存收藏夹网站数据（R）”“临时Internet文件和网站文件（T）”“Cookie和网站数据（O）”“历史记录（H）”，通过手动剔除有关默认的勾选项目可以自主配置所需服务项目内容。

对于有认知障碍或需使用视力辅助工具的用户，可能需要从地址栏列表删除“自动完成”功能提供的有关服务项目，手动清除该复选框，以免分散注意力，或因辅助工具在读取建议时造成键入困难。调整“自动完成”功能提供的有关服务项目的设置，可以配置“自动完成”功能。操作进路是在Internet Explorer的“工具”菜单上，单击“Internet属性”选项页面，单击“内容”选项卡，再点击“自动完成”栏目右边的“设置”按钮，在“自动完成设置”页面中勾选或剔除要使用的“自动完成”服务功能项目选项的复选框，可以选择是否将“自动完成”服务项目功能用于Web地址、表单和密码，或是不使用“自动完成”服务项目，也可以仅保存建议所需要的信息，还可以清除所有这些信息的历史记录。

随着人工智能技术进步，网络搜索逐步由基于关键词的信息检索向智能搜索进化，智能搜索以知识图谱为基础并以智能问答构建搜索引擎。搜索引擎技术的自动补全功能可实现用户在搜索特定词语的过程中，由浏览器在其搜索框下拉列表中根据多数人的搜索习惯提出其拟选定搜索语词或数据的搜索建议，以帮助用户在使用搜索引擎时更加精准、快速地确定其所需检索的有关内容与信息，不仅能大大提高输入效率，还可以避免输入错误，从而极大提升网络用户的搜索服务体验。譬如在浏览器窗口搜索框中输入“搜索引擎”，便会在搜索框智能推送的下拉列表中弹出包括“搜索引擎排名”“搜索引擎营销”“搜索引擎优化”“搜索引擎推广”“搜索引擎广告”“搜索引擎哪个好”等系列搜索建议选项语词，以供用户点选输入后搜寻有关内容信息，这就极大地便利了用户对搜索引擎的使用。

不过，自动补全功能虽具有归纳意义上的科学性，却面临侵害他人权益的风险[①]。由于自动补全功能提供的搜索建议是通过多数人的搜索习惯所确定的，并据此影响搜索引擎用户的搜索行为，因而网络用户也可以通过人为操控方式将某个感兴趣术语或敏感词汇纳入搜索引擎浏览器智能推送的搜索建议语词清单范围。况且，网民往往也可能出于对他人信息的猎奇心理或对社会事件的关注热情，而乐此不疲地在搜索引擎检索框中频繁输入涉及上述他人信息或社会事件的关键词语，从而在一定时期内形成某些搜索建议。相应地，众多网络用户或网络服务商都可以有意或无意地通过上述方式并利用搜索引擎的自动补全功能在一定时期内向用户推荐搜索建议语词甚至改写人们的搜索习惯。例如，若是上述搜索建议涉及他人敏感隐私及个人名誉上的负面信息，抑或涉及社会敏感舆情和企业商誉上的不良评价等，这种基于自动补全功能的搜索引擎服务模式创新发展是否涉嫌侵权也是颇有争议的问题。

为此，首先要明确搜索引擎服务商自动补全算法推送行为究竟担负了“信源”抑或仅是“信道”角色。基于智能检索的自动补全算法推送语词只是基于网民的反复搜寻而得以弹出呈现于用户面前，其搜索建议即便涉及他人隐私及其他权益影响，也并非源自搜索引擎服务商的原始发布公开，只对用户通过其搜索服务可检索到搜索建议信息发挥一种提示告知的功能，因而可将其视为“信道”而非“信源”。不过，现代科技发展使新科技创新使用者的安全保障义务适用范围呈扩大趋势，即风险的制造者有义务控制“自身给外界造成的安全危险”，这是“一般性的或者说普遍性的义务”[②]。其次要明确搜索引擎服务商对用户使用自动补全功能涉嫌侵害第三人权益的行为是否负有注意义务与审查责任。为此，必须分析其智能补全算法推送使用行为对上述侵害第三人权益行为是否存在引导与帮助的可能，以及搜索建议与损害结果之间是否存在间接因果关系。如搜索引擎服务商对此权益侵害构成“明知”“应知”“能知”，甚至搜索建议向网民提供不实新闻资讯或网页信息而涉嫌侵犯第三人权益，则应将其视为“信源”而非“信道”。由于搜索引擎服务商开

① 张玉洁．搜索引擎自动补全功能的法律审视[J]．法学杂志，2019，40(5)：122－131．

② 刘文杰．从责任避风港到安全保障义务：网络服务提供者的中介人责任研究[M]．北京：中国社会科学出版社，2016：158－162．

启了网络空间的新型公共场所，作为该新型公共场所的管理人，搜索引擎服务商对其技术使用风险应负有主观注意的安全保障义务，以防搜索引擎技术使用中浏览器窗口下拉菜单展示的提示词涉嫌侵害他人权益的内容[①]。

因此，法律在规制搜索引擎技术使用中的自动补全功能时，需根据自动补全功能所致侵害的权益类型及其侵权行为性质，例如隐私、姓名、名誉等个人信息与人格尊严的权益，企业商标商号商誉等知识产权权益，分别采取相应规制措施。随着搜索技术迭代及其服务模式创新，搜索引擎技术应用场景也在不断丰富发展，竞价排名与关键词广告收入已成为搜索引擎的重要盈利模式。作为一种基于用户搜索关键词后出现在网页页面的文字链接形式的网络广告，关键词广告涉及搜索引擎利用 Cookie 技术缓存功能记录、搜集用户的 IP 地址及其搜索过的关键词与网络浏览习惯等个人信息，通过数据分析与信息挖掘并将其分析、挖掘材料提供（泄露或转售）给作为第三方主体的广告经营商，以便上述广告经营商在用户后续搜索或浏览网页时，能够基于其了解或掌握了的个人信息而精准发布关键词广告，由此造成对他人生活安宁与生活秘密等隐私或是个人信息的支配与利用权益的侵害。当然，上述关键词广告中的关键词如果涉及企业商标等知识产权，并且在搜索引擎自动补全功能的"加持"下而引发相关领域消费者用户对其广告内容识别上的混淆与误认，则也可能涉嫌侵害企业知识产权。为此，通过分析搜索引擎提供关键词广告的行为性质及其法律责任，进而寻求相应的司法救济措施。

2. 搜索引擎不当爬取数据的规制

搜索引擎通过爬虫技术获取第三方网站信息和数据，在方便用户检索网络信息资源的同时，也丰富了数字内容产业并为互联网创造了"半数以上的流量"。不过，无论是"通用网络爬虫"抑或"聚焦网络爬虫"在爬取网站数据信息时，都要遵循被爬取信息网站的爬虫协议。爬虫协议作为网站设置的一份技术声明文件，旨在向网络爬虫表明容许其爬取自身内容的态度（即是否容许）和限度（即何种程度容许），全称为"网络爬虫排除协议"（Robots Exclusion Protocol，又称 Robots 协议）。Robots 协议于 1994 年 3 月 6 日由被誉为 Robots 之父的荷兰网络工程师 Martin Koster 提出，随后搜索引擎服务代表与被搜索引擎抓取信息的网站站长代表在当年 6 月 30 日举办了一场论坛（The Robots Mailing List）并就爬虫邮件问题共同组织讨论发布了一份被称为 robots. txt 协议的作业标准。该协议此后被百度、360、搜狗、Google、Bing、AltaVista、Infoseek 等国内外早期从事搜索引擎的服务商所共同遵守。就 Robots 协议的起源、行业惯例及其具体语义来看，Robots 协议均对应

① 郭红伟. 论搜索引擎服务提供者的安全保障义务[J]. 法学杂志，2019，40(11)：77－86.

适用于搜索引擎类的通用网络爬虫，其中英文“protocol”是指称计算机通信意义上的“协议”，而并非法律意义上的“协议(agreement)”，因而爬虫协议原本并不具备法律意义上的“协议”效力，只是供搜索引擎服务商与网站信息服务主体自觉遵从的一个“君子协定”。

中国互联网协会于2012年11月1日制定发布了《互联网搜索引擎服务自律公约》，该公约由百度、奇虎360、搜狗、腾讯、网易、新浪、立刻查找、盘古查找、隆重文学、宜搜、易查无限、中搜十二家发起企业共同签署，其第七条规定：“遵循国际通行的行业惯例与商业规则，遵守机器人协议(robots协议)。”根据搜索引擎服务业达成的共识，Robots协议应被置于网站根目录下，在网站域名后加入“/robots. txt”，理论上当爬虫访问网站站点时首先读取到的就是robots. txt文件。如果爬虫在网站根目录下没有读取到该robots. txt文件，它将能访问网站上所有未设置保护口令的页面；如果读取到这个robots. txt文件，爬虫应按robots. txt文件中标明的指令及其设置的访问权限来访问网站内容。当然，根据Robots协议的语句来看，其针对的都是搜索引擎类的网络爬虫。例如，淘宝的Robots协议明确记载了百度、360、谷歌和必应的搜索爬虫访问权限。不过，很多爬虫尤其是前述所谓“聚焦爬虫”对robots. txt协议标明的指令及其设置的访问权限并不严格遵从。

尽管Robots协议仅是供搜索引擎和网站主体自觉遵守的“君子协定”，但在司法实践中它也是具有作为裁判参考作用的准法律意义上的文件。美国于2000年在eBay案中首次就有关爬虫协议的效力作出裁判。在该案中，eBay公司起诉了某家从事聚合价格信息爬取的比价网站BE，eBay公司声称自己已经在其网站爬虫协议中明确写明了哪些信息不能抓取，但BE违反了这一协议。BE则抗辩声称，eBay公司网站上的内容属于用户集体贡献而不归eBay公司所有，爬虫协议不能用作具备法律效力意义上的裁判参考。不过，本案最终还是以eBay公司胜诉告终，这也在司法史上开创了以爬虫协议作为司法裁判主要参考的先例。在我国，类似Robots协议相关判例也有发生，在某不正当竞争案中，北京市第一中级人民法院在裁判文书中指出，爬虫协议构成行业公约，“整个互联网行业对于Robots协议都是认可和遵守的，其应当被认定为行业内的通行规则，应当被认定为搜索引擎行业内公认的、应当被遵守的商业道德”。目前，司法裁判已将Robots协议纳入审查范围，并认为在爬虫访问网站过程中，Robots协议是一项具有法律意义的参考文件。

就相关司法判例而言，审查Robots协议内容似乎成了爬虫爬取第三方数据是否构成侵权的标准流程之一，不过由此带来的问题是，如果爬虫不是搜索类的通用网络爬虫而是聚焦爬虫，网站是否还应设置针对性的Robots协议呢？如果没有设置，是否还应按之前的行业惯例认定为网站默认允许聚焦爬虫定向获取自己的内容和数据？对于聚焦爬虫而言，除了前述的增加访问量负荷问题，其作为“数据搬运工”在获取数据之后并没有像搜索引擎一样反哺网站，其单方面攫取数据信息的行为难免会导致大数据时代信息资源难以沉淀并制约其数据与产品开发与推广运营，易言之若缺乏对数据贡献者的激励便难免会使大数据变成无源之水。那么，法律上是否有必要性与合理性由网站向聚焦爬虫施加 Robots 协议义务，以表明对其定向获取数据的“非诚勿扰”声明？实际上，Robots 协议仅适用于搜索引擎爬虫等有限的场合。对于聚焦爬虫，法律不需要网站通过 Robots 协议明示自己的态度，而是应该采取默示原则，即只要网站没有明示同意爬取，则默认为不同意。

在段某某利用“搜索爬虫”技术侵犯著作权案中①，被告人段某某通过其在马克斯网站论坛下载的爬虫软件，在互联网上架设“窝窝电影网”视频网站，该网站未经著作权人许可即利用视频搜索爬虫技术，采集、聚合、链接乐视、土豆等各大视频网站的影视作品资源，并设置加框链接。为提高网站知名度和被链接影视作品的点击量，被告人在网站网页内编辑设置影视作品的目录、索引、内容简介、排行榜等栏目，通过上述方式向用户推荐影视作品以供用户点击浏览；为提高用户黏度，其利用技术措施对被链接网站中权利人设置在部分影视作品上的片头广告进行屏蔽。网站设立后被告人即加入两个广告联盟，采取在网页上刊登收费广告并收取用户点击浏览影视作品后产生的广告费等方式进行牟利。本案中，尽管被告人辩称其只是下载相关软件采集数据，并不清楚何为“爬虫技术”，且网站系软件自动架设，仅影片内容简介部分系其人工输入，其也未主动屏蔽影视作品的片头广告，并声称其估计以上功能均系软件自带。但是，爬虫、链接与屏蔽技术的中立性并不能作为被告人使用上述技术行为的违法阻却事由。其利用爬虫技术聚合相关内容并设置加框链接以供用户点击浏览，应属网络服务提供行为。其未经权利人许可而私自爬取他人的数字作品，则违反“两高”发布的《关于办理侵犯知识产权刑事案件具体应用法律若干问题的解释》的有关规定，即构成未经权利人许可而“通过信息网络向公众传播他人作品”及“复制发行作品”的违法行为，被告人须为此承担相应法律责任。

① 上海市徐汇区人民法院(2017)沪 0104 刑初 325 号判决书。

第八章 增材制造技术与法律

适应第三次产业革命的发展趋势，增材制造技术为数字经济注入了新业态、新模式、新活力。增材制造技术建立在3D打印设备研发生产使用以及三维数据模型（CAD文档）设计制作基础上。3D打印是基于电脑辅助设计（CAD）技术制作出的上述CAD文档驱动下实施打印并完成有关作品（专利产品）的复制（制作）活动。不过，增材制造技术对传统的作品复制（产品制造）模式带来深层影响，也给建立在传统复制（制造）模式上的知识产权保护制度带来严峻挑战。为保障增材制造技术创新，须合理界定CAD文档属性与3D打印行为性质及其合法边界，并有效规制其技术滥用。

一、增材制造的法律与社会影响

1. 增材制造技术原理与类型

增材制造（Additive Manufacturing，简称AM）俗称3D打印（three-dimensional printing），是以数字模型为基础的快速成型技术，运用高分子类、金属与无机非金属类等可黏合材料，通过逐层堆叠累积的方式来构造物体。它与传统的材料去除加工方法相反，是指基于离散—堆积原理，利用三维数据模型，由零件三维数据驱动，采用逐层制造方式将材料结合成任何三维实体，直接制造零件的科学技术体系。其工作原理融合了计算机辅助设计（CAD）、材料加工与成型技术，以数字模型文件为基础，主要是按照计算机辅助设计技术制作出被打印物体的三维数据模型（即CAD文档），以此为基础通过软件与数控系统，将专用的金属材料或非金属材料（固体、粉末状等），按照挤压、烧结、熔融、光固化、喷射等方式，把制造材料从底部开始逐层堆积，采用3D打印机制造出实体物品，直到三维实体最后构造完成。另外，3D生物打印（3D biology printer）采用的是医用生物材料，它是一种能够在数字三维模型驱动下，按照增材制造原理定位装配生物材料或细胞单元，制造医疗器械、组织工程支架和组织器官等制品的装备制造技术[①]。

相较传统的、对原材料去除一切削、组装的加工模式制造方法，3D 打印具有设计制造一体化的特征，是一种“自下而上”进行材料累加的制造方法，从无到有，使得产品或零部件能够快速成型、快速制造，大大减少产品的研发周期和制造成本，而且能使得过去受到传统制造方式的约束而无法实现的复杂结构件制造变为可能。增材制造技术根据其分类原则与理解方式分别有“快速原型制造(Rapid Prototyping)”“实体自由制造(Solid Free-form Fabrication)”“快速成形”“快速制造”“三维打印(3D Printing)”等不同称谓。增材制造概念在狭义上是指不同的能量源与 CAD/CAM 技术结合、分层累加材料的技术体系；在广义上它是以材料累加为基本特征，以直接制造零件为目标的大范畴技术群。如果按照加工材料的类型和方式分类，又可以分为金属成型、非金属成型、生物材料成型等。如果按照打印材料累加方式，又可分为基于“选择性沉积打印机”或“选择性黏合打印机”的增材制造。如果按照驱动 3D 打印机的三维数据模型(CAD 文档)来源区分，又可以分为“有设计文件的 3D 打印”和“无设计文件的 3D 打印”，即分别是通过设计创建或是扫描创建其三维数据模型。

根据上述关于驱动 3D 打印机的 CAD 文档来源所作分类，有设计文件的 3D 打印是指由设计师在打印之前事先通过各种专业设计软件形成不同格式的原始设计文件，并由 3D 打印工程师把上述不同格式的原始设计文件转化为能被 3D 打印机识别的特殊格式文件即 STL(标准镶嵌语言)文件。STL 文件以数字化形式直观地记载原始设计的复杂细节，并以数字化形象将设计对象纳入虚拟的数字化网格之内加以包装呈现。以有设计文件的 3D 打印为例来看，其增材制造技术运行原理一般包括设计文件的输入和设计文件的输出两个环节。前者包含通过 CAD 软件建模并编译为 STL 格式的可执行打印文件的过程，后者则是 3D 打印设备根据前述所编译 STL 文件的截面信息产出打印物。无设计文件的 3D 打印是针对没有设计文件或设计文件不可用的打印对象，如天然的动植物、人体、解剖模型或者文物的破碎部件等，通过针对待打印对象的三维形状进行扫描并加以捕捉合成，再通过设计文件捕捉这些扫描数据形成相应的表面网格，即可进行 3D 打印操作。目前，增材制造已被广泛运用于鞋类、珠宝、汽车、航空航天设备零部件等各类产品及其模具制造、工业设计领域。

从打印成型的操作过程来看，3D 打印也是采用与激光成型技术一样的分层加

① Chua C K, Yeong W Y. Bioprinting: Principles and Applications[M]. Singapore: World Scientific Publishing Co., 2015: 296.

工、叠加成型完成实体打印。为驱动3D打印机工作，只有通过将不同格式的原始设计或扫描创建文件转换成为能被3D打印机识别的STL标准格式语言的数字形式，转换完成后3D打印机固件才可读取STL文件，将数字网格“切”为虚拟的薄层，该薄层对应着最终需要通过3D打印成型的物理薄层。分层打印过程大致分为两步实现，首先在需要成型的区域喷洒一层不易扩散的特制胶水，再均匀地喷洒一层专用粉末以便与前述胶水迅速固化黏结，而没有喷洒胶水的区域仍保持松散状态。在递次喷洒一层胶水与一层粉末的交替作用下，实体模型逐渐被“打印”成型，随后清除其中松散的粉末即可“刨”出模型，而清除下来的剩余粉末仍可加以循环利用。不过，刚打印出来的物体因表面并不光滑或因与其支撑结构保持分离而尚未完全成型，因而尚待进行人工打磨、清洗、抛光、焊接等后续处理。

2. 增材制造技术的法律影响

第一，对专利制度带来挑战。

首先，挑战专利制度的激励机制原理。专利制度在本质上是以公开换垄断的对价交换机制，其激励创新的基本原理是以事前过滤方式，对人类历史上的知识谱系与演进脉络进行优化组合与产权匹配，通过“首创者得”的权利归属模式，将有限的社会智识资源赋予有能力创新的“少数人”，以此促进创新知识的可持续生产。专利制度让少数捷足先登者独享创新的市场收益，避免社会创新资源的重复投入与浪费，使创新引领者可以据此让其他社会成员为其创新成本投入买单而居于独占垄断地位。不过，增材制造技术的出现则使发明创新的门槛大为下降，“发明业余化”和“发明社会化”渐成趋势，随着打印设备的成本下降，CAD文件制作的便捷程度提升，以及基于P2P传输等即时通信对三维数据模型（CAD文档）进行知识分享的网络平台出现，传统的创新方法、试验步骤以及技术完善途径等都在发生变革，创新活动变成了人人皆可为的社会实践，批量涌现的创客群体与方兴未艾的DIY运动已经使得传统的专利制度将创新的社会资源仅仅赋予少数先驱者的对价交换机制面临实施危机。

其次，增材制造技术使用使得创新活动呈现开放性趋势，增添基于此项技术实施带来的知识产权归属难度。一方面，个体发明人与企业、科研机构均自发参与创新活动，即便没有相关研发项目支持也能完成创新工作。这就使得创新主体众多，且其创新素材来源极其复杂多样。另一方面，因缺乏事先协议作为基础，在“碎片化”“渐进式”“人海式”的创新模式下，难以对众多参与者在创新活动中的贡献率加以准确识别与衡量，其创新成果的专利权归属也往往难以明确认定。此外，在创新者众多却又面临权属不明的情况下，不仅引发其权属纠纷，也会抑制创新而使专利制度的激励效应面临削弱与失效的危机。专利制度的价值功能在于通过赋予创新者以独占垄断性的市场支配地位，以便让其回收投资后再投入新的创造活动之中。不过，随着开源3D打印社区的出现，传统的专利制度的忠实拥趸者面临崭新困惑，研发人员通过投入大量的时间、资金与精力创建开放源码的数据库资源分享其三维数据模型（CAD文档），却无意借助专利系统以迅速收回其成本投入，其创新驱动的个体需求、内在动因与声誉机制可能选择了另一种市场回馈机制，即通过放弃独占垄断权而促使其创新路径能够尽早进入市场并引领市场发展方向，在获得追随者跟进并使用的情况下得到市场的进一步认可，以此抢占相关市场先发优势，据此及时回收投资成本并实现市场利润。传统的以公开换垄断的专利权激励机制则显得程序烦琐而回报迟缓，难以适应基于开放创新模式的增材制造技术发展趋势需要。

第二，对商标制度带来挑战。

增材制造技术简化了具有商标专用权的产品制造和传播流程并为其提供了极大便利。增材制造技术不仅能够降低侵权成本，使得制造商只需根据3D设计图就能直接打印出受到商标保护的产品，而不再受限于传统制造工艺中的加工机械和模具，且它能拓展制造者范围，使3D打印制造附有商标标识的产品能通过个体业者自主完成，而不必通过经营者或仿冒者进行购买，以致模糊了产品设计研发者、生产制造者与销售推广者之间的身份界线。此外，增材制造技术使得产品制造销售呈现更加隐蔽化、个人化和分散化趋势，以致让附加商标的商品能为消费者更为轻易获得。新一代信息网络技术为基于有关产品设计的数字模型及其STL文件的传播提供了极大便利，增材制造技术则在个体与个性层面普及了产品制造行为，两者相互结合为相关产品的设计、生产与销售进程提供快速扩散的技术手段，大大增加了商标侵权的法律风险。尤其C2C或C2B2C等电商直供模式大大减少了商品流通环节，进而增添了商标权人对其生产销售产品的控制难度，涉嫌侵权产品的分布式设计与分散化制作使得对其商标侵权行为的调查取证变得尤其困难。互联网平台为侵权产品的三维数据模型（CAD文档）传播提供了便捷通道，增材制造技术使用将侵权产品的设计、生产、销售与消费整合为一体，也为侵权产品的流通提供了便利，初入市场的侵权产品基于贴牌销售模式更能轻易获得用户的广泛关注与流量集聚效应，突破了传统营销模式下的渠道制约，侵权成本大为降低。

第三，对著作权制度带来挑战。

通常，驱动增材制造技术实施的三维数据模型往往是以STL标准格式语言的CAD文档形式呈现的，其作为作品可以受著作权保护。因而，版权制度可以发挥对基于增材制造技术的CAD文档复制与交流的规范功能。不过，从版权保护上对于增材制造技术实施过于严苛的规制，不仅抑制了公众对于增材制造技术运用的广泛需求，也并不一定有利于增材制造技术进步及其有关产品功能与质量的提升，进而也可能抑制了与之匹配的三维数据模型(CAD 文档)的累积创新设计,制度供求失衡的结果便可能延缓增材制造技术创新发展。此外,在增材制造技术实施的过程中,设计、生产、销售与消费的融合趋势模糊了合理使用与侵权行为的边界。在设计个体化、生产分散化、销售平台化、消费碎片化的情境下,三维数据模型(CAD 文档)作为数字化作品的"表达"与"功能"往往彼此交融,因此对于基于 3D 打印的制造与复制等行为的类型界分与合规判断变得愈加困难。

3. 增材制造技术的社会影响

增材制造即 AM 技术不需要传统的刀具和夹具以及多道加工工序,在一台设备上可快速精密地制造出任意复杂形状的零件,从而实现了零件"自由制造",解决了许多复杂结构零件的成型,并大大减少了加工工序,缩短了加工周期。而且产品结构越复杂,其制造速度的优势体现越显著。增材制造技术创新使用正在引起新零售商业模式的变革与发展。

第一,增材制造技术进一步促进创新过程由封闭走向开放。通常,在传统意义上,科研创新往往呈现为一个相对秘密、封闭、线性的过程,主要依靠科研院所和公司的内部科研技术人员从事创新和制造,创新者、生产者和消费者往往由于他们各自不同的社会分工而呈现彼此分离的主体关系,从而保证科研与生产的产出效率。创新主体彼此之间出于各自利益的考量,往往难以或谨慎进行信息、资源和成果的交流与共享,只有在利益趋同情况下,才会在知识信息共享方面实现有限的范围的合作交流。增材制造却使得科研创新呈现开放研发与设计的特征,研发设计者之间通过在特定平台上与他人分享其各自的研发设计成果,借助众创、众包,共同合作寻求改进和完善其研发设计内容。增材制造技术中开放型研发设计成果得以直接从数字化作品或技术方案转变为实体性的实物产品,从而使个体创新者能够设计并打印出自己的产品,企业创新者也能免费分享其研发设计方案,允许他人复制、修改和传播,实现其研发设计的开放共享。

第二,增材制造技术使公众能全过程、充分地参与创新设计,使之呈现个性化、实时化、经济化、多元化的社会化制造模式。增材制造技术基于社会化生产制造的理念,为人类社会从农业社会以劳动力与土地资源为依托,经历工业社会以土地房产与机器装备及其资本资源为支撑,进而发展到以大数据、人工智能与云计算等新一代信息技术资源为生产力要素的数字经济社会,提供了经济基础与技术条件。由于增材制造技术极大改变了传统的工业过程那种需仰赖大型、复杂、昂贵的生产设施与装备的困境,数据与算力成为其生产要素的核心,其生产制造与销售模式更加灵活,经营成本与投入也更加自主可控。此外,就用户需求而言,增材制造模式也能结合算法技术感知特定用户群体的个性化研发设计需求并回应大规模用户的定制化生产销售需要，完成由工厂直连用户的C2M经营模式创新，解决了按需供给的中间环节成本，实现真正意义上的直销供需机制。因此，不仅提升了研发设计与生产销售的效率，也节约了用户需求满足成本，改善了用户消费服务体验并最终提高了社会整体的生产效率。

第三，增材制造技术使创新主体由少数走向多元。增材制造技术使得创新活动不再仅仅是校企研发机构及其研发人员等少量精英群体的"特权游戏活动"，而成为普通社会公众都能以各取所需的方式进行自主研发或生产的"常规动作训练"。它通过将现实世界中的实体物以STL标准格式语言的CAD文档形式转换成以三维数据模型形式呈现出来的数字世界中的虚拟物，并在基于3D打印模式的生产制造过程中利用3D打印设备将上述三维数据模型从数字世界中的虚拟物转换成现实世界中的实体物，从而在比特与原子之间架设起便捷的交互信息与勾连数据的桥梁，这就极大地降低了传统制造下获取信息、修改设计、制造产品的技术门槛，并大幅压缩创新活动的时间成本、机会成本、资金成本。因而，在创意构思、研发设计、生产制造等活动中都能实现全民参与创新，极大提高了公众创新能力，也大幅拓展了创新主体范围，实现创新架构扁平化与创新主体平民化。

第四，增材制造技术通过降低创新成本投入而为创新成果集成化、产业化预置了腾挪空间。传统制造模式下的创新活动因其在时间、精力与金钱上的成本投入比较巨大而面临高昂的创新成本付出。不过，随着增材制造技术的大规模普及与运用，它可自主制作实验设备和工具，以此替代以往那些复杂和昂贵的实验设施，从而极大降低创新成本。随着创新成本投放的降低，由此而生成的创新成果的许可使用及其许可费率也就变得更能满足用户对性价比合理的高价值专利技术供给的需求，使专利技术的开放许可变得现实可行。与此同时，增材制造技术还使创新产品呈现集成化趋势。它将使传统的专利技术方案与其专利产品之间不再呈现一一对应关系，而是呈现一对多或多对一的关系。一件专利产品可能集成了多项专利技术方案，产品的专利技术方案集成化程度随之有所提升。在众创、众包模式下，或是在开源社区中，社会公众均可自主参与产品创新设计，并为后续的创新加盟者提供不竭的创新源泉，众多创客通过相互合作，接续完成自原始创新到迭代创新的使命，对更新换代的创新成果不断进行修改与完善。

此外，如果将能够感知刺激并作出反应的能力预先编程到单个材料的设计中，采用3D打印技术生产智能材料，可以制造更为复杂、自主的系统。新增的第四维度（dimension）便是"时间"，这种采用3D打印技术生产的智能材料能随着时间推移而改变形状与结构，被称为"4D打印"[①]。以医疗器具为例，使用3D打印技术制

① 这是2013年美国麻省理工学院建筑师、计算机科学家Skylar Tibbits在TED演讲中创造的一个术语。

造的助听器、假肢、手术植入用骨骼等个性化产品仍是静态物，在进入人体后并不能改变结构与形状。不过，对于需要改变形状的器具，4D 打印就有了用武之地。科研人员如今在探索通过 4D 打印技术制造新一代可调度支架，这些可植入患者体内的结构支架可以促进骨、肌肉、神经和其他组织的原位再生。可见，随着人工智能技术进步，基于 3D/4D 打印技术的增材制造在社会生活与生产中拥有广阔的创新开发与发展运用前景。

二、增材制造技术创新的法律保障

1. CAD 文档的作品属性与版权保护

驱动 3D 打印设备工作的 CAD 文档作为一种标准的、可编程的数字信息，在形式上都属于类似计算机软件的数字化信息文档，不过就其生成方式而言，大体上可分为三种产生途径，包括人为编写自主创建、经由特定设备自动形成，以及在已有文档上修改而成。基于上述 CAD 文档的生成方式对 CAD 文档进行分类，可将其区分为原生型、修改型与扫描型。促进增材制造技术创新必须对 CAD 文档的"作品"属性作出合理认定并给予其版权保护。

其一，原生型 CAD 文档一般仍完全依赖于人的独立创作行为而产生，它在一定程度上是创作者的智力劳动结晶。原生型 CAD 文档包含三个内容。第一，它是创作者根据线下实物或有关信息的灵感再现或是基于自主联想所进行的数字化作品创作，但不完全依赖现有的数字模型。第二，它的创作主体仍然是来自人的个体创造行为，而并不能由机器或其他的自动化系统完全自主完成。第三，它究竟是否属于原生型 CAD 文档的数字模型并不受打印物的功能或质量等制约因素影响。不过，鉴于 CAD 文档需要满足计算机读取所需的最低限度语法规则要求及其特定的格式，因而它作为可被 3D 打印机所识别的完整文档体现出创作者所要付出的最低限度的智力劳动。

其二，扫描型 CAD 文档一般是基于计算机软硬件的结合运行并经由特定扫描设备采集相关数据而产生。由于扫描型 CAD 文档的制作并非完全由人工编写而成，因而即便其制作者也付出了一定的智力劳动，也难以衡量其扫描模型作者所付出的创新水平。此外，由于 CAD 文档的三维数据模型在内容上与被扫描物体完全相同，应属对客观存在事实本身的简单复制与描述，也难以据此体现出必要的创造性。在版权法上事实本身并不受保护，只有在收集、协调、编排方面起码能体现最低限度创造性的事实作品才受保护。在版权法框架下各自独立创作的相同或相近似作品能够获得版权保护的前提是作品体现了作者的创造性思想表达及其个性化选择。因而，理论上当被扫描立体实物与扫描设备相同时所创建的CAD文档往往也会一样。就此而言，扫描型文档的创建并非创作而是对该立体实物特定客观事实进行的复制。我国《著作权法》(2020年修订)第十条第一款第五项中“翻拍”后增加“数字化”，拓展了作品复制权行使方式。据此，这种基于立体实物所进行的扫描型CAD文档创建，应被视为基于数字化技术实现异体复制的一种方式。

其三，修改型CAD文档通常是在修改现有三维数据模型的基础上产生的新的CAD文档的模型。如果修改者在创建过程中投入了一定的创新性劳动，这种CAD文档则可以视为一种新的作品。这有点类似于著作权法中的“改编作品”。由于修改型CAD文档是创建于在先的知识产品基础上而进行再创造的智力劳动成果，因而，对修改型三维数据模型所进行的文档编辑、加工等各种相关改造与完善行为是否侵犯在先知识产品生产者的著作权，或者其后所进行的打印或制作等行为是否侵犯其他知识产权，往往需视其修改内容与使用行为性质作进一步具体判定。

我国《著作权法》(2020年修订)第三条强调了作品的“独创性”并“能以一定形式表现”等特征，相对之前著作权法实施条例第二条中关于“能以某种有形形式复制”的规定，其弱化了作品应满足“客观性”“可复制性”要求，对作品属性的界定更显宽泛。此外，该条第(九)项由原来的“法律、行政法规规定的其他作品”修改为“符合作品特征的其他智力成果”，由封闭立法改为适度开放立法规范。同时，该法第十条第(五)项中增添了复制权行使的“数字化”制作方式。这些规定均为将3D打印技术实施中三维数据模型CAD文档作为作品加以认定提供了更为全面与规范的判定基准。

一方面，“独创性”是构成作品的核心属性。在三维数据模型的CAD文档创建或修改中，只要其属于独立制作完成，且具备最低限度的创造性，就数字模型而言，这里的“最低限度的创造性”并非强调其必定达到多高的制作设计水准，而仅需文档能反映创建或修改者的个性化表达特点，便符合独创性要求。当然，仅将公有领域中的外观、形状、图文元素或是将数据库中已有模块加以简单组合均不符合独创性的要求。另一方面，“能以一定形式表现”也是构成作品的重要属性。CAD文档是以数字化形式进行表达并通过二进制代码实现任意复制的虚拟文本，无论是现实世界中表达于可直观感受的实物材料之上的实体模型，还是虚拟空间中的以代码化方式表达于代码之上的数字模型，表达载体差异并不妨碍人们对表达的感知。作品的思想与表达二分体现在其内容与形式有别，因而CAD文档作为三维数据模型符合“能以一定形式表现”的作品属性要件。

就此来看，原生型CAD文档甚至修改型CAD文档只要符合独创性的最低限度创新性，即使基于该CAD文档打印的成品实物并无技术进步或实际功能，只要它作为三维数据模型体现了创建者的创新劳动，都可归于获得著作权保护范畴的作品之列。不过，对于扫描型的CAD文档，如果只是简单地以代码化形式表达实物模型，即便其能够完美再现该实物模型的结构并能精准呈现其实用功能，也因其欠缺最低限度的创造性要求，难以被纳入著作权保护对象而作为作品对待，当然也可考虑将其纳入知识共享范畴。若其以代码化形式表达实物模型，在并未取得该实物模型的知识产权人许可情况下，就将该CAD文档对外公开发布且加以商业推广使用，可能面临侵害该实物模型的在先知识产权人权益的风险。

最后是关于用于实施3D打印的CAD文档的作品类型归属问题。如前所述，新修订的《著作权法》对作品属性评判更显宽泛，且以“符合作品特征的其他智力成果”的开放立法形式来概括列示作品类型，因而对3D打印中的CAD文档的作品归类应该不再面临难题。我国现行《著作权法》第三条第（七）项就列举了图形作品与模型作品两种类型，结合该法关于“独创性＋能以一定形式表现”的作品属性界定，不妨将3D打印中的CAD文档视为施工、生产绘制的工程设计图、产品设计图，这也符合有关“图形作品”的界定。通常，适用于增材制造而制作生产专利产品的CAD文档可被视为受著作权保护的“图形作品”，其著作权在理论上一般属于生产制造该专利产品的专利权人，3D打印中的CAD文档之所以可归于著作权法上的作品乃是因为该CAD文档赖以创建的基础无论是实物模型还是享有专利权的技术方案与构思设计，均可归于知识产权保护客体范畴。

不过，创建三维数据模型的CAD文档究竟是属于图形作品还是模型作品也是存在争议的。人们通常以“视觉”与“触觉”两种方式来感知立体物，即适用所谓“触觉标准”与“视觉标准”两种方式对“立体”物作出不同认知。用于3D打印的CAD文档虽以二进制代码形式存储于计算机介质之上，却要给予人们以三维数字模型的“三维观感”。显然，如果依触觉标准仅将具有直接触摸可能性的感知物视为“立体”，那么以图片或屏幕为平台或载体展示的可视立体物便被排除出“立体”物品范畴。此外，依视觉标准是否可将“存储于二维介质上的三维数字模型”作为或视同“立体”物品呢？回答也非绝对。即便采取多角度（正视图、左视图、俯视图等）的可视化路径，外加“可旋转”的观测功能以解决其视觉盲区，也未必能完满解决立体认知上的视觉标准统一问题。

当然，相对于“触觉标准”以直接触摸可能性为感知标准而言，适用以全景可观测为感知标准的“视觉标准”更有助于评判CAD文档的作品属性。这种基于视觉标准下的CAD设计文档是在无须借助人脑联想的情况下便可产生立体物品的三维观感，并且是借此呈现于二维载体上的数字化表达形式。因此，相对于图形作品而言，用于创建三维观感的CAD文档更接近模型作品的属性。总之，无论将CAD

文档归于何种作品类型，对于那些具有创新设计的 CAD 文档加以著作权保护，有助于促进增材制造技术进步。

2. AM 的打印行为性质及其合法边界

增材制造技术（AM 技术）创新发展既有赖于不断提升 CAD 文档的创建能力，也亟待对原创型 CAD 文档版权保护的强化，还需要合理界定基于 CAD 文档实施 3D 打印行为的性质及其合法边界。

基于 AM 的 3D 打印行为可归于异体复制范畴。所谓异体复制，是指不同维度之间的复制，例如从二维到三维或从三维到二维的复制（从平面到立体或从立体到平面的复制）。我国《著作权法》（2020 年修订）第十条第（五）项已将数字化方式制作备份品作为复制权的行权方式加以列明，如何解读这里的“数字化”，也就成为能否适用“异体复制”拓展保护作为三维数据模型的 CAD 文档的著作权，以及基于该文档实施 3D 打印的生成物的著作权之关键。从解释论上看，我国著作权法上的复制包括异体复制。如前所述可知，3D 打印生成物只有具备独创性才可能构成受著作权保护的作品，3D 打印生成物是否具备独创性便要以其赖以打印的三维数据模型即 CAD 文档本身具有最低限度的独创性为前提。

通常，纯粹的扫描型 CAD 文档即仅基于实物成品而创建三维数据模型的 CAD 文档并不具有独创性，属于机械性的复制，因而基于扫描型 CAD 文档创建的 3D 打印生成物只是扫描实物成品有关数据加以数字化表达的物化形态，可以视作被扫描实物的复制品。基于原创型 CAD 文档的 SLT 文件实施 3D 打印的生成物有可能构成作品。例如，在 Meshworks 公司诉丰田汽车案中，美国巡回法院就认为未经装饰的汽车外形的 3D 线框模型缺乏创造性而不能受到版权法保护。当然，异体复制也并不仅限于数字化方式。例如，按照设计图建造、制造实物便构成异体复制。正如在影视戏剧表演中根据演出剧本进行表演那样，其作品创作目的并非仅限图文鉴赏，而是要创制灵动的、声情并茂的、富于现实感的叙事。因此，如果工程设计、产品设计的保护范围仅限于图纸而未延及工程和产品本身，并不能有效保护工业设计并促进工业技术创新。

利用 3D 打印设备结合产品设计图、工程设计图文本进一步将其“制作”成为立体物品的过程是否属于版权法上的（异体）复制行为呢？显然，由于产品设计图、工程设计图具有某种实用功能而并不具有给予人们以艺术审美的享受功能，它是服务于制造与该图对应的产品（或建造工程），从而实现其科技成果转化作用。在此，利用 3D 打印设备所“制作”的生成物也仅是具有立体观感的图文本身，而非按该图文所指示模型生产制造的实物成品。因而，对于产品设计图、工程设计图的图文本身的版权保护应该限于“平面到平面”的复制范围，而非“平面到立体”的异体复制。

这是因为版权法只保护思想或创意的表达形式，而不延及其思想或创意本身，因而即使未经许可利用3D打印技术与设备并结合产品设计图、工程设计图文本进一步将其“制作”成为立体物品，也不会侵犯其平面图文的复制权。

当然，如果该产品设计图、工程设计图文本本身就具有某种实用的工业品功能，基于3D打印技术与设备“制作”该图文则可能构成专利法上的“制造”行为。例如，在迪比特诉摩托罗拉一案中，原告上海迪比特实业有限公司与被告摩托罗拉公司曾就“Shark”型号手机的机壳、印刷线路板布局以及机械设计进行项目研发合作，原被告双方曾在庭审中就印刷线路板设计图及实物是否属于版权保护客体，被告按印刷线路板设计图“制作”线路板的行为是否属于版权法上的复制行为等产生争议。被告主张，印刷线路板本身属于一种具有实用功能的工业产品，其范围超出著作权法保护范围，不受著作权法保护，被告按印刷线路板设计图“制作”线路板是工业产品生产行为。法院认为，印刷线路板设计图属图形作品，应受著作权法保护，但按照印刷线路板设计图“制作”线路板是生产而非复制行为。在叶庆球诉香洲船舶修造厂一案中，法院也认定“船厂根据设计图纸建造渔船的行为不是侵犯著作权的行为”。总之，无论是印刷方式还是建造方式，按照产品设计图、工程设计图“制作”具有某种实用功能的工业品，都应看作是工业产权性质的生产制造等实施行为，而非版权法上的复制行为。

此外，对于将纯粹属于传达艺术美感的设计图文进行从平面到立体的转化，应该将其认定为“从平面到立体”的异体复制。例如，在“腾讯QQ”一案中，原告腾讯公司认为，被告佛山市康福尔电器有限公司未经其许可，擅自在其生产制造的加湿器产品外包装上，将原告享有著作权的QQ企鹅卡通形象进行了使用与复制，构成对原告著作权的侵犯。由于原告是通过对真实的企鹅形象进行拟人化、性别化处理并且融入其特有的创作元素而生成其QQ企鹅形象，被告的使用是在通过对该QQ企鹅卡通形象的结构、布局、拟人化造型等特征的手段上的使用，达到了从平面到立体的再现复制，因而构成侵权。在上海世博会吉祥物“海宝”案中，法院认定“未经著作权人许可，生产海宝形象美术作品的玩家挂件并对外销售，系复制发行相关美术作品的行为”。可见，基于CAD文档实施3D打印既可能是对作为三维数据模型的CAD文档所作的一种“复制”行为，也可能是对与该三维数据模型对应工业品实物所从事的一种“制造”行为，具体不仅要看该CAD文档本身是具有实用功能的工业品设计，还是富有艺术美感的图文形式表达，而且也要看该“制作”行为的目的是为“复制”美术作品本身抑或是为了“制造”实用功能的工业品生产。

最后，增材制造面临私人复制（制作）行为增长趋势，如何界定这种基于AM技术支持的私人复制（制作）行为的属性，如何科学划定其合理使用的法治边界，事关能否有效促进与保障AM技术创新。我国《著作权法》（2020年修订）第二十四条有关作品合理使用制度规定，把“为个人学习、研究或者欣赏”的“使用他人已经发表的作品”等使用行为（当然包括复制行为）规定为合理使用行为。我国《专利法》（2020年修订）第十一条则规定“不得为生产经营目的”实施他人专利，第七十五条第（一）项规定了专利产品售后使用下的权利用尽原则。这就意味着基于AM技术对他人享有著作权（专利权）的实物所进行的私人复制（制作）行为应属合法范围。不过，上述规范的假设前提在于，这类私人复制（制作）不会影响著作权（专利权）人利益或对其作品（专利产品）市场构成替代效应，此类私人复制（制作）规制成本极高以致有违效率标准。然而，随着从印刷技术到模拟技术再到数字技术的科技进步，基于AM技术的私人复制（制作）成本及实施门槛大为降低，据此进行私人复制（制作）作品（专利产品）的质量足可媲美原物，其对原创作品（专利产品）的市场替代效应愈加显著，私人复制（制作）中的商业与非商业目的、生产者与消费者身份、临时复制与长期制造之间的边界日渐模糊，因此只有缩减其私人复制（制作）的合理使用（实施）范围，同时也不断完善版权（专利）法定许可（开放许可）制度，为AM技术实施创设更宽泛的合规余地，并且有效降低AM技术实施的版权（专利）许可成本投入，才能更好地促进与保障AM技术创新发展。

三、增材制造技术运用的法律规制

运用增材制造技术实施3D打印包括两个操作环节，一是在前端输入环节需要制作完成与待打印实体相匹配的三维数据模型的CAD文档，二是在后端输出环节需将上述制作成型的CAD文档导入3D打印设备以便完成其“复制”（“制造”）工作。为避免由增材制造技术实施所带来的侵犯在先权益风险，需要分别从著作权法、专利法、商标法以及平台电商等方面对其技术运用加以法律规制。

1. AM技术运用的版权法规制

首先，在增材制造技术实施的输入环节，应严格控制扫描型CAD文档的创建、传播与复制（立体实物模型到平面数据模型的异体复制）等行为，合理限制该CAD文档的三维数据模型的著作权范围，避免对用于扫描创建该CAD文档的立体实物的在先权利侵害。特别是利用机器设备及数字化技术单纯地通过对立体实物外观进行CAD文档的扫描创建，在没有投入最低限度的创造性劳动情况下，不应认可该CAD文档的独创性地位并赋予其著作权。尤其在对拥有在先权利的立体实物及其内外部结构进行拆解、拼装、重组基础上，再对其进行扫描创建，则必须尊重在先权利人的利益。尽管扫描创建者在对其拆解、拼装、重组基础上再进行扫描创建

CAD 文档也体现了一定的创造性劳动，但在认可此类 CAD 文档的独创性及其作品地位时，也有必要规范其商业化使用行为，并有效控制其在网络系统中的任意传输、共享等不当行为，尽可能避免其创建与传播过程中对立体实物的结构与造型等发明创新及其形状、图案与色彩等设计要素拥有在先权人权益的侵害。

而且，在增材制造技术实施的输入环节，还应谨慎确认改进型创建 CAD 文档的作品地位及其著作权内容，规范改进型 CAD 文档的创建及其传播与复制（立体实物模型到平面数据模型的异体复制）等行为。对于那些仅仅针对他人在先模型中特定参数或局部设计进行细微调整、修改或删减，且并未给基于 3D 打印的立体实物在功能、性能或审美等方面带来明显的实质性进步的，审慎进行其知识产权确权并给予过强的法律保护。即使是满足最低限度的创新性要求的改进型 CAD 文档创建，如前所述也应考量改进型 CAD 文档对在先实物模型或数据模型的借鉴与参考程度，确保在先模型不会被过度地共享，以免不必要地挫伤相关主体创作、公开数字模型的积极性。同时，鼓励原生型 CAD 文档的创建并规范其作品传播与复制（含立体实物模型到平面数据模型的异体复制）等行为，对于原生型 CAD 文档的三维数据模型，一般应受著作权法保护，即便其创作过程参考或全部描述了某些已有的立体实物，也不应就此将其一概归于公共领域。鉴于原生型数据模型来源于在先实物模型的原创作者的创造性劳动，法律上对于互联网背景下上传、存储、下载原生型数据模型也应给予必要规制。当然，鉴于当下 3D 打印技术实施及其相关产业发展亟须大量可供使用或参考的数据模型，对于符合作品要件的原生型 CAD 文档，只要具备一定独创性就应当赋予其相应著作权，并应适度鼓励作者在不侵害在先权利人权益的前提下，将其原创性三维数据模型的 CAD 文档投入到 3D 打印市场或其他共享交流平台。

其次，在增材制造技术实施的输出环节，强化规制用于实施 3D 打印的 CAD 文档的传播与复制（含“异体复制”）等行为。复制权是法律赋予作者的一项重要权利，如 1967 年斯德哥尔摩修订会议通过的《伯尔尼公约》第 9 条规定：“文学艺术作品的作者享有授权以任何方式和采取任何形式复制其作品的权利。”不过该公约同时也对复制权的行使施以必要的权利限制，规定：“使用者有权在某些特殊情况下复制上述作品，只要这种复制不致损害作品的正常使用也不致无故危害作者的合法利益。”上述复制权限制与例外规定也是合理使用“三步法”判定基准的体现，即满足“特殊情形”“不与原作正常使用相冲突”“不能不合理损害版权人利益”三个要件。不过，在互联网尤其是智能时代上述复制权限制与例外规定却面临数字化复制技术进步带来的挑战。我国《著作权法》第十条第（四）项增列了“数字化”复制方式，为异体复制纳入复制范畴创设了解释适用空间。复制的界定主要视其行为是否符合如下三个特征，一是“作品内容的相同与相近或完整与部分再现性”，二是

“作品表达形式的重复所致其有形载体数量的增加”，三是“非创造性的重复性表达所致对作品替代性重现”等。如今，随着3D技术创新发展与日臻成熟，若是排除人为操作带来的不稳定性、难以重复再现性，凭借数字化智能制造基本可以使异体复制达到高精度再现，因而基本上完全符合复制行为的上述三个特征。在数字化乃至智能化时代，复制不应囿于同体转换，应延展至异体复制，即认可平面与立体之间的数字化转换亦构成侵权。因此，从立体实物模型到创建可供3D打印的CAD文档的平面数据模型，以及从平面数据模型到基于CAD文档实施3D打印（复印与制作）立体实物模型的转换，虽可纳入异体复制范畴加以规制，不过若该CAD文档是具有实用功能的工业品设计，而其复制（复印与制作）旨在生产制造具有实用功能的工业品本身，则还有必要纳入专利法规制范畴。

最后，为规制AM技术实施3D打印的私人复制行为可引入私人复制补偿金制度。源自德国的私人复制补偿金制度最初主要用于解决私人用户利用磁带录音技术对音乐制品进行翻录对其市场销量削减所带来的冲击。为解决上述不良影响，通过对录制设备收取一定数额的补偿金，弥补音乐制品著作权人所受损失，随后征收范围扩大到空白媒介和复印设备。德国《著作权法》（1965年）第53条和第54条规定，私人为个人目的可以复制作品，但必须支付报酬。录音录像设备和空白载体的制造商应当支付一定的补偿金。随着数字技术的广泛普及与全面推广使用，借鉴德国私人复制补偿金制度，对提供3D打印技术的生产经营者征收私人复制补偿金，将其支付对象由复印设备、录制设备和录制媒介的生产者、经营者扩展至3D打印设备、3D打印材料的生产者、经营者，可实现对AM技术实施3D打印的私人复制行为的规制。在具体操作上，通过现有著作权集体管理组织代表著作权人，向3D设备及3D材料的制造者、经营者征收定额补偿金，然后按照集体管理分配制度转交给3D作品著作权人，使其从私人复制行为中得到经济补偿，以弥补其所受到的私人复制的不合理侵害。

2. AM技术运用的专利法规制

基于AM技术的打印行为既可以看成是著作权法上的复制（异体复制）行为，也可视为是专利法上的制作（制造加工）行为。与传统的制造方法不同的是，AM技术极大简化了复制（复印与制作）制造物品（包括侵权产品）的打印过程，使用者借助3D打印设备将待打印物体的CAD文档输入后按工序进行操作即可制作（制造加工）他人受专利权保护的物件，如此使传统上要经过技术设计（产品设计、工艺设计等）、加工制作（开具模具、毛坯制造、零部件制造等）以及相关辅助装配等生产制作（制造加工）极大简化，并为寻常百姓个体所能操作实施，如涉嫌制作（制造加工）他人享有专利权的物件或使用其制作（制造加工）方法，这就使得其专利侵权成本极大降低，使专利产品（方法）变成一种易被复制（模仿）或再造（实施）的产品（方法），极大增加了专利侵权发生的可能性，传统的专利制度设计对基于 AM 技术的 3D 打印行为的规制功能存在局限。

我国《专利法》（2020 年修订）第十一条规定，专利侵权构成的主客观法定要件是“为生产经营目的”对专利产品所进行的“制造、使用、许诺销售、销售、进口”行为，或是对专利方法所进行的“使用”行为，以及对依照该专利方法直接获得的产品所进行的“使用、许诺销售、销售、进口”行为。这种专利制度设计是建立在专利产品（方法）的实施成本巨大，在制作（制造加工）及其方法的实施中都面临一定的技术、资金、设备的规模化投入，以及复杂的工序和组织化的生产加工的实施环节。在此背景下，即使其技术（设计）方案已经被专利权人公开披露，他人若要实施侵权还得具备足够的技术、人力、生产等初步条件，所谓“以公开换垄断”的专利赋权“对价交换”机制有其规制功能实现的现实基础。然而在基于 AM 技术的 3D 打印生产模式下，专利产品（方法）的复制（模仿）或再造（实施）变得轻而易举，特别是随着网络化、信息化、数字化与智能化的技术进步，对专利产品进行 CAD 文档创建与打印的异体复制与传播及其在网络平台的上下载均已变得极为便捷，可能面临多主体共同实施专利侵权的发生及其大规模呈现风险。因而，须灵活调整专利制度适用的解释空间并改善其实施的配套机制。

第一，对专利制度以“为生产经营目的”预设前提作扩充解释。基于 AM 技术的 3D 打印技术运用使得制造业中的法律关系趋于集中化。在 3D 打印背景下，专利产品的制作加工中并不一定需要进行零配件的采购装配，因为后者本身就可以通过 AM 技术实现。既往适用产业化生产模式下的标准化设计、规模化加工、流水化装配的专利制度设计，在面对 3D 打印用户的个性化设计、定制化加工、专门化装配等私人作业模式时，很难再借助“为生产经营目的”的预设前提对其 3D 打印行为进行有效规制。特别是随着数字经济搭上智能算法推送服务平台，经由 3D 打印技术实施而实现了产供销由传统的 B2B2C 趋向 O2O 加 C2C 的模式转换，对于有关专利侵权行为的认定以及专利实施行为主体及其行为方式不应再完全限于“为生产经营目的”这个狭隘前提，否则将很难全面避免专利产品（方法）遭遇侵权损害。为此，可以考虑扩充解释上述限定条件，即不再单纯从“生产经营主体”的资格与地位，而从其“生产经营行为”的角色与意图上认定其是否属于从事“经营”活动，据此考量 3D 打印实施者的行为性质及其侵权损害可能性。易言之，不论其是否取得经营牌照，只要其从事了相关的市场行为，即可视之是“为生产经营目的”的 3D 打印从业者。

第二，结合《专利法》（2020 年修订）有关的专利开放许可制度，规范涉及专利产品（方法）的异体复制行为。根据该法第五十条至第五十二条规定，任何单位或者个人都可以根据其自主意愿将其授权专利对外进行“开放许可”，第三人（被许可人）可以根据专利权人的开放许可声明或在议定许可使用费后合规使用其开放许可的专利。上述立法规定为AM技术运用中可能面临的专利技术实施纠纷提供便捷的化解之道。例如，当用于3D打印的三维数据模型是基于具备专利权的立体实物模型或其他三维数据模型所进行的扫描型或修改型创建情况下，当基于该扫描型或修改型创建三维数据模型的CAD文档进行3D打印时，从业者如果在该专利权人的事先发布开放许可声明中获得其开放许可专利的信息（包括是否开放许可、许可使用费支付方式、标准等）并照此支付许可使用费，就可以自主对上述CAD文档实施3D打印并生成相关实物制成品，而不必担心其3D打印行为的合规风险问题。此外，在专利制度改革与适用方面，还可以通过强化专利信息公开披露义务，提升专利信息公共服务能力，拓展专利信息共享渠道，缩短涉3D打印的专利申请审查周期，规制AM技术运用与创新中的风险。

3. AM技术运用的电子商务法规制

第一，在增材制造技术实施的CAD文档输入与输出环节，强化对用于3D打印的CAD文档的创建与传播过程的监管，规制异体复制（包括从三维实物到二维数据模型的创建或从二维数据模型到三维实物产品的打印，下同）等行为。基于“避风港”规则，平台电商在非明知与应知平台内经营者涉嫌侵权情形下可以免予承担共同侵权责任。不过，为防止AM技术实施中CAD文档创建、传播与复制等行为侵害在先实物模型的知识产权人利益，或为避免侵害其三维数据模型的在先作者权益或发明者权益，仍须适用我国《电子商务法》第四十一条至第四十五条有关平台电商知识产权保护义务及《民法典》第一千一百九十四条至第一千一百九十八条有关互联网侵权专款的规定，基于“通知＋必要措施”的网络平台责任（免责）规则，即当权利人发现网络上CAD文档存在涉嫌侵害著作权、专利权乃至商标权等侵权线索，并向平台商提供了合格有效的举报材料之后，平台商有义务对此涉嫌专利侵权的CAD文档在平台上的传输（上传与下载）进行初审，遵照比例原则采取包括“转送侵权通知”“转送不侵权声明”“删除、屏蔽、断开链接”等相应的必要措施，在平衡权利人与社会公众利益基础上，能有效控制涉嫌侵权的CAD文档在网络平台上的传播及其复制行为持续，以免进一步造成更大规模的侵权损害发生。

为此，可以通过进一步明晰知识产权间接侵权责任，扩大其间接侵权责任构成要件的客观上的行为方式与主观上的故意或过失认定范围。例如，对网络平台及其平台内经营者在CAD文档的创建、传播与复制中存在教唆、帮助、诱导实施3D打印而涉嫌间接侵权的，视之与3D打印实施者之间有无共同的意思联络，以及各自在实施3D打印中的行为性质与损害后果之间的因果关系，确立间接侵权与直接侵权责任的分担。以对涉嫌侵权的CAD文档进行赎买传播为例，如网络平台在3D打印行为实施中存在诱导、帮助或是放任该CAD文档的赎买传播，甚至为其提供便利条件而导致损害结果发生或扩大，应确立其间接故意侵权责任。此外，在网络过滤技术手段日臻完备趋势下，也应对网络平台的注意义务范围及其筛查侵权信息能力提出更高要求，即除了主观故意之外，对涉及因网络平台没有尽到合理注意义务、未采取与其过滤技术能力相匹配的侵权防控措施而导致大规模侵权持续并造成严重后果的，亦应追究网络平台的重大过失责任[①]。

第二，利用数字技术措施进一步规范CAD文档的创建、传播与复制行为。例如，网络平台可以建立专门的三维数据模型数据库，采取措施鼓励三维数据模型作品进行备案登记，构建保护用于3D打印的CAD文档及其生成物等著作权的“生产系统”，在“生产控制系统”的技术措施管控下，强制要求3D打印实施者在3D打印设备准备打印实物产品之前与该数据库中三维数据模型进行信息比对，当发现存在相同或近似的在先CAD文档，网络平台可利用过滤技术措施阻止3D打印制造行为，或是采取技术手段要求3D打印实施者在使用该CAD文档进行复制（从平面数据模型到立体实物模型的异体复制）作业时，只有在向著作权集体管理组织缴纳一定使用费，或者在取得在先完成三维数据模型作品备案登记的CAD文档著作权人许可并向其缴费的前提下，才能允许完成上述由平面到立体的异体复制（制造）等工作。任何破坏上述数字技术措施的行为都被视为对在先CAD文档著作权的侵权，应予以民事究责、行政处罚与刑事制裁等措施加以法律规制。

4. AM技术运用的商标法与竞争法规制

基于AM技术运用的3D打印除了可能因其CAD文档创建、传输与使用（异体复制）侵犯他人在先著作权或专利权之外，也可能侵犯他人注册商标专用权或涉嫌不正当竞争。

其一，打印物品时也一并打印了原本附着于实物模型上的他人商标。此种情况下如果将打印物投放市场进行对外销售，则构成对他人注册商标的使用行为，涉嫌构成商标相同近似侵权，受《商标法》（2019年修订）第五十七条第（一）（二）（三）项规定的规制。其二，只打印商标而并不打印商品，或者打印物品时打印或使用其他商标。此种情形下若是将打印物投放市场进行对外销售，则构成伪造、擅自制造他人注册商标，或者擅自更换注册商标等，同样涉嫌侵犯他人注册商标，应受《商标

① 参见《最高人民法院关于审理涉电子商务平台知识产权民事案件的指导意见》（法发〔2020〕32号）第十一条第（三）项有关规定，对其中的“侵权商品链接”中的“商品”应作扩大解释，即包括了数字化形式的用于实施3D打印的三维数据模型及其CAD文档。

法》第五十七条第(三)(四)(五)项规定的规制。其三,不对实物模型的附着商标进行直接打印,而是将该附着的商标进行 CAD 文档创建并形成相应的数据模型。此种情形下若是将上述基于附着商标的数据模型文件对外出售谋利,或提供给他人进行打印并投入商业化使用,可视为是对上述商标的虚拟使用,有可能构成故意为侵犯他人商标专用权行为提供便利条件,帮助他人实施侵犯商标专用权行为等,同样涉嫌侵犯他人注册商标,应受《商标法》第五十七条第(六)(七)项规定的规制。

不过,由于 AM 技术极大降低了复制或制造行为实施的门槛,这就使得对实物模型的商业外观及其商业标识的数字化复制(包括从三维实物到二维数据模型的创建或从二维数据模型到三维实物产品的打印,下同)变得易如反掌。因而,须对实物模型的商业外观及其商业标识的数字化表达形式加以保护,允许注册商标专用权人通过虚拟的三维数据模型来保护其真实的商标,以免损害其市场利益。一方面,对商标法保护的功能性例外应作限制性解释,不能仅因为三维数据模型具有实物产品技术功能就以其落入功能性例外适用范围而不予保护。另一方面,也要正确区分产品设计中的功能性要素与识别性要素对识别商品来源的贡献,对于用于实施 3D 打印的 CAD 文档,只有在其三维数据模型作为识别商品来源的主要要素时才应获得商标保护,如果消费者是基于产品设计以外的其他要素进行其产品来源识别,则该设计仍可能被视为功能性而非标识性设计,不应受到商标法保护。

此外,如果 3D 打印物品时虽未打印原本附着于实物模型上的他人商标,但若 3D 打印物与实物模型之间在产品包装、装潢等方面存在相同或近似,或是对企业字号及其简称进行 3D 打印并附着于其打印生成物上,以致引起一般消费者对于该商品本身或其来源产生与其实物模型之间的混淆与误认,此时若将打印物投放市场对外销售,虽不存在对他人商标的使用行为,但可能构成不正当竞争,应受《反不正当竞争法》第六条第(一)(二)项规定的规制。如前所述,AM 技术极大降低了对实物模型的商业外观及其商业标识进行数字化复制的门槛,因而对于我国《反不正当竞争法》第六条中有关“商品名称、包装、装潢”“企业名称(包括简称、字号等)”的“有一定影响”的识别,以及第六条中有关“擅自使用”而引起与他人商品(服务)存在“混淆”“误认”的显著性判定,都有必要作广义解释与适用。毕竟在 3D 打印技术实施者可以是个体从业者,且作为三维数据模型的 CAD 文档可以实现便捷传输的情况下,对侵权客体是否“有一定影响”的识别,以及对侵权行为所致“混淆”“误认”的显著性判定,如果仍持严苛标准才能认定构成侵权,那些未经注册以及设计周期与流行时间呈现“短、平、快”的商业外观与商业识别,将无法获得有效保护,也就难以充分规制 3D 打印实施者“搭便车”从事不正当竞争的侵权风险。

第九章 机器写作技术与法律

所谓机器写作(Machine Writing)技术就是一整套辅助人类从事写作的计算机程序,机器写作往往也被称为智能创作①或自然语言生成文书,它是人工智能技术应用于写作领域所出现的技术创新与运用成果。作为一种自然语言处理及其人机交互方式,它与机器翻译、知识图谱等研究领域的应用场景和产品形态有所不同。目前,人工智能(Artificial Intelligence,简称 AI)技术广泛运用于包括大数据分析、医疗问诊、精准营销等社会领域,机器写作作为人工智能走向成熟的重要标志,该项技术现已产生了广泛的社会影响,也给现行法制提出了诸多挑战,既要从法律上保障其技术创新发展,也要对其技术运用给予必要的法律规制。

一、机器写作的法律与社会影响

1. 机器写作的产生与发展

机器写作的常见应用场景包括撰写新闻资讯、诗歌、小说、报告、散文等文字作品,或从事绘画、书法等图形作品制作。写作方式包括创作型、描述型、综述型等。例如科幻小说属于创作型写作,把各种事实和知识进行汇总形成文章属于综述型写作。如果人类在传统的写作方式基础上再加上自然语言处理(包括机器翻译、知识问答、信息检索、信息抽取或语言生成推荐系统等)的辅助,综合运用这些语言智能核心技术,对输入和搜集的数据进行自动加工处理并自动生成文本,此即所谓的机器辅助写作。

作为人工智能在写作领域的应用成果,机器写作技术现已可实现独立抓取相关素材,并据此以带有一定创造性的方式对其加以重新表达从而生成数据产品,而

① 鉴于人工智能生成物的性质仍面临一定争议,本文采用“机器写作”而非“智能创作”概念。

非限于初步抓取和简单整合相关信息。人工智能技术发展早期,由计算机按人为预设条件输出结果,只解决特定问题而并不能自主学习。随后深度学习技术突破了基于僵化计算与输出模式的机器学习技术并在功能上更加智能化,可以实现在无人编程情况下通过自主学习和进化,不受预设模式限制而像人类一样自主完成相关活动。机器写作技术开发设计者可按人工智能的不同适用场景选择相应的作品样本和算法,并将这些选定的作品样本经大量反复的算法训练,从而形成某种能够体现该作品集规律的概率模型,据此自动化生成内容产品。因而,基于AI的机器写作可视为一种基于概率算法对现有作品集蕴藏规律所进行的智能化模仿与预测。因此,机器学习离不开包括著作权作品在内的海量信息的"喂养"[1]。当然,可供机器学习的"喂养"素材还包括源自公共领域的大量数据与文本信息。

机器写作仰赖计算机程序具备读写能力,也就是既要能够阅读和理解语言文字,也要能够掌握图文编纂组织技巧,直到能像人类一样编写出高质量的文字或图形作品。目前,较有代表性的机器写作程序有:① Deep Bach,由索尼研发人员研发,能创作出与巴赫风格高度相似的作品,人工测试中半数测试者认为这些由Deep Bach创作的作品出自巴赫本人;② Deep Dream,由谷歌公司研发,它利用神经网络算法学会了画画,其中一幅画作拍卖价格高达8 000美元;③ 微软小冰,由微软公司推出,以发布诗集《阳光失去了玻璃》而广为人知,其中139首现代诗全部由小冰创作;④ 写诗机器人薇薇,由清华大学语音和语言实验中心(Center for Speech and Language Technologies,CSLT)研发并已通过图灵测试,其创作的诗词中有31%被认为是人类所创作的。

目前,基于人工智能技术的机器写作已经可以利用用户的阅读与浏览习惯进行其内容生产与定向分发,即所谓的"数据驱动创作"(Data-Driven Creativity)甚至"数据驱动创新"(Data-Driven Innovation)等内容生产模式。通常,计算机要根据输入的数据与素材进行创作,机器写作中输入信息类型不同其采取的写作方式也有所不同。目前机器写作应用的主要方式是计算机根据输入的结构化数据(报表、RDF数据等)进行文字创作,并据此生成稿件,它适用于生成天气预报、医疗报告、赛事简讯、财经报道等文本。除了被用于撰写新闻、报告等实用型文本之外,机器写作近年来还被用于创作古诗、现代诗、散文等文学作品,例如微软小冰、清华九歌等系统分别能够创作现代诗和古诗。这些机器写作成果在文字的总体表现形式上取得了不错的效果,只是在意境上有所欠缺。

人工智能通常是以算法、算力和数据作为技术基础。上述基于人工智能技术的机器写作运营方式不仅采用了基于算法撰写技术的内容生成模式,即所谓的算

① 周志华.机器学习[M].北京:清华大学出版社,2016:10-13.

法创作(Algorithm for Authorship),而且采用了基于算法推送技术的内容分发模式。这种基于数据驱动的算法创作与基于算法推送的内容分发机制呈现出从“人找内容”到“内容找人”的显著特征。具体而言,首先是通过算法分析用户数据而提前发现版权产品的消费需求,据此定制化地生成能够满足特定用户群体需求偏好的数据作品;接着,利用大量的数据作为机器学习的训练数据库的素材来源,通过机器学习乃至深度学习等方式实现基于算法训练生成新闻、音乐等内容创作;然后,借助算法设计与数据采集,在进一步分析用户数据的基础上寻找相关的目标用户,引导、创造满足用户需求的作品,从而精准实现机器写作内容生成、传播与分发由“供给导向”向“需求导向”的转变。

2. 机器写作技术的社会影响

机器写作通过智能算法对搜集或输入的数据进行加工处理以实现自动化生成作品。在机器翻译、知识问答、信息检索、信息抽取、语言生成推荐系统等这些语言智能核心技术的加持之下,相对人类作者而言,机器写作能实现更高的撰写效率,其写作的时效性好、覆盖性强,相对而言具有更少偏见等优势。以今日头条的线上测试为例,机器人撰写新闻稿件与人工写作稿件在阅读率上基本相同,说明机器写作生成的稿件不仅能为用户接受,而且质量与人工写作稿件相当。机器写作的应用场景广泛,尤其是在新闻领域已应用多年。例如,Automated Insights 公司作为机器写作领域早期先行者,在新闻领域的机器辅助写作工具上尝试和探索了诸多产品,为海内外用户提供包括财经新闻、比赛资讯、天气预报等大量的机器写作成果。

首先,机器写作可以实现更加高效与产量丰硕的内容生产与创作。如今是一个信息爆炸与数据膨胀的时代,各种新闻资讯充斥网络空间且更新极其迅速,用户对于内容生产与获取的时效要求相对更高。以新闻创作为例,随着机器人写作的发展与普及,传统的基于“采、写、编、排”等环节的新闻生产模式被整合为“信息抓取”“文本生成”两个环节,不仅极大缩减传统新闻生产流程,而且对于整个新闻资讯与内容生产体系发挥优化作用,从而使新闻报道呈现“极速”“海量”的内容生产模式与趋势。新闻稿件要在众多信息中获得凸显地位并引发人们关注,其采写过程的时效性至关重要,机器人写作可发挥其时效上的突出优势,并且可以极大突破传统人工采写的工作极限,能够随时随地通过数据、信息的采集,在短时间内生产大量稿件。机器写作从根本上促进了内容生产方式的变革,也极大简化了内容生产流程,解放了人类作者的劳动生产力。

其次,机器写作可以实现个性化定制的内容生产与分发。传统的内容生产遵循“先生产、后销售”的模式,这种内容生产往往在并不了解其浏览用户与阅读对象的前提下进行,其生成物可能面临市场接受有限甚至不能被市场接受的巨大风险。

以新闻报道内容的发布和推送为例,如果引入数据驱动创作新闻稿件模式,不仅能够提高内容创作的效率,而且能够提高机器写作成果的内容版权认可度及其市场消费成功率。在这种基于数据驱动创作的内容生产模式下,内容生产者通过大数据分析可以了解用户浏览习惯与阅读偏好,据此分析确定内容产品的创意方向,采取更加个性化、定制化的内容裁剪、制作与分发方式,使内容产品的发布和推送可以在不同的终端用户之间有所不同。与传统创作方式相比,以用户需求为导向的机器写作与内容生产模式极大降低了内容生产的创作成本,同时也降低了内容分发的市场失败风险,提高了其市场成功率。

再次,机器写作促进了内容生产领域的技术创新及其产业革命。机器写作的应用场景现已广泛渗透到传媒与出版、文娱与广告、医药科技研发、裁判文书生成等众多行业。欧美等地较早成立了诸如 ARRIA、AI、Narrative Science、Automated Insights 等专注机器写作技术应用的公司,这些公司基于行业数据并借助机器写作生成行业报告或新闻报道。机器写作产业革命节约了写作中的人、财、物投入,使低端的劳动密集、技术含量低的内容生产工作环节逐步被写作机器人取代,使内容生产者从枯燥无味、大量繁杂、机械重复的基础数据采集与分析工作及其工具角色地位中解放出来,促使内容生产者积极投身并更加聚焦于高质量、有深度的内容产品创作中,提高内容生产效率并优化内容生产行业生态,也使内容生产领域某些低端内容制作者面临失业与被淘汰出局的威胁,同时有可能使基于机器写作生成的内容产品质量参差不齐、鱼龙混杂,加剧网络信息过载,以致造成“劣币驱逐良币”现象,导致优秀的人工创作产品淡出内容市场的不利局面。

最后,借助机器写作可以提升科技创新研究报告的撰写质量。科研报告写作流程大致包括如下若干步骤:首先是从各种文献、网站或有关数据库中通过对关键词的检索、过滤抽取数据,为机器写作提供基础材料;接着提取文献中的标题、摘要等数据信息,分析所获取的数据并归纳其内在关联,从而解读其内容构成要素;然后揭示各种数据呈现的模式和趋势后再提炼观点,从而得出具有可操作性的意见和建议;最后通过提取与分析这些数据并在观点提炼与总结基础上,形成相应结构与格式的标准文本与固定模板。这个劳动过程可能充满枯燥、重复与单调色彩,不过若是利用自然语言处理等智能核心技术,对数据库的资源信息运用搜索、聚类、过滤、分析和打标签、综述和导出等,比如通过多维度挑选并过滤其数据搜索结果,将多篇文档通过机器学习方法自动生成摘要,在不同文档中抽取知识和实体,对文档的核心内容和关键词进行快速定位,自动生成科研文档或分析报告,能节省有关工作劳动量投入。同时,严格遵守机器写作实验程序设定的数据采集和分析规则,套用标准的实验报告格式,一定程度上降低了实验数据记录的差错率,增强研发数据的真实性与客观性,提高科研活动效率并提升创新服务质量。

3. 机器写作技术的法律影响

首先是机器辅助写作下的数字化混合创作可能导致侵害他人作品的在先权问题。机器写作虽能给用户利用写作辅助软件进行内容创作提供便利与创新激励，也能够基于他人在先原创作品基础上产生大量的衍生品市场，但由于其涉及对他人拥有在先版权作品内容的借鉴与使用，若是在版权许可与利益分配上处理不当，难免造成拥有在先版权作品权利人利益受损。在包括对在先作品的提取、复制以及形式转码等多种行为的机器学习写作中，其形式转码仅是从人类可感知的符号转变为机器可读符号，因其不属于基于原作品进行二度创作的行为，一般并不认定其为著作权法意义上的改编行为。但仰仗在先作品等海量信息“喂养”的机器学习写作中若存在以传播效果为导向的复制，基于复制权的依附性权(dependent right)性质[①]，则可能面临表达性内容的输出及其侵害在先作品复制权的风险。同时，若放任机器写作模式下的内容生产同质化泛滥，势必对传统创作模式下的作品市场带来巨大冲击，导致版权激励创作效应失灵。特别是随着作品数字化的技术创新与数字化作品的广泛传播，机器写作可以对在先版权人作品内容进行“碎片化使用”，为“洗稿”“拼接”等高级抄袭提供便利或创造条件，以至于通过解构原作，或借助同义字词替换、抠图与叠图等技术手段，规避以“形式主义”理论为指导的对于作品独创性标准的相似判定。即便是在借助机器学习乃至深度学习技术手段进行智能创作模式下，如果其学习材料仅源于公共领域的非版权内容，难免导致内容生产更加趋于同质化。不过，当机器写作将他人在先原创版权作品作为其学习“素材”进行内容生产的“模仿”“训练”“预测”时，据此进行机器写作的内容生成物能否对在先原创作品内容市场构成实质性的替代有待结合个案进行具体分析。实际上，“混合者的权利主张通常跟原创作者的权利主张并不具有相同分量，因为他们相对于原创作者的作品，处于一种很不相同的关系当中”[②]。因而，有必要关注机器写作技术是否引发数字内容生产同质化竞争，以及以他人在先版权作品免费供给机器学习“素材”的合理性问题。

其次是机器写作背景下的人工智能生成物的可版权性及其权利(权益)归属问题。目前机器写作已在文学、绘画、音乐创作领域取得长足发展。随着腾讯 Dreamwriter 撰写新闻、微软小冰谱写诗集、谷歌 AutoDraw 自动作画等智能科技

---

① Patterson L R, Lindberg S W. The Nature of Copyright: A Law of Users' Right[J]. Michigan Law Review, 1992, 90(6):1628.

② [美]罗伯特・P. 莫杰思. 知识产权正当性解释[M]. 金海军，史兆欢，寇海侠，译. 北京：商务印书馆，2019:442.

的面世与应用，机器写作已经改写了唯有人类才能直接从事创作的历史局面，这无疑对英美法系下版权体系或是大陆法系下作者权体系的法律理论根基产生冲击。在著作权法的传统理论上，作品与作者之间相联系是著作人格权制度的正当性基础。但在机器辅助人类写作模式之下，作品创作与作者人格产生了疏离，作者再也难谓“孤独的天才”，机器写作颠覆了传统的创作路径，人类也不再独享富于情感渲染与艺术表达的文艺品生成能力。如今，基于智能技术的机器写作能够通过对相关素材的独立抓取再以某种创造性方式加以重新表达，而并非仅限初步抓取和简单整合相关数据信息。其法律影响便是，机器写作的生成物能否基于独创性标准被认定为作品，是否具有可版权性；如果具备可版权性，那么如何确定机器写作成果的权利或权益归属，是属于机器写作软件的研发设计者、使用者、著作权人，还是归属该软件技术投资人抑或是其写作素材的提供者，甚至是直接归属于公共领域而不预赋权。

再次是机器写作及其基于“数据驱动创作”模式的内容生产与分发机制所致个人信息权利（权益）侵害风险。通常，内容生产者为了确保其生产内容在投放市场之后取得广泛影响与高度关注，往往基于“数据驱动创作”的内在机理，超前收集、分析潜在订阅用户的数据，再利用用户画像技术以便精准地提前获取潜在订阅用户的浏览习惯与阅读癖好，从而在此基础上发掘用户的消费需求等相关数据信息，进而定制化地开发内容产品，对用户采取“投喂”模式进行内容产品的分发。例如，美国在线视频提供商 Netflix 制作的电视剧《纸牌屋》之所以取得市场成功并深受用户欢迎，源于其在内容创作过程中对上千万订阅用户的信息进行数据挖掘与分析，发挥平台优势并建立模型推测出受众喜爱的剧情段落、题材与类型，甚至演员、导演适合的影视剧类型等数据信息，并据此建立用户偏好数据库，按照数据库中的用户喜好添加相关创作元素，选择导演、演员阵容，设置剧情，从而达到按需“投喂”的内容生产供应效果。这种以大数据技术主义为核心的支配关系使其影视剧的内容生产模式由“内容聚合者”裂变成“内容决定者”维持竞争优势①。我国的今日头条、抖音等新媒体与社交电商平台在内容生产方面也采取基于“数据驱动创作”的机器写作模式。从近年平台数据处理中竞争案频发可以想见②，这种基于用户画像技术发掘用户需求并据此精准分发生产内容的机器写作模式固然有助于提高写作效率，但无疑也加剧了内容生产者之间对于用户信息数据资源的竞争性取用乃至掠夺性攫取。

---

① 刘海波，Young A. 内容分选　平台助力　数据驱动：大数据视阈下影视新媒体平台的发展策略——以 Netflix 为例[J]. 电影文学，2020(15)：3－8.

② 例如新浪微博诉脉脉抓取使用微博用户信息案（(2016)京 73 民终 588 号），美国 HiQ Labs 诉 LinkedIn 拒绝数据抓取纠纷案，HiQ Labs, Inc. v. LinkedIn Corporation. No. 3:17-cv-03301(N. D. Cal. 2017).

二、机器写作技术创新的法律保障

1. 文本挖掘中的版权保护及其例外

机器写作过程大致经历“数据输入与内容挖掘—机器学习与算法训练—内容生成与定向分发”三个阶段。这个过程通常涉及三方面法律问题,一是数据输入阶段内容挖掘的“机器阅读”行为性质问题;二是机器学习阶段算法训练的“机器创作”主体资格问题;三是内容生成与定向分发阶段的“机器作品”的可版权性及其归属问题。有研究认为,数据输入阶段的内容挖掘是人工智能对已有作品的自动化、批量化“阅读”,可纳入著作权法的合理使用范畴[①]。所谓数据文本的内容挖掘(content mining)是指从机器可读的材料中得到信息的过程,其基本流程为首先从大量的复制材料之中精炼数据,然后对这些数据进行重新组合并对其发展趋势加以预测,其要义在于通过自动化分析文本进而从中获得新知识。不过,机器写作的三阶段本身就是包含输入、学习与输出的一个完整过程,有赖于借助大量数据资料反复进行算法训练,如果用于算法训练的数据资料是属于他人拥有著作权的作品,机器学习及经此进行的机器写作对这些他人作品未经授权地获取与使用的行为是构成合理使用还是涉嫌侵犯他人著作权,目前在理论研究与司法实务中尚存分歧。内容挖掘能增进人们对未发现的公共知识的可及性,助力公共福祉供给,但也存在侵损版权人利益的风险,因而将其纳入合理使用范畴还要综合平衡人工智能产业发展与著作权人利益保护之间的内在冲突,如此才能作出妥当决定。

例如,2015 年 5 月 6 日欧洲图书馆研究协会(Association of European Research Libraries,LIBER)发布的《数字时代知识发现海牙宣言》指出,大数据时代知识产权法特别是著作权法倘若成为限制内容挖掘的障碍以致反而限制了数据、思想的自由流通,那么它势必有违知识产权法宗旨而亟须变革。《数字时代知识发现海牙宣言》提出五项原则:① 知识产权法与促进研究相一致原则;② 分析与获取知识无监控和制裁之虞原则;③ 合同许可条款不得限制个人使用原则;④ 技术发展原则;⑤ 知识产权法不限制基于数据和思想的创新和商业研究原则,其中①②③⑤四项原则与内容挖掘密切相关[②]。目前,文本与数据挖掘已成为人工智能时代开展科研工作的必要工具并已广泛渗透于各个社会生活领域。欧洲议会和欧盟理事会

---

① 吴汉东.人工智能生成作品的著作权法之问[J].中外法学,2020,32(3):653-673.

② 赵力.《数字时代知识发现海牙宣言》之借鉴:以内容挖掘为核心[J].图书馆,2015(9):22-26.

2016 年发布的《单一数字市场版权指令》(*Directive on Copyright in the Digital Single Market*，简称《DSM 指令》)草案第 3 条规定，对作品或其他客体享有合法接触权的科研机构在科研目的下为执行 TDM(Text and Data Mining，数据挖掘)而实施复制和提取行为不侵犯版权或数据库权[①]，首次明确文本与 TDM 的版权例外。为适应数字市场发展，提高 TDM 技术应用率，充分发挥其对科研的辅助作用，欧洲议会和欧盟理事会分别于 2019 年 3 月 26 日与 4 月 15 日最终批准生效的《DSM 指令》保留第 3 条并新增第 4 条规定，即对作品或其他客体享有合法接触权的人在 TDM 目的下实施复制和提取行为不侵犯版权或数据库权。《DSM 指令》第 3 条和第 4 条可分别称为"科研目的下的 TDM 例外""分析处理层面的 TDM 例外"[②]，两者都属于强制性权利的例外条款，按规定欧盟各成员国需在两年时间内通过国内法建立符合该指令要求的 TDM 例外。欧盟 TDM 例外的适用要件包括来源合法和安全保存措施。

不过，相对欧盟《DSM 指令》第 3 条、第 4 条规定的 TDM 例外，关于内容挖掘下的作品复制和使用行为是否归于著作权合理使用范畴，现有立法存在不同选择模式。关于机器写作中的版权困境解决方案归纳起来主要包括"法定许可"模式、"选择退出"(Opt-out)模式、"有条件例外"模式、"无条件例外"模式等。"法定许可"模式允许机器写作系统开发者在符合法定条件下无须事先获得版权许可即可直接使用作品，但需按法定方式进行使用并按规定向版权人支付合理报酬。"选择退出"模式是指在符合法定情形下，对版权材料的未经事前授权使用只需支付合理报酬，该使用者仍可继续使用而并不违法；不过倘若权利人已明确告知使用者其不愿授权，则使用者无权继续使用。该模式旨在创新授权机制以降低交易成本。"有条件例外"模式是将数据挖掘下的作品复制和使用行为的版权例外规定仅以非商业性使用范围为限。"无条件例外"模式则将合理使用制度适用于基于商业目的下的数据挖掘及其作品复制与使用行为。目前，以英国为代表的立法例如《1988 年版权、设计与专利法》(第 29A 条)采取"有条件例外"模式；以美国和日本为代表的立法采取"无条件例外"模式，但美日两国在立法模式上也有所不同。美国立法从默示许可转到无条件例外规则，往往通过对合理使用一般条款的解释适用，将数据挖掘目的下的作品使用行为纳入合理使用范畴。日本立法通过列举方式扩张其合理使用的适用范围，其《著作权法》(2018 年)第 47 条之五将所有信息处理行为纳入侵权例外，排除了商业目的限制，只要其使用行为属于轻微利用且不存在不合理

① 宋雅馨.文本与数据挖掘的版权例外：以欧盟版权指令修改草案为视角[J].电子知识产权，2017(6)：42-51.

② 阮开欣.欧盟版权法下的文本与数据挖掘例外[J].图书馆论坛，2019，39(12)：102-108.

损害版权人利益情形即可，这也有利于数据挖掘、机器学习、反向工程等技术的创新发展与推广应用。我国第四次修订的《著作权法》(2020 年)第二十四条第一款规定中增加第十三项“(十三)法律、行政法规规定的其他情形”，采取准用性规范的开放立法模式完善合理使用条款，可以为机器学习版权作品的免责提供解释适用空间[①]，以适应网络时代数字经济发展的迫切需要。

不过，我国《著作权法》上述新增立法规定并非确定性规范，作为准用性规范暂且无法为 TDM 的适用边界提供确定性解决方案，这将难以有效确保机器写作技术的创新应用与产业发展，尚待《著作权法实施条例》的进一步修改来解决。实际上，现行法框架下，未经许可实施 TDM 的作品复制和使用行为仍面临某种侵权风险的不确定性，既往的司法实践与理论研究对此尚存争议裁决和冲突观点。以域外司法实践中 Google 图书案为例，法国法院认为，Google 图书馆服务在部分来源于法国的作品使用方面违反法国著作权法。德国汉堡地区法院认为，网络搜索引擎展示微缩图片不得适用德国著作权法关于著作权例外的规定，构成著作权侵权[②]。英国法院认定，Google 图书馆案判决不得使用著作权法公平使用之规则，构成著作权侵权[③]。尽管欧盟国家在 Google 图书案中多判决 Google 公司构成著作权侵权行为，但 Google 图书案和解协议中还是允许内容挖掘下的“非展示使用”(nondisplay use)和“非消费使用”(non-consumptive research)。所谓“非展示使用”，是指计算机不对数字化图书中的表达向公众展示的使用，主要包括不对公众展示书目提要以及带有表达性的全文索引和书籍章节中的关键术语索引等。所谓“非消费使用”，是指计算机分析作品时并无研究者阅读或展示书籍内容以理解书籍中所呈现的知识，主要包括文本、语言和图像分析、文本或信息精炼分析、自动翻译、检索和研究等。

与增进公共福利政策取向的“有条件例外”模式相比，在 TDM 适用边界厘定中，采取“无条件例外”模式将合理使用的适用范围扩张到商业使用目的，势必有利于促进大数据产业发展，实现机器写作技术创新及其文化产业发展与数字经济生产力增长，丰富数字内容产品市场。按美国法官勒瓦尔对“转换性使用”(quintessentially transformative use)的系统阐释来看，“如果二次使用行为给原作品增加了新的价

---

① 我国著作权合理使用制度体现于《著作权法》《著作权法实施条例》《计算机软件保护条例》《信息网络传播权保护条例》四部规范文件，再无其他法律行政法规对此作出规定，该开放立法模式虽具兜底条款形式但事实上可能无法发挥兜底功能。参见高佳佳.类型化视角下机器学习的合理使用分析[J].电子知识产权，2021(5):18－28.

② 关于检索引擎上使用缩略图应属于著作权合理使用之范畴，参见案件 Perfect 10，Inc. v. Amazon，Inc.

③ Rosati E. Copyright: Google Books' Library Project is Fair Use[J]. Journal of Intellectual Property Law & Practice, 2014,9 (2): 104－106.

值，如将其作为原始素材(raw material)而引用，或在新信息的创作中进行了转换，或增加了新的审美、洞见和知识，这些行为就是合理使用制度意欲增进社会发展的使用类型"[①]。在原作基础上能否增加新表达、新意义或新功能是适用转换性使用而予以侵权免责之关键[②]。尽管美国法上的转换性使用理论曾被认为在我国缺乏法源基础[③]，不过随着《著作权法》(2020 年修订)第二十四条为合理使用增设"其他情形"并引入"三步检验法"，便为机器学习的合理使用适用提供了解释余地与准用规范立法期待。因而，借鉴转换性使用理论完善合理使用制度可以为新技术引发的版权例外纠纷特别是 TDM 实现从人工阅读到机器阅读之技术变革及其创新运用提供确定性保障机制与政策支持。

2. 机器学习与内容生成的权益配置

关于机器写作中的机器学习在广义上本身就包括了前期的数据输入及其文本挖掘过程。特别是随着机器学习领域的深度学习技术发展，在深度促进机器写作方式变革及其技术进步的同时，也面临着如何能够有效确保机器写作生成稿件的准确性和可读性问题。这是因为，基于深度学习技术进行文本生成并不依赖模板或规则，人工智能技术虽可以让计算机通过深度学习生成模型，但是基于深度学习生成的模型训练需要大量的平行语料，而此种大规模语料的获取在很多领域内却并非轻而易举，这不仅使机器写作成果难以满足多应用场景下的稿件质量要求，而且也引发了在机器学习写作之前的文本与数据挖掘(TDM)阶段获取大规模语料是否需要对其在先权益重新进行配置问题。诚然，过于严厉的著作权保护未免会阻碍机器学习技术发展与应用，对其保护过于宽松又难免削弱作者的创作激励动因。为平衡版权人利益与社会公益之间的冲突，有必要为机器学习技术发展与应用让渡一定创新空间。与合理使用制度倾向保护机器写作技术投资人与使用者利益不同，法定许可制度能兼顾各方利益，实现技术发展与文化创新的平衡[④]。

目前，计算机根据已发表文稿等现有素材进行二次创作以生成不一样的稿件主要依赖两类自然语言处理技术，即自动文摘与文本复述。自动文摘用于提炼单篇文本或综合多篇文本内容，从而形成摘要或综述；文本复述用于改写现有文字，在基本不改变主题与意思的情况下对现有文字进行另行表述，以免照抄原文，也旨在实现文本风格的个性化。不过，由于不同文档内容的冗余性、片面性与弱连贯

① Leval P N. Toward a Fair Use Standard[J]. Harvard Law Review, 1990, 103: 1111.

② See Campbell v. Acuff-Rose Music, Inc., 510 U.S. 569, 579 (1994).

③ 熊琦. 著作权转换性使用的本土法释义[J]. 法学家, 2019(2): 124 - 134.

④ 刘友华，魏远山. 机器学习的著作权侵权问题及其解决[J]. 华东政法大学学报, 2019, 22(2): 68 - 79.

性，相对单文档自动文摘，多文档自动文摘更具挑战性。目前，基于段落排序与融合的方法为多篇文本进行综述虽取得一定效果，但对多篇文本进行长篇综述生成极其困难。此外，也可以将文本复述视为一种单语言机器翻译，这种基于统计学规则的机器翻译方法(包括神经网络机器翻译)也有赖于充足的平行语料。倘若此类平行语料在现实中难以大规模获得，当前开展文本复述研究的另一思路就集中在如何有效利用少量的平行语料和大规模的非平行语料供复述模型进行深度学习。因而，为促进机器学习写作技术创新，从法律保障角度上来说就有必要合理平衡其数据输入阶段有关待挖掘文本内容版权人权益与机器写作技术投资人及其开发使用者权益保护之间的利益冲突。

首先，在机器学习写作的数据输入阶段，深入明晰对在先作品的文本挖掘与分析的合理使用边界。学理研究中既有强调适用合理使用制度的[①]，也有突出适用法定许可制度的[②]。其实，在基于机器学习的智能创作过程中适用合理使用制度正面临两难困境。引入源自美国司法实践的转换性使用规则以判定未经授权使用他人作品是否构成合理使用时，有必要区分目的转换性使用与内容转换性使用[③]。机器学习对他人作品的使用行为可分为表达性使用和非表达性使用两种情形[④]。表达性使用是对作品中的表达性信息进行提取，并建立输出表达性内容的模型，若“模仿”某一作者风格行为很可能对原作产生替代效应。非表达性使用指将作品作为数据库，提取作品中与目标函数相关的特征数据，不会向公众传播作品的表达性内容，如人脸识别系统。如果将机器学习分成“非表达型”“普通的表达型”“特殊的表达型”三类，非表达型机器学习并非版权法意义上的使用作品(即非作品性使用)，不构成侵害著作权；表达型机器学习虽在版权法意义上使用作品，但原则上可构成合理使用而不属于侵害著作权范畴；未经授权使用他人作品例如以模仿特定作者为目的的表达型机器学习则构成侵权使用。因而，在以数据“喂养”算法训练的机器学习写作中，未经许可使用作品包括“非作品性使用”“合理使用”“侵权使用”三种类型，仅以合理使用制度来消解机器学习写作中的著作权责任，是对复杂问题的简单处理[⑤]。

---

① 例如，张金平. 人工智能作品合理使用困境及其解决[J]. 环球法律评论，2019，41(3)：120－132. 吴汉东. 人工智能生成作品的著作权法之问[J]. 中外法学，2020，32(3)：653－673.

② 例如，高阳，胡丹阳. 机器学习对著作权合理使用制度的挑战与应对[J]. 电子知识产权，2020(10)：13－25. 刘友华，魏远山. 机器学习的著作权侵权问题及其解决[J]. 华东政法大学学报，2019，22(2)：68－79.

③ 华劼. 合理使用制度运用于人工智能创作的两难及出路[J]. 电子知识产权，2019(4)：28－39.

④ Sag M. Copyright and Copy-Reliant Technology[J]. NORTHWESTERN UNIVERSITY LAW REVIEW, 2009, 103(4): 1608.

⑤ 李安. 机器学习作品的著作权法分析：非作品性使用、合理使用与侵权使用[J]. 电子知识产权，2020(6)：60－70.

此外，为破解机器学习中的合理使用困境，以复制权的依附性为逻辑起点，基于类型化视角将机器学习分为“表达型”“混合型”“非表达型”机器学习。表达型机器学习以及兼容表达性使用和非表达性使用的混合型机器学习，都因向公众传播表达性内容而存在侵犯复制权的风险以及加剧算法偏见问题，而非表达型机器学习因复制事实性信息或者未输出表达性内容，而不会产生任何表达替代性，不存在侵权风险。机器学习写作是否对原作的表达产生替代效应则是界分侵权行为与合理使用的基准之一。基于我国著作权法关于合理使用的“三步检验法”，表达型机器学习只有满足目的或内容转换且增进社会利益之目的才可能构成合理使用。混合型机器学习则需综合考察作品使用行为的性质与目的、被使用作品的性质、使用在先作品的数量与质量，才能确定其能否适用合理使用制度。通常，若使用是出于增进社会利益的非表达性目的，已发表作品相较于未发表作品、事实类作品相比于杜撰类作品、内容转换性相较于目的转换性使用更利于合理使用的认定[①]。可见，对于不同的机器学习写作采取差异化的合理使用适用范围以有效配置数据输入中的各方权益，有助于为机器写作技术创新提供确立性规范指引。

其次，在机器学习写作的内容生成阶段，深入明晰机器写作的生成物的可版权性及其归属问题。关于机器写作或曰人工智能创作的生成物的可版权性问题，支持者认为，人工智能创作物已不仅是机器的延伸[②]，基于机器学习的智能生成物在客观表达上已具有最低限度的独创性，因而可被认定为著作权法意义上的作品[③]。支持者一般认可智能生成物的独创性，认为将写作主体仅限自然人范围的认定并不符合当前的科技发展趋势。实际上，智能创作是“一种基于概率算法对现有作品集规律的模仿和预测”。反对者不主张赋予机器写作成果以作品地位，认为构成作品须以自然人创作为基本前提，而智能创作在本质上是对算法、数据、规则等要素的综合应用，因而并不具有类似人类思想或情感的表达，亦不满足最低限度的独创性表达[④]。将智能生成物的权利归属作者体系违背基本法理，混淆了私法中的权利客体和权利主体[⑤]，因而不宜将其认定为作品。鉴于我国《著作权法》(2020 年修订)第三条对作品的定义进行了修订，突出了“独创性”“能以一定形式表现”“智能成果”这三个特征，并对作品类型采取“符合作品特征的其他智能成果”这一开放式立法界定，因此机器写作模式下的智能生成物只要符合上述特征及其类型，以客观

---

① 高佳佳. 类型化视角下机器学习的合理使用分析[J]. 电子知识产权，2021(5)：18 - 28.

② 易继明. 人工智能创作物是作品吗？[J]. 法律科学(西北政法大学学报)，2017，35(5)：137 - 147.

③ 谢琳，陈薇. 拟制作者规则下人工智能生成物的著作权困境解决[J]. 法律适用，2019(9)：38 - 47.

④ 参见刘银良. 论人工智能作品的著作权法地位[J]. 政治与法律，2020(3)：2 - 13. 王迁. 论人工智能生成的内容在著作权法中的定性[J]. 法律科学(西北政法大学学报)，2017，35(5)：148 - 155.

⑤ 熊琦. 人工智能生成内容的著作权认定[J]. 知识产权，2017(3)：3 - 8.

标准衡量智能生成物的独创性，应该可以将其纳入可版权性的作品范畴。

就机器写作的智能生成物权利归属问题而言，基于智能创作的机器写作成果往往涉及人工智能投资者、研发者、使用者、公众、公共领域等多主体参与才得以产生。其中，投资者作为拥有雄厚经费资源的企业主体，为研发者提供资金支持；研发者基于算法设计、程序代码编辑、数据“喂养”训练，研发具有深度学习功能的智能写作技术；使用者启动并输入具体操作指令，运用深度学习技术智能生成并输出机器作品，在作品生成之后还可能根据对用户数据的分析与挖掘进行内容定向分发或是面向公众投放公共领域。在多主体参与下，当前关于机器写作成果的权利归属问题主要存在着归于研发者、使用者、投资者或公共领域等不同学说，或是将人工智能纳入法律主体范畴的所谓人工智能作者说。尽管关于智能生成物的上述各种归属观点虽不乏其内在理据，却也面临不同的现实困境。为此在机器写作成果权属认定的实践中，可以考虑建立以投资者为主、协议约定为辅的权利分配方式，并辅以构建智能生成物的版权登记审核制度，确保智能生成物的合理归属并激励其有效利用，从而保障机器写作技术创新发展。

三、机器写作技术运用的法律规制

1. 机器写作的侵权纠纷及版权规制

国内较早发生且较有代表性的有关智能创作(机器写作)的版权侵权案例，一个是深圳市腾讯计算机系统有限公司诉上海盈讯科技有限公司的侵害署名权、保护作品完整权、信息网络传播权纠纷案(下称“腾讯案”)[①]；另一个是北京菲林律师事务所诉北京百度网讯科技有限公司的著作权权属、侵害著作权纠纷案(下称“菲林案”)[②]。

腾讯案基本案情：腾讯科技有限公司将其开发的基于数据和算法的智能写作辅助系统 Dreamwriter 软件著作权许可给深圳市腾讯计算机系统有限公司使用，2018 年 8 月 20 日，深圳市腾讯计算机系统有限公司组织创作人员使用 Dreamwriter 软件创作完成了一篇有关沪市股评的财经报道文章(下称“涉案文章”)。涉案文章末尾注明“本文由腾讯机器人 Dreamwriter 自动撰写”[③]。上海盈讯科技有限公司在涉案文章发表当日完全复制该文章并在其运营的“网贷之家”网站向公众传播。

① 参见深圳市南山区人民法院(2019)粤 0305 民初 14010 号民事判决书。

② 参见北京互联网法院(2018)0491 民初 239 号民事判决书，该案系国内首例智能生成内容版权侵权案。

③ 参见深圳市南山区人民法院(2019)粤 0305 民初 14010 号民事判决书。

深圳市腾讯计算机系统有限公司认为上海盈讯科技有限公司侵犯了其涉案文章的信息网络传播权并构成不正当竞争，遂诉至法院。深圳市南山区人民法院审理认为该案争议焦点在于涉案文章是否构成文字作品、法人作品，被告是否侵害原告的著作权，后经审理认定被告构成侵权并判令其赔偿原告经济损失等。

菲林案基本案情：北京菲林律师事务所在其微信公众号发布一篇有关影视行业司法大数据分析报告（下称涉案文章），涉案文章采用法律数据库分析软件“威科先行法律信息库”进行数据收集，内容包括文字、数据和图表，并自动生成报告。2018年9月10日，北京百度网讯科技有限公司未经许可在其经营的百家号平台上发布涉案文章，北京菲林律师事务所认为北京百度网讯科技有限公司侵害其信息网络传播权，遂诉至法院。北京市互联网法院审理认为，该案争议焦点在于原告是否为适格主体，被告是否侵害原告享有的著作权，后经审理认定涉案文章虽是原告主持创作的法人作品，但并非著作权意义上的作品，被告不构成对原告的侵权。

对比分析来看，两案争点均是涉案文章是否构成文字作品、是否构成法人作品和被告是否侵害原告享有的著作权。对于涉案文章是否构成法人作品和被告是否侵害著作权，两案裁判的分析思路基本相同。关于涉案文章是否构成法人作品，需要从作品署名、法人对作品的创作过程的控制等进行分析判断。被告是否侵害著作权则是需要以肯定涉案文章是构成文字作品和法人作品为基本前提的，结合《著作权法》进一步分析被告是否侵害原告作为涉案文章著作权人所享有的相关权益。

两案裁判分析的区别在于各自对于涉案文章是否构成文字作品的判断路径。腾讯案中，法院肯定 Dreamwriter 软件创作完成的作品具有独创性，是原告主创团队智力活动的产物，因而涉案文章构成文字作品，原告对此智能创作内容享有著作权。菲林案中，法院认为著作权法上作品的作者只能是自然人。威科先行法律信息库的软件开发者和软件使用者均没有在“可视化”自动生成的报告中传达思想和情感，不是著作权主体。不过，软件使用者对威科先行法律信息库的生成内容是享有财产权益的，可以基于该份报告再进行独立创作完成从而形成文字作品。

就裁判分析结论来看，在智能创作的法律性质上，深圳市南山区人民法院在腾讯案裁判中认为，人工智能作品是软件使用者采用软件独立完成的，在作品生成过程中，体现创作者个性化判断、选择和技巧。该案持“最低程度的创造性”标准并认为，文章只要是通过创作者智力活动与作品的特定表现形式之间建立直接联系，体现自然人的选择就可以归于著作权意义上的作品之列。软件使用者对于“人工智能”创作的内容享有著作权。因此，有研究认为，智能创作成果即使是机器人自身完成也应给予著作权法保护，以推动文化多样并满足人们追求美好生活的权利[1]。

---

① 滕锐. 人工智能创作成果的著作权法保护[J]. 法治论坛，2018(3)：44－55.

与此相反，北京市互联网法院在菲林案的判决文书中对智能创作内容的法律性质进行了分析论述，法院并不承认人工智能的法律主体资格，进而否认有关主体对于“人工智能”创作的内容享有著作权[①]。依据北京市互联网法院的判决结论，人工智能创作过程本质上是一种“算法”，是对既定规则的运行，实际上属于机器学习活动的延伸，并且规则算法都是工程师事先编好的。人工智能对于其智能创作的内容仅仅是“识别”而非“理解”，并不具有人类创作者的“思想”，不会带上任何个人感情或者色彩。因此，人工智能创作并不具有独创性，不能构成著作权法上的作品。

目前在智能创作内容的保护模式上，有研究强调智能创作成果只是机器运行算法，无法满足著作权法独创性的要求，不能成为著作权法上的作品，但是可采用邻接权或单独立法进行保护，保留人格权保护上的署名权，降低对智能创作内容的财产权保护水平，规定邻接权保护期限[②]。此外，鉴于智能创作成果缺乏著作权法上的自然人作者，无法满足著作权法上的作品性质及其著作权法保护要求，但可通过专门立法，在智能创作程序开发、运行和数据挖掘等各个阶段，为人工智能创作规定不同的权利主体和保护措施[③]。

从《著作权法》(2020 年修订)第三条关于“独创性”“能以一定形式表现”“智能成果”等作品特征及其“符合作品特征的其他智能成果”等作品类型界定来看，机器写作并非是对机器学习素材的简单复制与演绎，其创作内容并不完全属于邻接权保护客体范畴，它在表现形式上符合“独”“创”的作品属性，具备成为著作权法保护客体的所有特征，若不能以著作权法加以保护，难免由此引发诸多纠纷以致无法有效化解。索尼计算机科学实验室通过对巴赫歌曲的智能机器学习所谱写的曲子甚至连专业的音乐学家都以为是巴赫本人未公开的作品。基于机器学习的“算法创作”本质上乃是“机器作者”与人类作者的共同创作，有别于“人类中心主义”下的创作主体结构；输出阶段的“生成内容”，具有作品的思想表现形式和人格主义要素，应受著作权保护[④]。因而，机器写作成果具备独创性及可版权性，从法律上赋予其版权地位有助于规制机器写作的侵权纠纷。

最后，在机器写作成果的权利归属主体认定进路上，一是赋予人工智能以拟制

---

① 冯晓青，潘柏华．人工智能“创作”认定及其财产权益保护研究：兼评“首例人工智能生成内容著作权侵权案”[J]．西北大学学报(哲学社会科学版)，2020，50(2)：39－52.

② 罗祥，张国安．著作权法视角下人工智能创作物保护[J]．河南财经政法大学学报，2017，32(6)：144－150.

③ 宋红松．纯粹“人工智能创作”的知识产权法定位[J]．苏州大学学报(哲学社会科学版)，2018，39(6)：50－56.

④ 吴汉东．人工智能生成作品的著作权法之问[J]．中外法学，2020，32(3)：653－673.

自然人身份形式并据此认定其创作主体地位;二是将服务机器写作的人工智能设计人、使用人、投资人或所有人作为机器写作成果的权利归属主体。辅助完成机器写作的人工智能不过是基于特定的算法模型结合有关文本挖掘与分析才得以产生所谓的智能创作生成物。因此,将智能创作成果权利归属于辅助写作的智能技术设计人、使用人、投资人或所有人都不乏其合理性。不过对其权利归属模式的确立则需兼顾各方利益诉求,促进内容产业发展,以利于化解多元矛盾与纠纷。根据技术创新与内容生产领域的法律规范,将其归于参与内容创作或投资的自然人或法人,应该属于比较现实的理性选择。此外,法经济学上的波斯纳定理主张"权利应赋予对其价值最珍视者"。在基于机器写作的智能技术辅助创作活动中,参与创作者与委托投资者对于其智能创作成果的成本投入更具切实的认知,并且对其机器写作成果的市场价值也更具有效的评估,作出如上归属也有利智能创作生成物的有效利用并据以增进社会福祉,通过赋予机器写作成果以版权也能有效规制相关侵权纠纷。

2. 算法偏见与隐私侵权的法律规制

机器写作技术运用有赖于人工智能"算法＋数据＋算力"三元资源要素交互作用与集成运行,在此过程中如果待"喂养"数据存在偏差或不足就难免导致据其训练的算法出现偏见或歧视。算法并不会生而歧视,计算机工程师也很少刻意将偏见教给算法。算法偏见的产生与人工智能的核心技术即机器学习休戚相关。机器学习过程可以化约为如下步骤:① 将人类社会行为数据化,对非结构化数据进行标注形成数据集;② 从上述数据集中提取测试集与训练集;③ 计算机工程师为机器学习进行目标设定并决定采用哪种模型、选取什么特征(数据标签)和进行数据预处理等;④ 将训练集数据投喂给机器学习并生成模型,利用测试集数据给机器学习生成模型进行准确性测试;⑤ 运行机器学习模型进行决策成果输出。首先,数据集作为机器学习的基础倘若本身缺乏代表性而出现配比偏差或有失客观;其次,基于主导地位的智能产品进行数据采集面临用户群体样本的单一性;再次,基于数据集来源局限或采集便利而出现内容的非主流与非均衡性,据此进行数据投喂生成的机器学习算法模型决策就难免有失公允。此后目标设定、模型采用、数据标签特征选取都离不开算法工程师或数据标注者的人工参与,特别是对某些非结构化的数据集(如大量描述性文字、图片、视频等),算法无法直接分析,需人工进行数据标注,提炼出结构化的维度,用于训练算法,数据标注者除面对"是与非"的判定,更可能面临"美或丑""善或恶"的主观价值判断。上述数据集构建、目标制定与特征选取(工程师)、数据标注(标注者)等环节都可能为算法注入偏见,机器学习算法偏见由此而生。

基于机器写作技术运用的智能创作,作为"一种基于概率算法对现有作品集规律的模仿和预测”，是研发者根据智能适用场景选择不同作品样本和算法，利用机器学习技术并结合经由反复训练后形成代表作品集规律的概率模型所进行的创作。因而，机器写作的数据输入与文本挖掘、机器学习与算法训练过程早在其内容生成与定向分发之前就面临机器“读”“写”的不同偏好带入了。如果可供机器阅读的数据文本在道德思想表现、隐私信息甄选及人权度量标准等方面存在某种偏见因素的带入，据此进行智能创作的成果就可能面临价值偏差或情感缺失。这是因为当可供机器学习写作训练的数据文本材料面临版权法保护时，就使“喂养”算法的训练数据获取与使用成本有所增加，以致机器写作技术开发者在其训练目标设定与算法模型采用等方面都倾向选取获取与使用成本相对较低的测试集与训练集数据，而那些公有领域不受版权法保护的数据文本便是他们的理想之选。不过，在公有领域中往往难以大规模获取充足的平行语料，充斥其间的数据文本材料往往因来源局限而存在配比偏差甚至充满偏见。此外，版权法禁止规避技术措施，限制了减少偏见的反向工程技术实施及其人工智能系统的优化开发[①]。同时，对于版权保护作品默认采取“选择加入”（opt-in）的利用与保护机制不仅抬高了机器学习数据来源市场的许可交易成本，而且制约了对于带有算法偏见倾向作品的信息披露及其算法问责制实施，导致其算法偏见问题难以消除。另外，对于机器写作的版权法规制还可能制约机器学习技术创新发展的速度与方向，不仅限制新进入者的市场竞争能力，而且控制机器学习收集侵权风险低且易获取的作品[①]，以致使机器学习面临更为严峻的算法偏见问题。

一方面，面对机器写作及其智能创作成果生成中的算法偏见需要寻求可行的规制路径。为此，可以选择基于合理使用制度扩张的规制方案[②]，即采取“无条件例外”模式而非“选择退出”或“法定许可”模式，使机器写作技术开发者可以无成本付出地将版权作品用作训练数据，从而增加训练数据的数量，进而提高训练数据的质量。采取“无条件例外”模式而非“有条件例外”模式，将合理使用的适用范围扩张到基于商业使用目的的机器学习，从而推动机器写作技术创新及其内容创作。因而，版权法应该对人类读者与机器读者作出区分。对于面向人类读者的作品使用行为，“必须要予以严格、详细地审查，以确保属于版权人的作品市场不被侵蚀，但属于机器读者的使用行为，则应属于合理使用”[③]。此外，斯坦福大学法学院教授 Mark Lemley 和该校机器研究中心法学教授 Bryan Casey 提出“合理学习”概

① Levendowski A. How Copyright Law Can Fix Artificial Intelligence's Implicit Bias Problem[J]. Washington Law Review, 2018, 93(2): 597 - 602.

② 梁志文，李忠诚. 论算法创作[J]. 华东政法大学学报，2019，22(6)：46 - 59.

③ Grimmelmann J. Copyright for Literate Robots[J]. Iowa Law Review, 2016, 101: 667.

念，认为机器阅读与人类阅读都是一个学习他人表达的过程，并非是简单地为复制他人作品而进行的扫描，因而有必要将合理使用的适用范围扩展至“合理学习”领域，即使其数据库资源受版权保护，法院也应该放任机器学习数据库资源。这是因为版权法只给予版权人对其作品受版权保护部分的控制权，并未给予版权人对其作品中非版权素材的控制权，复制权保护范围并不延及已有创作中的事实、功能或其背后的思想，因而对数据文本的非表达复制应属于合理使用范畴。因而，随着机器阅读逐步从被动扫描转向主动学习并生成智能创作成果形式，对集合的数据库“合理学习”自然有利于公众监督和群智创新，从而不断优化算法以规制机器写作技术运用中的算法偏见。不过，为促进机器学习的数据文本市场供给及其数字技术创新，当机器阅读涉及版权素材的表达使用时，可借鉴专利法中的当然许可制度，根据输入数据文本的声明与备案信息，适用类型化的版权例外模式以规制机器阅读所致的版权市场替代风险。

另一方面，面对机器写作及其内容生成与定向分发的用户信息取用需要寻求可行的规制路径。在机器写作技术运用的内容生成与定向分发阶段，内容服务供应商往往根据既往订阅用户的浏览习惯及其欣赏癖好等用户信息开展智能创作成果的定向分发工作。实际上，甚至在机器写作的数据输入与文本挖掘阶段，内容生产与提供商就已经在采用技术手段对订阅用户的上述浏览习惯及其欣赏癖好等用户信息进行采集与分析，其中有些可能涉及用户个人隐私信息，例如除了浏览习惯及其欣赏癖好之外，还可能涉及性取向、消费能力、活动轨迹等特有信息。以在线行为广告（Online Behavioral Advertising，OBA）[①]定向推送为例，广告服务商利用cookie记录用户访问日志站点、点击链接等数据存储功能，通过用户的客户端通信设备对用户网页浏览行为进行监视访问和隐秘追踪，据此采集有关用户数据，通过大数据分析并进行非透明化信息处理，对用户消费习惯与偏好进行预测，借助用户画像并为其建档以进行信息聚类与筛选，基于某种算法筛选机制对访问特定社交账号的网络用户定制化发送“信息流广告”[②]。类似国内的今日头条、微博等平台运营机制，智能创作的内容定向分发模式正是依据用户阅读喜好和浏览特点，由内容生产与提供商利用机器写作技术进行文案定制与编创，再根据前述对有关用户信息的采集与分析结果，将相关内容“投其所好”地定向分发给相关订阅用户。

① ［美］詹姆斯·R. 卡利瓦斯. 大数据商业应用风险规避与法律指南［M］. 北京：人民邮电出版社，2016：68－69.

② 一种依据社交群体属性对用户喜好和特点进行智能推广的商业模式，由网络平台汇聚整合用户各种行为大数据而由广告公司进行数据分析并实现定向投放模式。

不过，上述这种基于信息流广告的内容定向分发机制及其运营模式，是对大数据采集与分析融合内容的生产与分发，涉及对极具个性和身份特征的信息（个人信息与非个人信息）的采集与分析及其持续利用。根据《网络安全法》规定，涉及个人信息取用及其处理须遵循“合法、正当、必要”原则与“知情同意”规则。不过，为平衡网络信息安全保障与促进大数据产业发展的利益冲突起见，对匿名化后不可恢复识别的信息以及出于公共利益或学术研究而采取去标识化的个人信息可以作为同意例外情形。《信息安全技术个人信息安全规范》（GB/T 35273—2020）（下称《个人信息安全规范》）作为国家推荐标准的软法规制工具，规范了个人信息取用及其处理的同意情形及例外情形，其第 5.6 条列出了 11 项“征得授权同意的例外”情形，多数系出于维护国家利益和公共利益或信息主体生命、财产等重大合法权益，且保留了 2017 版《个人信息安全规范》第 5.4 条“g）根据个人信息主体要求签订和履行合同所必需的”这一用户与网络服务商之间协商条款的约定空间，但新增添一个备注[①]，突出强调了“用户协议”与“隐私条款”的功能区分及不可互替，进一步规范信息控制者的数据取用及其处理行为。因此，基于机器写作技术运用的内容生成与定向分发机制如果涉及用户信息取用及其处理，内容生产与分发服务商并不能仅以其已达成用户协议而拒绝遵循隐私政策的同意规则，或是适用同意例外情形直接开展内容定向推送服务并据此进行免责抗辩。作为一种规制内容服务商侵害用户隐私的可能对策，法律上不仅要赋予网络用户对其信息取用与处理的同意权和同意撤回权，而且要赋予其是否有意接受内容服务商进行内容定向推送与分发的知情权、选择权乃至拒绝权，以免遭遇机器写作生成的劣质内容推送等不当侵扰，确保享有所谓免予干涉与打扰的自由。

---

① 参见《个人信息安全规范》第 5.6 条 g）“注：个人信息保护政策的主要功能为公开个人信息控制者收集、使用个人信息范围和规则，不宜将其视为合同”。

第十章　虚拟现实技术与法律

虚拟现实(Virtual Reality,简称 VR)又称灵境技术,它综合运用电子信息和计算机仿真系统模拟生成三维空间的虚拟环境,从而形成一种交互式三维动态视景和实体行为环境,使用户在视觉、听觉等感官方面沉浸其中,并可及时、没有限制地观察三维空间内的事物,给人以假乱真的沉浸感。增强现实(Augmented Reality,简称 AR)及结合 VR 和 AR 技术的混合现实(Mixed Reality,简称 MR)均是 VR 技术的进一步发展,可实现物理实体和数字对象共存与实时互动。VR/AR/MR 技术创新发展创造了各种应用场景并逐步成为一个新科技领域,不过其技术运用也引发了诸多社会问题与法律挑战。

一、虚拟现实的法律与社会影响

1. 虚拟现实技术原理及要素与类型

从技术原理上看,虚拟现实的关键技术主要涉及:① 动态环境建模技术,VR 技术首先要获取实际环境的三维数据,并根据其应用场景的需要建立相应的虚拟环境模型,因此建立虚拟环境是 VR 系统的核心内容;② 实时三维图形生成技术,VR 技术不仅要生成三维图形,关键是要“实时”生成,为此至少要保证图形的刷新频率为 15 帧/秒以上甚至高于 30 帧/秒;③ 立体显示和传感器技术,虚拟现实成效是建立在立体显示和传感器技术的交互能力之上的,因而有赖于力学和触觉传感装置的深入研究以提升虚拟现实设备的跟踪精度与广度;④ 应用系统开发工具,只有寻求到适宜的应用场景与对象才能有效拓展虚拟现实应用前景,从而大幅度提升其技术应用目标与生产效率,为此促进虚拟现实的开发工具创新与发展;⑤ 系统集成技术,VR 系统中的信息感知和模型建立都离不开系统集成技术的作用,包括信息同步技术、模型标定技术、数据转换技术、数据管理模型、识别与合成技术等。其中以交互技术、呈现技术和三维建模技术为虚拟现实三项关键技术[①]。

VR/AR技术实施有赖于三个要素:数据、建模、设备。VR/AR技术模拟生成虚拟影像首先要利用计算机技术及电子感应设备将其采集的现实世界的数据与各种输出设备结合,使其转化为三维模型再生成虚拟场景而为人感知。因而,其技术实现过程中的数据流包括平台数据(Platform Data,PD)、模型数据(Model Data,MD)、感知数据(Sensory Data,SD)、控制数据(Control Data,CD)。其中,模型数据是VR系统的主体数据,是现实世界事物在数字空间的映像。只有将现实世界中的对象、对象间关系、对象间的相互作用及其发展变化,通过数字化方式映射为数字空间中的数据,才能在虚拟世界中对于现实世界加以精准模拟。在VR系统中依据空间结构、物理属性、行为属性、动力及运动等模型数据进行建模,采用不同的建模方法模拟对象[②]。只有通过上述模型的建构才能实现虚拟现实的"真实"体验。因而,虚拟现实技术实施的关键在于采取合适的模型数据并在此基础上选择合适的方法进行建模,即构建VR/AR技术生成物——三维数字模型。

虚拟现实技术实施中为获得沉浸式体验往往还需依其虚拟场景而选择适宜的佩戴设备。一是PC端VR头戴显示器,以Oculus Rif、HTC Vive为代表,其特点是沉浸体验强,但成本高,便携差,设备所需空间大,其使用场景是与PC或游戏机连接,运行游戏,播放电影、录像等全景视频,用于娱乐、展示、房地产行业等。二是游戏机附件类VR头戴显示器,以Play Station VR为代表,其沉浸体验强,不过往往成本高且便携性差,使用设备所需空间大,其使用场景是作为游戏机专属附件,连接家用游戏设备,运行游戏,播放电影、录像等全景视频。三是移动端VR头戴显示器,以Google Cardboard、三星Gear、暴风魔镜为代表,其特点是体验较差,但制作简单,成本低廉,便携性强,其使用场景是连接智能手机等移动设备,作为显示器,播放电影、录像等全景视频,运行移动游戏。四是一体机VR设备,以Simlens VR、英特尔Alloy头盔为代表,其特点是成本适中,体验较好,便携性好,因集成显示屏和处理器而不需要外接显示设备,其使用场景是独立适用于运行游戏、播放电影或录像等全景视频。相对VR使用封闭式VR头盔,AR一般使用AR眼镜作为辅助性设备,多用于生活、学习、工作等场景,技术效果参见苹果ARKit和谷歌ARCore。

相对于VR,AR运用多媒体、三维建模、实时视频显示及控制、多传感器融合、实时跟踪及注册、场景融合等新技术手段,透过虚、实两个摄像机针对影像位置及角度进行精确计算,加上图像、视频、3D模型分析,实现屏幕虚拟世界和现实世界场景的集成互动,使虚、实场景融为一体,可在三维空间中自由增添、定位虚拟物

① 秦一帆.从专利角度审视智能制造的虚拟现实技术[J].中国仪器仪表,2019(8):71-74.
② 赵沁平.虚拟现实综述[J].中国科学(F辑:信息科学),2009,39(1):2-46.

体。融合 VR 与 AR 的 MR 则进一步创造真实和虚拟世界混合的新环境和可视化，实现物理实体和数字对象实时共存与互动，使原本现实世界一定时空内很难体验到的视觉、声音、味道、触觉等实体信息，通过计算机仿真将虚拟信息应用到真实世界，实时地叠加到同一画面或空间使其并存且能被人类感知，从而达到增强甚至超越现实的感官体验。根据真实到虚拟的成分递增，MR 相对 VR/AR 大致呈现"真实环境→增强现实→增强虚拟→虚拟环境（现实）"的递进变化。比较而言，增强现实中真实成分多于虚拟成分，增强虚拟中虚拟成分多于真实成分，虚拟现实就是人工制造的环境[①]。从技术原理及其实现效果看，VR 技术具有沉浸性、交互性、多感知性、想象性和自主性等特点。相对 VR 而言，AR 技术具有虚实结合性、实时交互性、3D 精准定位性等新特点。就技术起源与发展而言，虚拟现实大致经历 1963 年前的有声形动态模拟等思想诞生、1963 年至 1972 年的萌芽生长、1973 年至 1989 年的概念提出和理论初成、1990 年至今的理论完善和应用等四个阶段。不过，由于 VR 技术研究对象众多，研究目标不一，应用需求广泛，因而根据其所涉学科、应用领域或系统功能可能存在不同分类。

首先，根据沉浸式体验角度分类，包括用户与设备非交互式体验、人与虚拟环境交互式体验、群体与虚拟环境交互式体验等。相对而言，用户在与设备没有交互式体验情况下往往显得更被动，其所进行的沉浸体验内容均经由事前规划设置，即使用户可以在某种程度上自主引导其场景数据并进行调度，但仍属于非实质性交互行为，譬如在场景漫游中用户几乎无须什么行动。而在人与虚拟环境交互式体验系统中，用户可以使用数据手套、驾驭模拟器等设备与虚拟环境交互，用户此时可以感知虚拟环境的变化，进而能像在现实世界中那样产生某种切身感受。关于群体与虚拟环境交互式体验是将 VR 系统网络化、多机化，使多用户共享一套虚拟环境，如大型网络交互游戏，这使 VR 系统更加逼近真实世界无异。其次，根据 VR 技术系统功能或应用目标与需求角度进行分类，可将其分为展示娱乐、训练演练、规划设计等。展示娱乐系统适用于为供给用户提供逼真的观赏体验，包括数字博物馆、大型 3D 交互式游戏、影视制作等，例如 Disney 在 20 世纪 70 年代便用 VR 技术拍摄特效电影。训练演练系统适用于各种危险环境及某些难以获得操作对象或实操成本极高的场景，例如外科手术训练、空间站维修训练等。规划设计系统适用于新设施的实验验证，从而大幅缩短研发时长并降低设计成本，提高设计效率，例如利用 VR 技术模拟城市给排水系统，从而大幅减少原本需用于实验验证的经费。

---

① 鉴于 MR 与 VR/AR 边界极为模糊，AR 系 VR 发展的呈现，除非特别声明，以下均以虚拟现实称之。

2. 虚拟现实的社会影响及应用领域

在被称为元宇宙元年的2021年，虚拟现实技术受到产业与资本的双重青睐。元宇宙概念始于1992年科幻作品《雪崩》中提到的"Metaverse（元宇宙）"和"Avatar（化身）"。元宇宙并非单一技术所能成就，而是整合5G、6G、人工智能、大数据等多种新技术产生虚实相融的新型互联网应用社会形态，可理解为"3D版互联网"，其核心技术功能除VR/AR技术提供沉浸式体验之外，还包括通过数字孪生技术把现实世界镜像到虚拟世界，使人们在"Metaverse"里拥有虚拟替身并实现虚实相融的互动，而这个虚拟世界即被称为"元宇宙"；此外还借助区块链技术搭建经济体系，使虚拟与现实世界在经济系统、社交系统、身份系统各方面密切融合，且允许每个用户进行内容生产和编辑。因而虚拟现实技术将会在现有网络化社会生存方式基础上进一步改变社会交往方式。例如，随着新冠疫情持续，为适应隔离病毒的需要，社会生产服务领域出现所谓的"非接触"式经济模式。而虚拟现实技术因其可实现学习、生活、工作等社会场景的虚实结合与及时互动，势必对人们的学习娱乐、衣食住行等都产生广泛而深远的影响。具体而言，在游戏娱乐、医疗保健、科学研究、工业生产、教育学习等领域，虚拟现实技术均有着广泛的应用前景。

一是在电子游戏与影视娱乐领域的应用。用户戴上各种虚拟现实设备，就可沉浸其中体验逼真的游戏效果，观看更加逼真的电影，感受演唱会或直播球赛的现场气氛，从而使用户能够更进一步体会到虚实共生的娱乐观感与享受。

二是在医疗保健领域的应用。医生使用VR/AR技术，通过CAT扫描或超声波产生的诊断图像生成患者解剖结构的3D模型以诊断病情，进行手术预演与模拟练习培训，帮助患者进行康复治疗、心理治疗、远程治疗等。患者在家戴上虚拟现实设备可进入虚拟的模拟环境与医院医生进行交流，医生则借助传感器就病人各项生理指标与病情开展远程问诊。

三是在科学研究领域的应用。VR/AR技术可以为科研提供研发工具与模拟实验场景。例如中国将跨流态内外环境仿真设计用于2021年中国首次火星探测任务"天问一号"探测器研制过程中，保证了探测器的安全着陆与正常飞行巡视工作顺利进行。美国航天局喷气推进实验室基于VR/AR技术创建便于人机交互操作的火星虚拟环境，仿真分析登陆火星的行进与操作情境，以便在实验室中规划"火星探路者"的行车路径。

四是在工业生产与虚拟展示领域的应用。VR/AR技术可用来改造传统制造业产业结构与生产流程。例如汽车制造商基于虚拟现实实验室可开展零件制造、风洞实验、模拟撞车安全实验和车内设计等工作以降低制造成本。建筑装饰工程通过软件展现虚拟现实模型而无须借助粗略的施工图进行施工设计。对难以或不便直观展示原状原貌的实物如名胜古迹或历史文物进行重现与修复，原址浏览时对曾经摆放的物品或不便摆放的实物进行还原展示，以免馆藏物品损坏或失窃，发挥还原图像展示作用。

五是在教育培训及军事训练领域的应用。借助虚拟现实技术建立三维模型辅助教学，利用分布式网络建立虚拟课堂进行互动式学习交流与问答，通过沉浸式学习使学生在文本编码化知识系统之外，更全面与系统地摄取某些意会知识元素并构建其知识谱系，实现学习观感的可视化、具象化体验，改善学习与教学效果。在军事训练与演练领域中开展“兵器推演”，建立虚拟的作战环境帮助士兵模拟完成作战训练任务。

从上述有关虚拟现实技术的应用领域来看，虚拟现实对于人们的生产方式、生活方式与学习方式等各方面的变革都产生了积极与消极两方面的社会影响。

一是生产方式变革的影响。工业生产中采用虚拟现实与计算机仿真技术模拟产品制造及其图纸设计、模型实验、生产试制过程，建立“虚拟制造”或“虚拟设计”场景，为工业生产设计者提供从产品概念的形成、设计到制造全流程的三维可视及交互环境，使制造业摆脱对传统经验的依赖，提高设计水平，降低新产品实验与生产试制过程中的失败风险，缩短开发周期，降低开发费用。当然，VR/AR 技术虽能降低创新门槛，也可能增加创新成果归属与利用纠纷。

二是生活方式变革的影响。虚拟现实以“交互性”为显著特征，用户接收信息时还可与虚拟世界实现互动交流。虚拟现实技术与传统思维强调可感、实在、在场等有所不同，其借助虚实融合互动形成和开创了一种非接触式生存、生活方式，在传统的网络化、信息化、数字化基础上进一步使人们的职业行为、休闲模式、交往范式朝着“数字孪生”方向发展，适应虚拟环境以仿真技术手段完成职业任务，实现休闲娱乐，建立交往规则。这固然有利于提高工作效率、丰富业余生活、拓展人际空间，但也会带来人的主体性丧失、个体与社会连接纽带的撕裂、社会心理的闭锁等不良影响。

三是学习方式变革的影响。借助虚拟现实技术的沉浸式体验实现互动式与启发式教育结合，使传统启发式教育的丰富内容和多样形式更加“活化”，激发学习兴趣与热情，充分调动学习主动性。它使学习、教育与培训中的主体与客体在更深层次上实现融合与互动，但也带来了诸如主体对客体事物的虚实难分与判断误差，以致对虚拟世界产生心理依赖，或对现实世界产生拒斥心理。例如造成用户身心紊乱、情绪反常、精神恍惚等不良生理与心理上的反应，甚至造成过于沉浸虚拟现实，对网络文化过于迷恋，破坏固有的文化多样性繁荣共生，因而需要采取相应措施进行规制，以免造成虚拟与现实世界的伦理主体角色错位与道德混乱①。

① 林建武.沉浸道德：虚拟现实的伦理可能[J].云南社会科学，2017(3)：29－34.

3. 虚拟现实技术运用中的法律影响

为获得更好的沉浸式体验，虚拟现实技术需要使用 VR/AR 辅助设备进行观察与感知。当用户使用 VR/AR 技术时其有关辅助设备为运行需要也在采集用户信息，尤其是用在医疗保健场景下还可能涉及用户敏感个人信息的收集使用。此外基于虚拟现实技术所生成的三维数字模型及据此生成的视听影像也是创造性智力劳动成果，应该受法律保护。因此，虚拟现实技术运用中面临诸多法律问题有待解决。

其一是虚拟现实辅助设备的产品质量保障问题。用户在虚拟现实技术运用中需要用到头盔或眼镜等辅助设备，借助这些设备载体才能进行虚实结合完成观感并实现互动，特别是在游戏娱乐、教育培训等应用场景中，这些显示器材或观赏仪器需要直接作用于人体视听器官并引发人体身心与体感的反应。一方面，它能使人享受身临其境的沉浸感而实现其服务目标并提升其服务功能；另一方面，它也可能引起头晕目眩或视觉疲劳等不良的身心反应。因此，有必要进一步规范 VR/AR 设备的产品质量标准与监管机制，并就其辅助设备使用中的用户人身安全保障与主体适格性等作出规范，以维护用户的消费者权益。

其二是虚拟现实技术运用中的用户信息保护问题。VR 尤其 AR 运用中为便于对影像位置及角度精确计算并进行图像、视频、3D 模型分析，需要使用多媒体、三维建模、实时视频显示及控制、多传感器融合、实时跟踪及注册、场景融合等新技术与新手段，VR/AR 辅助设备是用户实现虚拟世界和现实世界场景集成互动的工具，为提升用户的沉浸体验，其在用户使用时往往追踪用户信息并对用户的肖像(头像)、身高、体重、地理位置、聊天记录等信息进行收集与分析处理，甚至在用于医疗保健等场景时，还可能采集患者的生物信息与病史记录等敏感个人信息，使个人信息保护面临严峻威胁。

其三是虚拟现实技术运用中 VR/AR 生成物版权保护问题。根据 VR/AR 技术运用原理，其生成虚拟现实场景是建立在三维数字模型的分析与设计基础之上的。VR/AR 生成物既包括用户可感知的虚拟现实场景本身，也包括其赖以形成的三维数字模型，法律上面临如何认定两者是否属于相同或对应的法律客体，以及如何界定它们的法律属性。作为一种用户可沉浸式感知且虚实结合的体验对象，VR/AR 生成物是否具备作品属性及如何认定其作品类型，也尚存争议。不同于传统的三维模型作品，VR/AR 三维数字模型是借由计算机代码而实现数字化生成的立体造型，具备艺术性与独创性的表现形式，但其艺术性与独创性要求又高于作为一般作品的美术作品。VR/AR 三维数字模型重视感官体验却缺乏实际功效，虽有实用艺术品形式，但并不应归于实用艺术品之列。

其四是虚拟现实出版物是否构成版权合理使用问题。将虚拟现实技术运用于出版领域可生成 VR/AR 出版物。尽管曾有研究认为 VR/AR 出版物保护模式尚无法有效契合 VR 出版物的集合性特征或有抑制图书流通效率的弊端，VR 作品面临客体类型归属困境[①]。不过，根据《著作权法》(2020 年修订)，可以在 VR/AR 出版物的客体属性认定上将其归于视听作品类型。VR/AR 出版物制作中需进行场景采集与数据抓取，关于 VR/AR 出版物对在先素材包括主题、情节、画面剪辑编排等数据信息利用是否构成合理使用，需将 VR/AR 出版物与其所使用的素材进行比对，并在对其使用目的、使用行为的潜在影响因素加以综合分析的基础上进行判定。可见，VR/AR 出版物在场景采集与数据抓取中需解决其复制行为性质定位，同时构建 VR/AR 出版领域的文本与数据挖掘例外规则[②]。

其五是虚拟现实技术被用于刑事犯罪工具问题。VR/AR 技术运用带来的沉浸式体验具有虚实结合、实时交互和精准定位等特点，加上人类面临“理性不及”(哈耶克语)和主观认知偏差，虚拟现实技术具备成为滋生欺诈或教唆与传播犯罪技术等温床的可能。VR/AR 技术有可能通过预演犯罪行为步骤或实施场景等为犯罪技术传播或实施提供媒介或场所。例如，长期使用虚拟现实技术可能使不法分子很难对现实世界与虚拟世界中的人财物差异进行完全界分，这就导致在犯罪对象选择上存在将虚拟世界中感知到的仿真人财物代入到现实世界中而实施犯罪行为的可能，此时，能否依其使用虚拟现实技术所致的意识转换差错或认知更新不及等原因而减免其主观过错程度；若是第三人利用 VR/AR 技术诱导其使用者出现上述误入歧途的情形，是否可以将该第三人纳入教唆犯罪或传播犯罪技术的范畴；如何对 VR/AR 技术的不当利用进行规制，均面临法律挑战。

二、虚拟现实技术创新的法律保障

1. VR/AR 技术创新成果的法律属性

鉴于 VR/AR 生成物既包括用户可感知的虚拟现实场景本身，也包括其赖以形成的三维数字模型，因而界定 VR/AR 技术生成物的属性既涉及对虚拟现实场景的法律属性的分析，也涉及对其赖以建立的三维数字模型设计的知识产权属性的分析。三维数字模型是利用计算机三维建模软件生成的数字化的可被用户感知的立体造型设计，它能够将由工程(产品)的设计方案、原型图或草图和技术性说明及其他技术图样所表达的文本形式，构造成可用于设计和后续处理工作所需的模

---

① 韩赤风，刁舜. VR 出版物的作品属性探究[J]. 出版发行研究，2019(10)：39，59 - 62.
② 徐瑛晗，马得原.“VR 出版物”著作权合理使用问题探析[J]. 科技与出版，2021(7)：122 - 130.

型。VR/AR 技术正是利用三维数字模型借助虚拟现实软件运行并结合各种输出设备，使其转化为人们感官所能感知到的虚实结合的逼真现象，从而使用户沉浸在其所创造或体验的虚拟环境之中，通过三维数字模型可以将这些现象中虚虚实实、虚实相间及彼此交错的人与物均展现得栩栩如生。

就知识产权客体而言，主要包括专利（包括发明、实用新型和外观设计）、商标及作品这三种常见类型。虚拟现实技术下的三维数字模型的内容生成与展示用途在于使人沉浸在其模型预设的特定虚拟场景中，即便该虚拟场景让人身临其境又栩栩如生，但基于该三维数字模型所生成的虚拟场景（包括其中的人与物）并非实体意义上的物品（产品或商品）。因而，虚拟现实技术生成物（虚拟场景及其虚拟物品）作为“非实体物产品”的设计在法律上能否获得适格的外观设计客体地位，目前尚存在理论认识上的分歧与规范适用上的空白。况且，虚拟现实技术及其赖以建立虚拟场景的三维数字模型作为数据代码，如并非用以解决某种技术问题并能借以实现某种技术效果的技术方案，其作为“非实体物产品”在发明或实用新型领域也面临着可专利性的障碍。

随着我国《著作权法》（2020 年修订）第十条第（五）项增添了复制权“数字化”制作方式，结合该法第三条吸纳《著作权法实施条例》（2013 年修订）第二条部分内容[①]，将此前立法关于“包括以下列形式创作的文学、艺术和自然科学、社会科学、工程技术等作品”这一有关作品的界定，修改为“是指文学、艺术和科学领域内具有独创性并能以一定形式表现的智力成果”，与《著作权法实施条例》（2013 年修订）第二条关于“能以某种有形形式复制”的规定相比，该修改内容拓展了对作品属性的界定，弱化了作品应满足“客观性”“可复制性”要求，强调作品的“独创性”并“能以一定形式表现”等特征。尤其是该条第（九）项将此前规范“法律、行政法规规定的其他作品”改为“符合作品特征的其他智力成果”，由准用式封闭立法规范改为适度开放立法规范，这种修改有助于为 VR 技术实施中虚拟场景及其虚拟物品的法律属性认定提供解释适用空间。

值得注意的是，我国此前的《著作权法（修订草案送审稿）》第五条曾规定“本法所称的作品，是指文学、艺术和科学领域内具有独创性并能以某种形式固定的智力表达”，保留了“独创性”要件，将“以有形形式复制”修改为“以某种形式固定”。显然，呈现于虚拟现实技术实施及其辅助设备运行中的三维数字模型虽满足“独创性”要求，但要实现“能以某种形式固定”却非易事。《著作权法（修订草案送审稿）》也因作品属性的“固定性”要件而引发理论争议，若其付诸表决通过也难免造成实践困惑。不过，三维数字模型虽然在虚拟现实技术中无法被固化，但三维数字模型

① 《著作权法实施条例》（2013 年修订）第二条规定：“著作权法所称作品，是指文学、艺术和科学领域内具有独创性并能以某种有形形式复制的智力成果。”

在本质上作为以计算机为载体的程序或代码，不仅具备一定的表现形式，而且也能以某种形式加以复制。基于三维数字模型的虚拟现实场景及其虚拟物品既非实在亦非固定之物，即便其虚实结合也难以达此要求，而且其还有赖于人们的主观感知才能确证其“存在”与否。不过，若深究虚拟现实场景及其虚拟物品的表现形式，很难按《著作权法实施条例》(2013 年修订)第二条规定将其纳入“能以某种有形形式复制”的范畴。随着数字技术创新发展，为保障 VR/AR 技术生成物投资人与设计者正当权益，理论与实践中有必要将基于三维数字模型的虚拟现实场景及其虚拟物品与该三维数字模型的程序代码表达视为具有内在统一性的知识产权客体范畴，着眼于其能否以一定形式加以表现，而无须关注其复制形式的“有形”“无形”，更不应将表现与复制的“固定性”要求作为其作品属性构成的限定要件。

此外，对基于三维数字模型的虚拟现实场景及其虚拟物品与该三维数字模型究竟归于何种类型作品，也存在不同认识观点与规范路径。我国《著作权法》(2020 年修订)第三条吸纳《著作权法实施条例》(2013 年修订)第二条关于“具有独创性”部分内容，将条例“能以某种有形形式复制”修改为“能以一定形式表现”，将该法第三条第(九)项关于“法律、行政法规规定的其他作品”规定改为“符合作品特征的其他智力成果”。由于该法第三条第(七)和第(八)项只规定“图形作品”“模型作品”“计算机软件”作品类型，其类型化作品的解释可适用《著作权法实施条例》(2013 年修订)第四条[1]和《计算机软件保护条例》(2013 年修订)第二条和第三条中的有关规定。不过，从《著作权法实施条例》(2013 年修订)有关条款的立法目的来看，虚拟现实技术生成物及其赖以生成的三维数字模型尚难直接归于上述“图形作品”“模型作品”之列，将该三维数字模型生成的虚拟现实场景及其虚拟物纳入“美术作品”“艺术作品”范畴也可能面临类型边界重叠问题。

根据《计算机软件保护条例》第二条和第三条的规定，计算机软件是指计算机程序及其有关文档，计算机程序是指为了得到某种结果而可以由计算机等具有信息处理能力的装置执行的代码化指令序列，或者可以被自动转换成代码化指令序列的符号化指令序列或者符号化语句序列。同一计算机程序的源程序和目标程序为同一作品。文档是指用来描述程序的内容、组成、设计、功能规格、开发情况、测试结果及使用方法的文字资料和图表等，如程序设计说明书、流程图、用户手册等。基于 VR/AR 三维数字模型设计表现形式及其运行效果来看，虚拟现实技术赖以运行的三维数字模型在本质上可归于软件程序代码，是一种借助计算机生成的数

[1] 《著作权法实施条例》(2013 年修订)第四条规定：“(十二)图形作品，是指为施工、生产绘制的工程设计图、产品设计图，以及反映地理现象、说明事物原理或者结构的地图、示意图等作品；(十三)模型作品，是指为展示、试验或者观测等用途，根据物体的形状和结构，按照一定比例制成的立体作品。”

字化的可被用户感知的立体造型设计，其设计与使用都离不开计算机，模型文件在储存、流通、应用等环节都以数字文件形式存在。因而，在虚拟现实技术实施中，计算机程序的源代码、目标代码及其赖以运行的三维数字模型应属相对统一的客体，VR/AR 三维数字模型应归于计算机软件作品范畴①。

2. VR/AR 技术创新的法律保护模式

虚拟现实技术生成物的法律属性决定了其技术创新的法律保护模式。作为一种具备独创性表现形式的智力成果，虚拟现实技术生成物赖以运行的三维数字模型可以纳入"计算机软件"作品范畴。不过，不同计算机程序也可能实现相同的功能，相同的目标程序可能源自不同的源程序，因而虚拟现实技术实施中有可能出现不同的源程序形成相同的目标程序继而呈现相同的三维数字模型，使同一作品版权归属不一。基于《计算机软件保护条例》第三条关于"同一计算机程序的源程序和目标程序为同一作品"规范法理，若仅将虚拟现实技术赖以运行的三维数字模型纳入计算机软件作品范畴并施以著作权保护，实践中未必能有效保障 VR/AR 技术创新及其技术运行生成物所承载的知识产权价值。这是因为该三维数字模型所生成的虚拟现实场景及虚拟物品纵然具备作为商品或产品的外在表象，但并不具有实体物的特性，为解决 VR/AR 技术运行所生成的虚拟现实场景及虚拟物作为产品或商品所承载的知识产权价值保障问题，还需要突破专利或商标保护模式中对产品或商标必须具备"实体物"特性的认为分歧与规范局限。为此，需从版权、专利、商标乃至竞争法等多元角度寻求其保护路径。

其一，版权保护模式。以 VR/AR 出版物保护为例，其出版物内容的客体认定存在计算机程序论、类电作品论以及拆分保护论等不同保护路径，不过我国《著作权法》(2020 年修订)第三条第(九)项将作品类型"法定模式"改为"开放模式"，并不再限定可以构成作品的外在表达形式②，在一定程度有助于解决 VR/AR 出版物等各种作品类型的法定化困扰。此外，在 VR/AR 出版物保护方面，将图书出版商视为作者并集中行使其整体著作权，遵循出版商与原作者、VR 程序设计者、VR 平台等利益相关者的约定优先③，改善其利益配置，也有助于为虚拟现实技术创新提供法律保障与激励机制。同时，我国《著作权法》(2020 年修订)第三条放弃此前修订草案中关于作品要件的"固定性"要求，并且将该法实施条例中关于作品要件的"可复制性"特征调整为"可表现性"。由于可复制性并非仅"强调的是能够为他人

① 郭如愿. 论 VR 三维数字模型的作品属性[J]. 电子知识产权，2019(2)：41 - 49.

② 王迁.《著作权法》修改：关键条款的解读与分析(上)[J]. 知识产权，2021(1)：20 - 35.

③ 韩赤风，刁舜. VR 出版物的作品属性探究[J]. 出版发行研究，2019(10)：39，59 - 62.

所感知的外在表达”[1]，也可能还存在“固定性”“再现性”等不同理解，因而这种关于作品特征由“可复制性”到“可表现性”的修改，也为 VR/AR 技术生成物赖以生成的三维数字模型的著作权保护提供了进一步规范适用的空间。

当然，我国《著作权法》(2020 年修订)第三条第(六)项将此前“电影作品和以类似摄制电影的方法创作的作品”[2]改为“视听作品”，似乎为虚拟现实技术生成物保护提供了更为契合现实的法定作品类型。不过，虚拟现实技术模拟场景能够为用户提供的并非仅有“视”与“听”两种感观刺激形式，而是甚至包括嗅觉、触觉等，以营造身临其境之感。因此，无论以其修改前的“类电影作品”还是修改后的“视听作品”为虚拟现实技术生成物提供保护依然面临不周。在作品类型由“法定模式”改为“开放模式”的立法趋势下，对于 VR/AR 技术创新及其生成物保护模式的选择就应转向其技术运用场景及其使用成效与生成表现形式分析。例如，《著作权法》(2020 年修订)第三条第(五)项规定的“摄影作品”类型及其实施条例第四条第(十)项界定的“摄影作品”表现形式[3]，也可能符合虚拟现实场景再现的技术实施方式及其成果体现，也许各自的运用场景不一，但从其内容的生成方式、制作成效与表现形式上看，在适用于 VR/AR 技术生成物的保护模式上似乎都存在适用余地，也可能均面临种属重叠。再如，将 VR/AR 技术用于游戏竞技领域实现用户生成内容，或用于娱乐比赛领域实现用户观赏直播，就需根据其运作机理与表达空间，适用不同类型的保护模式。

其二，工业产权保护模式。一方面是关于商标权保护模式。这就面临如何处理现实与虚拟世界的商标保护范围及其在虚实之间的关系转换问题。具体而言，第一，对现实世界中享有注册商标专用权的商业标识，能否将其用于虚拟现实世界中及其虚拟物品之上[4]。第二，对于用在虚拟现实世界中虚拟现实产品(商品)上的商业标识是否可以纳入商标权保护的范畴。关于第二个问题，美国已将商标被核准注册的范围拓展至虚拟现实的商品或服务。美国专利商标局曾于 2008 年 8 月 12 日对 Simonros, LLC v. Thomas Simon 案中原告申请的一项商标标识给予核准，这被视为美国史上授予的首个核定使用范围覆盖虚拟现实世界有关商品或服务的商标标识。在后来的 Minsky v. Linden Research Inc. 商标侵权案中，原告

---

① 王迁. 知识产权法教程[M]. 北京：中国人民大学出版社，2011：26.

② 《著作权法实施条例》(2013 年修订)第四条关于“电影作品和类电影作品”的规定，“(十一) 电影作品和以类似摄制电影的方法创作的作品，是指摄制在一定介质上，由一系列有伴音或者无伴音的画面组成，并且借助适当装置放映或者以其他方式传播的作品”。

③ 《著作权法实施条例》(2013 年修订)第四条关于“摄影作品”的规定，“(十)摄影作品，是指借助器械在感光材料或者其他介质上记录客观物体形象的艺术作品”。

④ 鉴于该问题属于 VR/AR 技术运用引发的涉嫌侵权行为及其规制议题，拟在后续三之 1 部分予以阐述。

便利用其指定在虚拟服务（如在线出版艺术书籍、英语培训）中使用的“SLART”商标标识提起诉讼，法院明确如果商标标识被核准注册的范围包括虚拟现实产品或者服务，那么该商标标识在虚拟现实空间中能够受到商标法的保护[①]。法院进而颁发行为保全禁令，禁止玩家在第二人生游戏中侵害“SLART”商标。不过，在虚拟现实中的商标使用行为是否属于“商标性使用”，真实世界中的注册商标核定使用范围或经由使用所获的保护效力是否延及虚拟世界中相应的商品或服务领域，这种由真实世界到虚拟世界的转用行为能否基于特定情形归于合理使用范畴，如果这种使用涉及跨商品或服务类别又如何适用商标淡化理论对其使用行为不当加以评判，尚待理论探讨与实践探索。

另一方面是关于专利权保护模式。这也面临两方面问题，一是虚拟现实技术生成场景及其虚拟物的可专利性问题，二是现实世界中的授权专利能否在虚拟世界中加以实施问题[②]。对第一个问题，美国专利商标局发布了一份有关美国苹果公司的“增强网上购物氛围”的专利申请文件，此类专利技术申请可以为苹果公司利用虚拟现实空间开设苹果专卖店等电子商务提供便利。VR 技术实施需要软硬件结合，虚拟现实场景赖以生成的三维数字模型作为 VR 软件只要是解决特定技术问题并能实现特定技术效果的技术方案即可纳入方法专利保护，例如将虚拟现实用于电商经营所产生的商业方法。而用于感知上述虚拟现实场景的辅助设备作为 VR 硬件则可受产品专利保护。此外，在虚拟现实空间的外观设计保护方面，其虚拟外观设计客体可能面临作为产品载体的“非物质性”“非直观可视性”“非持续稳定性”等可专利性障碍。这使现行专利法关于专利实施及其禁止权能适用于虚拟现实的“非实在性场景”及“非物质性产品”时仍面临理论认识困惑与法律适用困扰。

对此，《美国专利法》关于“工业产品”定义放弃了外观设计必须附着于“有形物体”的观念，美国专利商标局将核准外观设计的客体范围扩展到虚拟外观设计，其司法判例也认可外观设计的客体范围向三维数字模型的扩张。为保障虚拟现实技术创新，《新加坡外观设计注册法》首次扩大“产品”范畴，引入并释明“非物质产品”概念，不再将外观专利仅限于“有形产品”载体，单独归类“非物质产品”的外观设计，成为全球首个系统规范虚拟外观设计的生效法案[③]。日本修改其《意匠法》拟保护“在产品以外的地方展示的图像设计”，也是意在保护虚拟现实中的外观设计创新成果。因而，外观专利申请不应仅适用由虚拟现实技术投射所显示的图像外观设计以及无须佩戴特定辅助设备而运用全息投影技术生成的虚拟成像外观设计

① 王丽颖，刁舜. 我国虚拟现实空间中的知识产权保护规则论纲[J]. 知识产权，2019(10)：61－71.
② 鉴于该问题属于 VR/AR 技术运用引发的涉嫌侵权行为及其规制议题，拟在后续部分予以阐述。
③ 王丽颖，刁舜. 我国虚拟现实空间中的知识产权保护规则论纲[J]. 知识产权，2019(10)：61－71.

等非物质产品。为此，我国《专利法》应明晰“非实体物产品设计”的客体地位，由《专利审查指南》及其配套措施确认“非实体物产品设计”的可专利性，基于“一般消费者”的判定主体视角实现“非实体物产品设计”的跨空间保护①。鉴于“非物质产品”专利实施往往依赖于投影设备，因而有必要将“非物质产品”专利的专用权范围扩及与其三维数字模型密切相关的投影装置等硬件设备②。

三、虚拟现实技术运用的法律规制

1. VR/AR 技术运用的知识产权规制

在 VR/AR 技术创新与运用中，既涉及在虚拟现实空间中的技术创新成果保护，也涉及虚拟现实技术创新及虚拟场景与虚拟物对于他人知识产权使用中可能引发的知识产权侵权风险。这不仅事关现实世界向虚拟世界延伸时现行立法如何适用于虚拟现实技术创新领域问题，而且关系到现实与虚拟世界之间的知识产权专用权界限及其边界，以及其专用权范围能否在虚拟与现实空间之间实现相互转化的问题。为此，以下分别从版权、商标、专利、反不正当竞争及其平台服务商责任等方面探讨其侵权行为规制问题。

首先是版权法规制，包括对 VR 空间中版权侵权制裁以及 VR 技术生成物的权属安排。

第一，对擅自剽窃、复制或通过信息网络向公众传播权利人利用 VR 技术制作的数字作品及虚拟现实场景赖以生成的三维数字模型程序源代码，适用版权法及其相关法律予以民事、行政或刑事法律规制。以我国首例 VR 全景作品侵权案为例，原告北京全景客信息公司拥有专业的三维全景拍摄技术，利用 VR 技术制作完成《故宫》《中国古动物馆》两部 VR 作品，被告同创蓝天公司未经原告许可，擅自在其运营网站上传涉案作品。法院认定，涉案作品是原告基于三维全景艺术创意制作完成的摄影作品，其采用图像配准和图像拼接面组合技术不仅是图像变换模型、透视变换模型等生成全景图像的基础，而且最终呈现的三维全景作品符合摄影作品的要件，判令被告承担侵权损害赔偿责任③。在域外，美国认可 VR 生成内容的作

① 刁舜. 虚拟现实科技对我国外观设计制度的挑战与应对[J]. 电子知识产权，2020(7)：23－36.

② 当然，相关规定强调“具有内在的实用功能”为限制要件，这使其区别于著作权法和商标法保护对象，以避免各知识产权单行法之间保护对象重叠而引发法律适用冲突。

③ 参见同创蓝天投资管理(北京)有限公司与北京全景客信息技术有限公司的侵害作品信息网络传播权纠纷案(2018)京 73 民终 1219 号民事判决书。

品地位并对其侵权予以司法规制。以 Simonros, LLC v. Thomas Simon 案为例,LLC 等六名原告声称,被告 Thomas Simon 利用某 VR 游戏中的漏洞,盗取了计算机代码,复制了数千份由原告创作的衣服造型、家具、床等虚拟现实作品,并以原告的商标标识出售,最终美国纽约东区联邦地区法院判令被告停止侵权并赔偿损失①。

第二,对于利用 VR 技术生成内容的权属根据其内容表达情境作出合理认定与相应制度安排。例如在虚拟网络游戏平台上,用户基于 VR 技术生成内容的作品表达究竟属于用户还是程序设计者,则需要根据其 VR 制作原理差异而对其作品归属作出不同认定。对于那些用户运用计算机软件技术可自主进行制作开发,且其自由表达的创作空间较大的 VR 制作模式,可考虑用户对其生成内容的权利归属地位及其创作者主体资格,而对于用户生成内容的表达空间有限的 VR 制作平台,例如采用 360°照相机拍摄手法开发的 VR 制作模式,用户相对平台对其生成内容的创作贡献率势必有限。因而,对 VR/AR 生成物作出合理的权属配置也是化解其技术运用风险的规制举措。

其次是工业产权法规制,包括利用专利法、商标法及竞争法与平台服务责任规制。

第一,专利法规制。在本章前述二"VR/AR 技术创新的法律保护模式"有关专利权保护模式中提及"现实世界中的授权专利能否在虚拟世界中加以实施问题"。实际上,由于虚拟现实技术生成场景的"非实在性"及其虚拟物的"非物质性"特点,现实世界中的授权专利的专用权权能可能很难涵盖到虚拟世界的"非实在"空间进行行使,其专利实施行为方式②及其实施对象也很难延及"非物质"产品上而加以实现。当然,我国现行的知识产权立法均未明确限定作品表达、商标标识、发明创造的载体须为现实空间或物质产品,不过即便如此,通过扩张解释有关规范,将虚拟世界的知识产品纳入知识产权客体范畴,以专利法规制虚拟技术创新运用仍面临法律适用问题。例如,如果将他人的外观专利产品以三维数字建模方式并利用 VR 技术在虚拟空间进行经营性展示利用,因"使用"并非是外观专利保护中的法定实施行为类型,因而对此尚不能认定为构成外观专利侵权而进行相应的法律规制。不过,若他人以三维数字模型通过展示外观专利产品而涉嫌许诺销售或销售,则可以纳入专利法规制范围。此外,由于虚拟现实场景赖以生成的三维数字模型的运行及其由虚到实的空间转换离不开相关 VR 辅助设备,因而也可通过方法专利权或产品专利权中的禁用权权能,对 VR 设备的驱动程序代码及设备运

① 王丽颖,刁舜.我国虚拟现实空间中的知识产权保护规则论纲[J].知识产权,2019(10):61-71.

② 根据我国《专利法》第十一条规定,对发明和实用新型专利,其专利实施方式包括经营性制造、使用、许诺销售、销售、进口专利产品,或使用专利方法以及使用、许诺销售、销售、进口依其方法获得的产品;外观设计专利,其专利实施方法包括经营性制造、许诺销售、销售、进口外观设计专利产品。

行方式施以专利法规制。

第二,商标法规制。对于现实世界中享有法定注册商标专用权的商标标识,若被用于虚拟现实世界及虚拟物品之上,也面临法律规制问题。商标标识使用中确实存在"指示性使用""描述性使用"等合理使用而免予承担侵权责任的抗辩情形[①]。以我国《商标法》(2019 年修订)第四十八条关于"商标的使用"的界定,突出强调了其使用目的的"商品来源识别性"功能[②]。即便是现实世界中的注册商标被使用在虚拟现实世界中,但凡有"识别商品来源"目的的商业使用行为就可能构成"商标性使用"而涉嫌侵权。尽管虚拟世界的商品为"非实在"之物,但只要其具备与现实世界中相关商品或服务产生指向或关联关系的隐喻功效,便不宜再放任其由现实世界而介入虚拟世界中的使用。因此,司法实践可以通过对《商标法》(2019 年修订)第四十八条关于"将商标用于广告宣传、展览"这种"商标的使用"情形作扩张解释以便将其适用于虚拟现实世界场景,尤其该条规定对于"商标的使用"行为采取了"以及其他商业活动中,用于识别商品来源的行为"这样的开放式兜底立法表述,据此即可规制虚拟现实技术运用对他人注册商标或未注册驰名商标的涉嫌侵权行为。

第三,竞争法及其平台服务商责任规制。由于 VR 产品或服务的技术或商业模式特点,VR 服务商往往通过开发或建立适用于其 VR 产品的游戏、视频等内容的平台,吸引用户注册,使其平台内容与其他 VR 产品不适配或兼容,如此该 VR 生产商便拥有对该平台的独家使用权,这就使得内容平台与 VR 产品之间会通过其产品软件中的驱动程序所附带"平台与特定设备间的交互规则"(又称交互协议、通信协议)进行绑定[③]。VR 产品的在先设计生产商正是基于特定的内容平台并通过交互协议对其他的在后设计 VR 产品施以不兼容与不适配,以免其在先设计 VR 产品被在后设计 VR 产品"搭便车"利用,削弱其在先设计 VR 产品的市场占有率和竞争力。我国《反不正当竞争法》第二条规定,经营者在市场交易中,应当遵循自愿、平等、公平、诚实信用的原则,遵守法律和商业道德。因而,VR 产品经营者擅自兼容其他独家品牌的 VR 内容平台有可能构成不正当竞争。例如,在深圳市腾讯计算机系统有限公司诉北京掌中无限信息技术有限公司侵犯计算机软件著作权、财产权及不正当竞争纠纷案中,法院认为,被告擅自使用原告的通信协议,将原告的移动 QQ 系统嵌入其 PICA 软件中,并非一般意义上的"软件捆绑"或"软件调

---

① 参见济南微美信息咨询有限公司与青岛华韩整形美容医院有限公司侵害商标权纠纷案(2020)鲁民终 398 号民事判决书。

② 我国《商标法》第四十八条规定:"本法所称商标的使用,是指将商标用于商品、商品包装或者容器以及商品交易文书上,或者将商标用于广告宣传、展览以及其他商业活动中,用于识别商品来源的行为。"

③ 所谓"交互协议",就是为实现客户端(Client)与服务器端(Server)信息传输目的而制定的自成体系的系列规则,该规则表现为系列代码,其应用以软件为载体,安装在客户端和服务器端的设备中。

用”或“软件集成”，其侵占原告多年积累的系统资源以提高其自身产品和服务的竞争力，已构成不正当竞争，应受竞争法规制。

此外，VR 技术开发运用既要辅助设备作载体，也要内容生产作支撑，以便用户在 VR 应用各领域如电影、旅游、娱乐、教育等获得丰富体验，以及便于用户制作 VR 产品上传到 VR 商店平台供用户下载。因而，为充分保障用户生成内容（User Generated Content，UGC）的创作自由，除非涉嫌侵犯他人知识产权，仍应赋予 VR 开发平台基于“避风港规则”而适用“通知—删除”措施予以免责。不过，随着美国《数字千年版权法案》（DMCA）[1]第 512 条确立“避风港规则”[2]的普及与推广，域内外立法相继经历从“通知—删除”到“通知—筛除”（欧盟）、“通知—必要措施”（中国）、“通知—屏蔽”（美国的自愿实施过滤）的演进。我国《侵权责任法》《信息网络传播权保护条例》《电子商务法》《民法典》对“避风港规则”先后进行了本土化改造。如今，随着网络过滤技术水平及侵权信息识别能力的不断提升，对于用户生成内容的 VR 开发平台，甚至用户上传 VR 产品的 VR 商店服务平台，均有必要强化其注意义务，而非仅进行 VR 产品格式审核。例如，欧盟《单一数字市场版权指令》（DSM）便扩张平台审查义务范围并实质性确立平台的一般过滤义务。欧盟提出基于 VR 技术的网络平台应该开发自动筛选器技术，自动检查用户上传到网上的内容是否可能侵犯版权。韩国著作权委员会鼓励版权人引入数字水印技术以阻却对版权作品的非法复制与使用，并跟踪数字水印破坏者。因此，对大型网络平台有必要赋予其适度采取内容过滤措施的有限审查义务，以规制其开发平台或服务平台上 VR 产品涉嫌侵权行为。

2. VR/AR 技术运用的其他法律规制

在 VR/AR 技术运用过程中，可能还涉及对人身权（健康权、安全权、肖像权、隐私权、个人信息等）、数据财产权等方面的侵权损害与影响，为此有必要从其他法律规范方面对其技术运用所致的负效应予以规制。

首先是用户健康权保护的法律规制。目前 VR 技术开发运用除了需要内容生产作支撑外还需要辅助设备作载体，通过软硬件结合使用户获得更好的沉浸式体验感。VR 头盔或 VR 眼镜等辅助设备使用过程中可能导致用户出现视觉疲劳、头晕目眩等不适感，如果不将这种不适感控制在一个合理的标准范围之内，可能导致用户身心健康遭受伤害。因此，就要具体分析造成上述不适感究竟是由视频播放延迟、分辨率低、动作捕捉不精确等技术原因所致，还是因软件设计或辅助设备硬

① See Digital Millennium Copyright Act, Pub. L. No. 105 - 304, 112 Stat. 2860 (1998).

② See 17 U.S.C. § 512(c)(1)(C).

件质量不符合相关标准所致。我国《消费者权益保护法》(2013 年修订)第七条规定:"消费者在购买、使用商品和接受服务时享有人身、财产安全不受损害的权利。消费者有权要求经营者提供的商品和服务,符合保障人身、财产安全的要求。"我国《产品质量法》(2018 修订)第十三条、第二十六条、第四十三条、第四十九条都对工业产品生产、销售需保障人体健康和人身、财产安全及其符合有关标准作出规定,并对违反规定所应承担的民事、行政与刑事责任予以规定。不过上述立法对缺陷产品的界定主要限于危及人身、财产安全的情形,对危及人体健康权的还得依赖相关标准加以规制①。

其次是肖像、隐私及个人信息保护的法律规制。VR/AR 设备作为技术实施载体,其运作过程中为增强用户使用的沉浸度和交互式身临其境之感,往往会模拟用户的个人肖像并存入数据库,还要收集用户大量的隐私数据信息,如用户的身高、体重、地理位置、聊天记录等,构建更加逼真的三维数字模型②,通过机器学习以优化算法。此外,人脸识别与指纹数据信息采集也会被用于 VR 设备的用户注册验证及运行使用中。尤其是在 VR/AR 技术被用于医疗保健领域时,关于患者的个人信息以及病历情况等数据都不可避免地会被后台服务器所存储。VR 技术普及应用也促使其他网络服务商追踪用户信息并根据 VR 装备采集与使用的云数据进行分析,用户可能在使用 VR/AR 技术后分享使用体验或者探知他人体验状况,这就导致 VR/AR 技术使用中的隐私信息泄露风险增加。我国《民法典》第一千零一十八条对自然人依法享有、制作、使用、公开或者许可他人使用其肖像权进行规范,其第一千零一十九条第二款明令禁止利用信息技术手段等方式侵害他人肖像权。同时,我国《网络安全法》第四章、《民法典》第四编第六章、《电子商务法》第五条和第二十三条、《消费者权益保护法》(2013 年修订)第二十九条等,以及有关的民事与刑事司法解释,特别是《个人信息保护法》《数据安全法》《信息安全技术　个人信息安全规范(GB/T 35273—2020)》,均对隐私信息特别是敏感个人信息保护给予相应的法律规制。VR/AR 技术运营商在提供有关虚拟现实服务过程中对用户进行个人信息收集、使用与处理时,不仅要遵循"告知—同意"规则,而且要遵守"合法、正当、必要"原则,公开其收集、使用规则,明示其收集、使用信息的目的、方式和范围。

最后是数据财产权保护的法律规制。VR/AR 技术的应用依赖以下三大技术:一是用户界面呈现技术,用于向用户呈现直观视觉感受;二是传感器及信息交

① 《产品质量法》第二十六条规定,产品质量应当符合下列要求:(一)不存在危及人身、财产安全的不合理的危险,有保障人体健康和人身、财产安全的国家标准、行业标准的,应当符合该标准。第四十六条规定,本法所称缺陷,是指产品存在危及人身、他人财产安全的不合理的危险;产品有保障人体健康和人身、财产安全的国家标准、行业标准的,是指不符合该标准。

② 沈林.增强现实面临的六大威胁[J].计算机与网络,2017,43(16):20-21.

互反馈技术，用于获取所需数据并将其输出以便用户感知；三是芯片技术，用于储存各种数据处理算法。其中，用户界面呈现技术主要依赖于显示系统，而应用于虚拟现实设备的显示技术主要包括全息技术和投影技术两种。由于全息技术大规模量产要依赖强大的编码技术，受其技术瓶颈制约，目前仍以投影技术开发为主。此外，虚拟现实技术还广泛用于穿戴设备或移动设备，且其技术运用也需 VR 头盔或 VR 眼镜等可穿戴设备提供辅助以增强沉浸式体验效果。另外，VR/AR 技术生成的虚拟场景有赖于三维数字模型的建立与优化，在 VR/AR 技术实施的三要素“数据、建模、设备”之中，包括平台数据（PD）、模型数据（MD）、感知数据（SD）、控制数据（CD）等数据流在其技术实现过程中对模型训练与算法优化发挥重要作用。随着对 VR/AR 技术应用场景的不断开发，以及产业发展中的用户生态更新与发展，这些数据资源将为 VR/AR 技术运营者带来可观的竞争优势。因而，用户与网络服务商（平台）基于 C/S 交互的衍生数据信息是否应被赋予法定化的财产权，以及其财产权益在平台与用户之间应如何配置便面临谨慎平衡难题，既要规制 VR/AR 服务提供商对数据资源共享利用的不正当竞争以免其恣意攫取其他网络平台的数据资源，也要防止 VR/AR 服务提供商对相关数据资源的垄断使用而损害其用户利益，以促进 VR/AR 技术运用的行业生态健康发展[①]。对此，分别有将基于原生数据开发所形成的衍生数据资产权配置给数据经营者[②]，或适用“卡—梅框架”下“财产规则、责任规则、禁易规则”中的财产规则[③]，将数据法益配置给数据产生者[④]等不同主张。不过，财产规则强调自愿交易，否则产权不得转移；责任规则允许非自愿交易，只是要求损害方按第三方估价向被害方补偿损失。用户信息处理中数据红利与数据安全往往此消彼长，盲目赋予数据控制者以数据资源的绝对财产权，会助长网络运营商以“一揽子协议”概括授权模式而过度收集甚至恣意圈存用户信息的机会主义倾向，以致规避遵从去身份规则，妨碍其技术运用中的数据安全保障[⑤]。

---

① 例如新浪微博诉脉脉（(2016)京 73 民终 588 号）、淘宝（中国）诉安徽美景（(2017)浙 8601 民初 4034 号）等；域外案例参见美国 HiQ Labs 诉 LinkedIn 爬虫案。

② 龙卫球. 数据新型财产权构建及其体系研究[J]. 政法论坛，2017，35(4)：63 - 77.

③ Calabresi G, Melamed A D. Property Rules, Liability Rules, and Inalienability: One View of the Cathedra[J]. Harvard Law Review, 1972, 85(6): 1089 - 1128.

④ 肖冬梅，文禹衡. 法经济学视野下数据保护的规则适用与选择[J]. 法律科学（西北政法大学学报），2016，34(6)：119 - 127.

⑤ 胡朝阳. 大数据背景下个人信息处理行为的法律规制：以个人信息处理行为的双重外部性为分析视角[J]. 重庆大学学报（社会科学版），2020，26(1)：131 - 145.

第十一章　云计算技术与法律

云计算技术是网络服务商对网络连接的计算资源进行统一调度与管理，通过分布式计算、并行计算、网格计算等技术组建超级数据中心等网络服务器集群，构成一个可供有效利用的计算资源池，采取按需及易扩展方式，以无偿或付费租用模式向用户提供数据存储、分析及科学计算资源，甚至在线软件服务、硬件租借等方面的服务模式。简言之，云计算是一种通过互联网提供计算资源的，可根据用户需求来扩大或缩小规模的效用服务（utility service）。其提供的计算资源中，有原始数据处理能力及存储（如服务器或存储设备），也有完整的软件应用程序[①]。"云"便是指存在于互联网上的服务器集群上的软、硬件资源的集合。云计算作为一种服务模式现已产生广泛的社会与法律影响，因而需从法律上既促进其技术创新发展，也规制其技术运用以回应其面临的法律挑战。

一、云计算的法律与社会影响

1. 云计算服务类型与架构

云计算服务包括云主机、云空间、云开发、云测试和其他综合类技术产品等。云计算服务大致分为 IaaS、PaaS 和 SaaS 三个层面的技术架构类型，包括某些虚拟化的应用、自动化的部署及分布式的计算等技术内容，可以对外发挥优异的并行计算能力优势，具备大规模的伸缩性和灵活性等特点。

其一，基础设施即服务（Infrastructure as a Service，简称 IaaS），或者可称作设备即服务，是指用户通过 Internet 从完善的计算机基础设施获得服务，包括 CPU、内存、基本 IT 资源、宽带资源、存储空间等，是一种把数据中心、基础设施等硬件资

① ［英］克里斯托弗・米勒德. 云计算法律［M］. 陈媛媛，译. 北京：法律出版社，2019：3.

源通过 Web 分配给用户的商业模式，通常被称为“云设备”。云设备作为云计算最基础的商业模式是一种需投入大量的资金创建基础设施并需持续维持运营和建设的网络资源租用服务模式。用户通过 IaaS 可自行部署软件、操作系统、应用程序等，不再需要任何云计算基础设施就能实现系统选择、部署应用、空间存储等功能，也可以获得具备限制使用条件的路由器、负载均衡器和防火墙等网络组件。IaaS 代表服务商有阿里云、亚马逊云、腾讯云等[①]。

其二，平台即服务(Platform as a Service，简称 PaaS)，是将软件研发平台作为一种服务，以 PaaS 的模式提交给用户，使用户有偿租用该系统并按其对该系统内资源的需求进行使用的商业服务模式，通常被称为“云平台”。具体而言，PaaS 是指提供给用户的服务是一个含有完整功能的计算机平台，包括任何一个应用的设计开发、测试和托管等环节。用户不需要进行底层硬件和平台软件的购买，通过该平台即可实现应用和服务的创建、测试与部署。由于软件开发不再必须经过数据中心平台，大大降低了软件的开发成本。PaaS 代表服务商有 Google GAE、新浪云、百度开放云平台等。

其三，软件即服务(Software as a Service，简称 SaaS)，是一种通过 Internet 提供软件的服务模式，用户无须购买软件，而是向提供商租用基于 Web 的软件来管理企业经营活动。作为最为成熟且利用率最高的云计算服务模式，它将网络技术和面向社会的传统服务相结合，以网络技术为中心，运营商据此可减少很多软硬件及服务器设备输出。用户可以通过在服务器上按照自身需求进行搜索以享受自动化的快速服务，可以只使用一个设备终端在联网状态下获取其中的数据信息资源，从而完成所需服务内容。SaaS 代表服务商有 QQ 邮箱服务、360 在线杀毒服务等。

云计算服务技术架构由上述三个层面构成，在此基础上对外提供按需分配、可计量的信息服务，并可替代用户本地自建的信息服务。其中，PaaS 模式是 SaaS 模式的拓展模式，在 PaaS 模式中平台服务商也是提供云计算服务的供应商，软件开发商是云计算服务用户。相对于应用软件终端用户而言，软件开发商又扮演了云计算服务商的角色。相较于 SaaS 模式而言，IaaS 模式和 PaaS 模式更具有底层性的特征。IaaS 模式需要自己搭建程序运行环境，具有灵活优势，但存在需要自己配置运行环境的缺点。PaaS 模式的优点是不需要自己做环境配置，但也面临诸如必须使用指定的开发语言、遵循平台的开发规范等缺点。

此外，云存储是云计算 IaaS 模式中的重要形式，即所谓“存储即服务”(Storage as Service)，是将存储资源供网络用户使用的一种服务形式，借助虚拟化和分布式

① 关于云服务商的层次与类型区分只是相对的，随着信息网络技术发展，典型的 IaaS 和 PaaS 服务商也趋向兼营从 IaaS 到 SaaS 的各类云服务模式。

计算与存储技术，可将众多廉价的存储介质整合为一个存储资源池，它向用户屏蔽了存储硬件配置、分布式处理、容灾与备份等技术细节。用户可按其对存储资源的实际需求量向云服务提供商租用池内资源，省却了本地的存储硬件和人员投入。基于云计算服务的应用程序一般都需要高性能的云存储以满足数据处理的需求。用户根据需要付费就可以从云存储服务提供商那里获得近乎无限大的存储空间和企业级的服务质量，而无须考虑存储容量、存储设备类型、数据存储位置以及数据的可用性、可靠性和安全性等烦琐的底层技术细节。

2. 云计算技术的社会影响

云计算概念是整合计算机领域并行计算和分布式计算业务，并将其付诸商业化实现的一种新兴的商业计算模型。计算机领域往往将计算机网络中复杂的基础设施和运行过程用“云”这种抽象的图形隐藏起来，而由“云”衍生出的“云计算”也试图将各种计算业务提升到“云”中进行并将其复杂性隐藏在“云”中。因而“云”这个词构成对互联网生态的一种隐喻，用户仅需知道简单的访问接口便可享受方便快捷的网络服务资源。美国国家标准和技术研究院就将其定义为“一种 IT 资源应用模式，将网络连接的资源（如网络、服务器、存储、应用和服务）构成一个 IT 资源共享池向用户按需提供服务，并只需要较少的管理工作或与服务供应商的交互，实现资源的快速部署”。

云计算服务在本质上属于一种分布式计算服务模式，它是计算机和网络技术深度融合发展的产物，其目标是通过互联网将超大规模的计算与存储资源整合起来，并以可信服务的形式按需提供给用户。云计算可以通过网络自动分拆庞大的计算处理程序和数据资源，使传统的数据中心和信息基础设施提供者对分布其中的信息资源进行标准化封装，再以按需收费方式对外提供服务。这些可供自动分拆与按需供给的信息资源囊括了连接网络的众多服务器、数据中心、带宽、磁盘存储、负载均衡等软硬件服务内容与设备。用户在云计算技术服务中可以以网页浏览器方式向远程服务器发出某种计算与服务请求，服务器依据用户请求进行相关搜索、计算与分析，处理结果最终按照系统设置回传给指定用户。因而，云计算技术创新发展与运用对于网络终端用户、企业与公众的信息服务需求，以及服务商和国家计算能力及信息网络基础设施建设都带来广泛影响。

首先，云计算为网络终端用户提供了无所不在的计算服务大平台。云计算概念自 2006 年被首次提出以来，云计算因其计算的弥漫性、泛在性、分布性与社会性等特点，具备超强计算能力及巨大存储功能。这种如同“超级电脑”般的计算能力，可通过远程服务器仅在数秒之间迅速处理数以亿计的信息。用户可将其处理结果存储于远程服务器，也可下载到用户本地计算机。如今，云计算通过其巨大的计算供给能力和更为经济、快捷的服务模式，不断改变着人们的生活方式，已成为社会生活中不可或缺的组成部分，并被广泛应用于包括网络搜索、电子信箱、网络地图、网络存储等社会生活各领域。云计算技术因其按需服务和收费以及随时随地取用和共享资源等特点，使得其就像煤、气、水一样能够通过互联网进行流通，成为普通用户均可自主调用的一种商品或者服务资源。

其次，云计算服务可以降低企业运营管理的信息化成本。云计算使那些信息化程度较低或无力承担信息化成本的中小企事业单位或初创企业，能够借助云计算获得专业化、低成本、高性能的信息化服务，从而加深企业信息化程度，提升企业信息化规模并改善其信息化模式，提高企业信息取胜能力与市场竞争力，大幅降低企业信息化建设的成本和风险。特别是对数据安全不敏感的企事业单位，无须再负担沉重的信息资源费、折旧费和运维费，只需定期按照实际需求和使用状况支付一定的服务费用。与传统模式相比，企事业单位利用云计算大约可减少 20%的软件成本，削减近 80%的劳动力成本和 90%以上的折旧成本，而只需增加一小部分的云计算技术部署成本。

再次，云计算服务改变了人们的工作和生活方式。云计算除了提升企业信息化程度之外，还使远程办公成为可能。云计算的规模和可伸缩性优势使其极为适合这个网络信息资源需求迅速而变化广泛的市场环境，它也确实是释放“大数据”潜力、支持移动设备和应用程序广泛使用的关键实现技术[①]。员工借助云计算技术可随时随地通过任何授权的终端设备召开会议、完成工作，自由安排办公时间与地点，从而改变以往统一时间地点的工作模式，提高工作效率，改变信息技术使用方式。它通过分离信息资源的所有权与使用权，形成信息资源所有权与使用权相分离的产权形式，将信息技术转换为一种服务模式，改变对软硬件的需求格局，使信息技术作为计算工具在生产与生活中发挥积极作用。

最后，云计算服务还可以提升国家计算能力和信息基础设施建设水平。目前，公用与家用计算机的计算资源和计算能力没有得到充分有效利用，其闲置率高达 70%，只有 30%被利用。如果能够通过云计算将这些闲置的计算资源和计算能力加以充分有效利用，势必极大提高国家的科学计算和商业计算能力。如今，计算能力已成为一种重要的战略资源，通过云计算服务整合闲置计算资源，并利用由此获得的超强计算能力，用于预测气候变化和经济发展趋势，提升基因测序与天文观测精度，加强信息交互与数据挖掘能力，可极大增强综合国力，增进社会福祉。

3. 云计算技术的法律影响

在云计算技术服务供需的法律关系图谱中，一方为云计算服务提供商（包括

① [英]克里斯托弗·米勒德. 云计算法律[M]. 陈媛媛，译. 北京：法律出版社，2019：3 - 4.

IaaS、PaaS 和 SaaS 等 S 端的各种服务商)，另一方为云计算服务的使用者即用户(包括 C 端或 B 端的个人或企业用户)，两方的法律主体均是参与云计算技术运行及其服务系统操作中的实施主体，法律关系内容主要涉及用户对于服务商软硬件产品的租用服务关系，以及用户在租用其产品期间所生成数据资源的归属利用关系。即使用户并不拥有硬件设备和软件产品所有权，但依然可以通过租用模式对其享有使用权。此外，用户使用云服务过程中衍生、存储的信息数据往往存储于云服务提供商的服务器中，用户在此过程中往往把这些数据的实际控制权让渡于云服务提供商。因此，云计算服务使网络系统的法律关系主体及其内容更趋复杂，引发包括信息安全、数据权属、知识产权纠纷等法律问题。

首先是云服务中的隐私信息安全问题。云计算平台在为用户提供超强计算能力的同时，往往无法识别用户的目的，无法区分计算任务合法与否，从而冲击现有计算体系。以云计算为代表的新技术运用固然畅通了信息数字化传输渠道，但由此也引发了人们对于信息安全问题的担忧。云计算客观上带来了个人隐私泄露的风险。云计算可以给用户提供个性化服务，但这种个性化服务往往需要通过对用户的需求信息和服务信息进行统计分析来实现，比如获取用户服务需求、专业特长、业余爱好甚至个性癖好等隐私资料。云服务提供商可能为了改善用户服务体验而大量收集使用其用户的上述个人信息，也可能由于其技术漏洞或是管理不善而导致用户信息泄露，给用户隐私带来安全威胁。

其次是云服务平台数据权属问题。云服务提供商提供服务中往往大量采集并掌控云服务积累的用户数据信息，这些数据信息既可能涉及用户个人隐私，对用户个人而言虽不乏一定经济价值，但也可能涉及云服务平台在提供服务方面的经济投入与竞争优势，因而对于平台而言无疑具有重大的经营价值，甚至具有无形资产的经济资源储备地位。云服务提供商作为用户信息控制者既要为优化服务需要而不断收集、分析、使用与处理其相关数据，但也要确保用户对于其平台账户信息可自主实现增加、复制、变更、撤回、删除等处分权。当第三方网络服务提供者通过云计算服务提供商对其平台内用户信息寻求数据共享时，如何处理其平台数据控制权与用户信息处置权便面临云平台与用户间的利益博弈关系。诚然，实践中一般采取“三重授权”机制，即在经由用户首次授权获取信息的基础上，须经用户再次授权并结合平台授权才能实现用户信息共享，一定程度上平衡了上述有关利益冲突。但是，云平台数据资源的权益归属，尤其在云服务终止时如何确保用户信息取回权，仍是其用户信息保护实践中面临的现实挑战。

再次是云计算服务的知识产权侵权问题。云计算服务模式使用户不再需要通过软硬件购置而仅凭授权或付费即可满足其计算服务需求。这种服务模式下即便发生知识产权侵权，往往因存在多实施主体而面临如何确定其侵权主体的难题，在云服务提供商与云服务用户之间如何确立其各自在侵权行为实施中的角色与地位，究竟是云服务提供商还是云服务用户实施直接侵权抑或间接侵权，云服务提供商与云服务用户是否需要对所涉知识产权侵权行为承担连带责任，都是值得探讨的现实问题。在云计算服务背景下软件复制与传播呈现数字化形式，云计算服务的分布式运算与存储特点，不仅使其复制与传播更加便捷与高效，而且使得其数字化复制呈现临时复制特性，还使得传统的软件作品复制权保护方式面临新的特点。同时，基于云计算服务的应用程序一般都需要高性能的云存储以满足其数据处理的需求，企业在利用云计算服务中存储于云端系统的有关数据信息难免将涉及其商业秘密，鉴于商业秘密保护须满足“三性”要求（尤其是秘密性要求），云计算服务也面临客户商业秘密保护的安全威胁问题。

最后是云计算服务纠纷的司法管辖问题。云计算环境下的专利实施不仅面临多实施主体，而且其实施主体也呈现跨区域性特点。在云计算环境下，除单一主体在同一地区范围内实施其专利的全部步骤之外，还有多个主体在同一区域内实施其专利的所有步骤和多个主体在不同区域内实施其专利的所有步骤，后两种情形都涉及跨区域实施其专利步骤问题。由于知识产权的地域性特点，以及司法管辖的法律适用差异，云计算服务中的知识产权纠纷处理面临更加复杂的司法管辖选择。此外，云计算服务可能面临遍布全球的数据中心基于分布式计算与运行对于用户数据实施存储、交付、共享、传送等处理行为，所涉终端设备与网络服务器可能遍及全球各地。此时，如果云服务用户（数据提供者）、云计算应用使用者（数据消费者）、云服务运营商（数据控制者）、数据存储地、侵权行为实施者、应用系统分别来自不同国家，云计算服务中的数据权属及其侵权纠纷处理中的法律适用选择与司法管辖连接点确立便面临更加复杂的局面。

二、云计算技术创新的法律保障

1. 云计算技术创新的专利保护

关于云计算技术的专利保护，首先涉及算法技术的专利适格性问题。如前所述，计算机程序并非是纯粹意义上的“智力活动的规则和方法”，云计算技术作为一项计算机程序，只要它能够用来解决某种实际问题并且产生某种非显而易见的技术效果，符合专利法意义上的某种具体技术方案而非所谓抽象思想，就能够得到专利法保护。不过，云计算技术具有系统性与集成性特性，往往有硬件设备制造商、系统集成商、云平台与云应用开发商、云资源服务提供商、云平台与云应用服务提供商、网络运营商、终端供应商、最终用户等多方主体的共同加入及多层操作步骤的协同实施。因而，云计算技术的专利保护面临多实施主体之间分工协作与任务分派时如何合理进行权利布局的问题。基于用户使用行为的视角分析，云计算技术主要有两种专利实施模式，一是由云计算服务提供商直接向多个终端用户同时提供一种平台或者服务，这往往要由云计算服务提供商与某个终端用户双方协同参与完成一个云计算技术行为，从而实施专利技术方案；二是云计算平台服务商只提供基础平台，为云计算服务提供商搭建云环境，后者在该平台上搭建软件应用环境，为终端用户提供应用服务，这往往要由云计算平台服务商、云计算服务提供商和终端用户三方主体协同参与完成一个云计算技术行为，从而实施其专利技术方案。

不过，鉴于云计算技术的系统性与集成性特性，其技术实施过程往往涉及信息交互方案，在其专利申请布局及其文案拟订中，一般存在着单侧撰写模式和基于系统整体的多侧撰写模式选择问题。通常，通信领域专利申请遵循“单侧撰写原则”。这是因为专利权保护范围以记载在权利要求中的文字所确定的内容为准，类似云计算技术的专利申请往往涉及信息交互的技术方案，面临多实施主体的共同参与，例如信息接收端与信息发送端，或服务器端（S 端）与用户端（C 端），因而基于单侧撰写往往更有利于保护专利申请人的利益。这是由于专利侵权案审判遵循“全面覆盖原则”进行侵权判定，“全面覆盖原则”要求被控侵权物的技术方案中每个技术特征均在涉案专利权利要求中具有全面体现，即所谓落入其专利保护范围之中才构成侵权。易言之，就云计算技术的多实施主体与多实施步骤而言，除非是各个实施主体均全面参与了该多实施步骤所涉信息交互过程，从而构成对涉案专利权利要求中全部技术特征的全面覆盖，否则便难以判定其侵权成立。

当然，理论上讲，方法专利申请的撰写无须受限于权利要求的文字表达方式，单侧或多侧的撰写方式并不会影响基于“全面覆盖原则”进行专利侵权判定。但是实践中，若基于多侧撰写模式进行专利权保护，在出现多主体分离式侵权或是多步骤分离式侵权的情况下，往往因存在多实施主体或多实施步骤而面临维权取证的困难，甚至因其多主体、多步骤、跨区域实施而使其维权诉讼的司法管辖趋于复杂。因此，纯粹基于系统整体角度进行多侧撰写对云计算技术予以专利保护，往往因其被告主体众多或实施步骤复杂而面临维权取证成本增加，以致侵权判定难度增大。相反，若是基于单侧撰写模式或在单侧撰写基础上再结合基于系统整体的多侧撰写模式，仅从单一产品角度进行专利权利布局，由于其实施主体单一，当满足单一侵权主体要求时就可以主张侵权成立。所以，单侧撰写原则主要服务于维权便利之需，往往更有利于明确侵权诉讼的诉讼对象。不过，对于方法专利而言，可以采用说明书解释权利要求的方式，将多侧撰写的权利要求解释为单侧执行的技术方案。

此外，无论基于 C 端或 S 端的单侧撰写模式还是基于系统整体的多侧撰写模式，只要能够对其技术内容加以清楚、完整地说明，且对其权利要求范围给予清楚、简要地限定，均能满足专利法关于专利申请文件形式要求。但是，专利申请要获得授权确权并能用于维权，还须满足关于专利申请的新颖性与创造性要求，专利申请内容与现有技术相比不存在在先公开或记载的相同或相似技术方案，且其申请内容与现有技术相比具有“突出的实质性特点”即具备“非显而易见性”。以云计算专利申请文件撰写为例，首先，梳理云计算技术运行的实施主体与实施步骤等整体技术方案。既要理清参与云计算技术运行的各个实施主体(例如信息接收端和信息发送端、服务器端与用户端、移动端与基站端等)，而且要明确各个实施主体在程序控制信息交互中的参与功能及具体执行操作步骤，也可以在文字说明的基础上再辅之以各实施主体之间进行信息交互的流程图予以示意描述，从而对其拟解决的技术问题、所能实现的技术效果、所欲着手进行的技术操作步骤分别进行分析，在归纳的基础上形成完整技术方案。其次，提炼其技术方案中的新颖性与创造性所在。既要结合发明创新思路分析各实施主体在云计算技术运行中的参与执行操作步骤，总结其在云计算技术领域与现有技术或在先技术中未公开或记载发明构思的区别特征，确保拟申请技术方案符合专利申请的新颖性要求；同时也要对申请内容相对于现有技术具有“突出的实质性特点”或曰“非显而易见性”之处加以充分挖掘分析，将其专利申请技术方案用于解决所述问题时所能实现的有益效果加以呈现，以展示其独特构思及实现路径。

在基于单侧撰写模式下，往往要对各实施主体在系统运行中的参与角色与功能进行分析，将各实施主体参与执行操作步骤的技术特征及其技术方案分别进行拆分，在针对各实施主体角色与功能定位进行分析的基础上，形成每个单一实施主体的技术方案。基于单侧撰写目的只是为了便于后期维权，不同的撰写模式下其授权确权所保护的主题及其维权取证的思路与侵权判定方式可能会有所差异。选择不同撰写模式只是出于授权确权维权策略或是基于市场竞争与产品布局所需的一种策略性安排，但本质上还是要充分体现各实施主体在系统运行中的信息交互过程，以体现其技术方案的完整性，这是专利申请满足形式要件的基础条件，即所谓说明书对专利技术方案作清楚、完整说明，以及权利要求书对专利保护范围作清楚、简要限定的要求。为此，当以某一实施主体为主撰写一组权利要求时，可以将其他参与执行操作的实施主体作为辅助性主体，尽量使用限定型用语对其主体信息及参与程序控制步骤进行描述。由于专利司法实践已经不再适用“多余指定原则”，因而需要理清技术方案中独立权利要求的必要技术特征及其与现有技术相关的共有技术特征，将不宜作为云计算专利保护对象的实施主体及其执行操作步骤排除在拟申请技术方案保护范围之外，以免不适当限缩其专利保护范围。当然，对于某一实施主体执行的操作所形成的技术方案若是明显不具备创造性，可考虑放弃将该单侧参与实施的技术方案纳入其权利布局范围，也可以采取基于系统整体或局部可操作实施范围的多侧撰写模式。

总之，要将能体现区别于现有技术的云计算技术创新方案在拆分出的各实施主体上分别呈现与陈述，从而在各实施主体之间构建分层次保护的专利申请技术方案。除非确需进行上位概括且有其上位概括的技术实施基础，否则宜通过限定或确定性用语对技术方案作清楚、完整说明，对权利要求作清楚、简要限定，以免因其缺少必要技术特征、缺乏单一性、得不到说明书支持、不具有创造性等问题而丧失其授权前景，以致无法得到专利法的有效保护。

2. 云计算服务创新的版权保护

从云计算（IaaS、PaaS 和 SaaS 等）的技术架构及其服务系统的运行过程来看，它既是一种技术创新，也是一种服务模式创新。在云计算环境下，用户只是租用服务商基于"云"所提供的软硬件产品或服务，无论是 C 端或 B 端的个人或企业用户并不需要完整地取得作品复制件，只需要通过租用模式按需使用作品即可，即使用户并不拥有硬件设备或软件产品所有权，但是依然可以对其享有使用权。云计算技术及其服务系统运行中的实施主体众多，包括 S 端和 C 端的操作主体都可能参与其中并执行涉及数字作品的复制行为。因此，如何科学界定各实施主体执行上述复制操作中的行为性质，是保障云计算服务模式创新并合理保护其创作作品版权的关键。我国《著作权法》（2020 年修订）第十条第五项对复制权的规定作出如下修改："复制权，即以印刷、复印、拓印、录音、录像、翻录、翻拍、数字化等方式将作品制作一份或者多份的权利。"即在原有规定基础上增加了"数字化"作为实施复制行为的一种操作执行方式，这就改变了以往复制行为实施必须以有形载体进行长期稳定留存的固有模式，从而适应了数字经济与云计算技术发展需要，使某些特定情形下的临时复制或数字混创行为也可以被视为作品复制权行使行为而纳入其版权保护范畴。

云计算因其计算的弥漫性、泛在性、分布性与社会性等特点而具备超强计算能力及巨大存储功能，但云计算也因其分布式运算与存储技术运行方式而具有系统性与集成性的特点，其云服务对于作品所执行的数字化复制操作具有临时复制性质。当然在云计算环境下，临时复制已经成为使用作品的主要形式，而且在技术操作上可以使其复制件固定并转化成永久复制件。不过，由于云服务商与云用户之间对作品的租赁使用模式，使版权人对用户租赁使用其作品及其网络化尤其是数字化传播并不能实现有效控制，因而需要将数字化方式作为复制权行使的一种操作模式，把这种临时复制也纳入版权法上的复制权保护范畴，以便保障利用云计算服务从事内容创作与传播中的版权人利益，为其投身数字作品创作及内容生产提供利益激励机制，以及在内容遭遇侵权损害时具备寻求有效维权的具体手段。不过，如果将临时复制一概纳入复制权范畴也可能无限增加网络用户上网成本，影响公众在合理范围内对于有关数字内容的可及性及其合理使用权行使自由，甚至影响 IaaS、PaaS 和 SaaS 等云计算技术架构及其服务系统的正常运行，对于云计算技术创新及互联网产业发展也会带来冲击。

正因此，我国《信息网络传播权保护条例》(2013 年修订)第二十条至第二十三条对网络服务提供者的信息基础服务(自动接入、自动传输、自动缓存)与定位服务(链接、搜索)及信息存储服务(用于向公众提供作品)等服务模式下的作品提供(数字化复制)行为的法律性质及法律责任分别进行了不同界定。其中，对搜索或链接服务提供者明确规定可以遵照法律的有关规定适用“通知—删除”规则予以免责，而对于纯粹属于“自动接入、传输、存储”服务提供者则在特定情形下可以直接适用相关条款予以免责对待。不过，随着有关“云服务器”“小程序”等新型服务模式及其侵权诉讼案出现[①]，传统版权法领域基于“通知—删除”免责的“避风港”规则也面临理论争议与现实挑战。对此，有必要充分考虑并进一步明确云服务商的服务行为性质，对于那些只是提供接入、传输类信息基础服务的云平台，赋予其版权保护义务时有必要结合其内容审查能力与版权注意义务成本，合理衡量采取保护措施(如定位清除侵权信息)所致的利害影响范围与程度(例如对云用户的信息安全、个人隐私与商业秘密等带来的威胁)，遵照比例原则，明晰云服务商的版权保护义务范围及其强度与限度。

3. 云计算服务的其他法律保障

提高云计算技术创新水平有助于促进物联网、大数据、移动通信等新一代信息网络产业发展以及我国网络强国战略建设。随着我国“新基建”政策落地和企业数字化转型加速，云计算技术创新面临新的发展机遇，云计算架构正以云原生为技术内核加速重构。不过，我国在虚拟机、数据存储、服务模式等云计算技术创新领域仍存在薄弱环节，云计算使用效能仍需不断提升与深度挖掘。据统计，目前全球云计算部署中约有 82%的用户在使用混合云模式，混合云已经成为企业上云主流模式，混合云的广阔市场前景和日益丰富应用场景吸引了包括公有云、私有云、电信、传统 IT、云管理等众多云计算服务提供商加入云计算产业供给。随着企事业单位对云服务的需求意愿增加，零信任、原生云安全等理念兴起，传统以边界为核心的安全防护体系面临局限，云计算技术领域亟待构建新型的安全防护体系及其服务模式创新。

当前，云计算技术发展正在从计算资源、网络资源、存储资源三个维度不断丰富增强云上算力，云计算技术发展向“算力推动型”“算力依赖型”产业聚焦，规模化与便捷化的算力调度，多样化的算力形式，透明化运行的算力任务，算力触达的丰

① 首例“云服务器案”判决参见北京知识产权法院(2017)京 73 民终 1194 号民事判决书。首例“小程序案”判决参见杭州互联网法院(2018)浙 0192 民初 7184 号民事判决书。

富应用场景，都使云端高性能算力市场不断增长。基于云计算的高性能计算驱动成为数字经济发展巨大引擎，不过算力增长离不开数据信息资源的支撑。为此，除适用专利、版权保护模式的创新激励机制以促进云计算技术进步之外，由于用户接受云计算服务过程中会大量生成与存储有关数据信息资源，如何确立与配置上述数据信息资源的权益归属，也成为有效激励云计算技术创新发展的重要保障因素。

实际上，云计算技术进步的核心在于服务模式创新，它改变了以往对于信息基础设施及软硬件产品与设备的设计、建设与控制、所有与使用等行为实施方式，因其服务产品的所有权与使用权分离模式以及多实施主体加入与多实施步骤操作，从而使其法律关系中的权利义务内容趋于复杂。因此，在用户并不拥有其租赁软硬件服务产品所有权时，对于其使用云服务过程中所衍生并存储于云服务商服务器中的信息数据，如何进行其使用权与控制权的合理配置并作出恰当的制度安排便成为关键。云服务商基于用户协议往往要求云用户向其让渡用户生成于或存储于云服务器中数据信息的实际控制权。因此，有必要从技术标准、行业规范、市场规则以及法律措施等多元角度对云服务商的用户数据采集与处理行为加以调控。例如，除了《个人信息保护法》《网络安全法》《数据安全法》的相关保障机制之外，也可以适用《合同法》《民法典》第三编(特别是其第三章技术合同)有关内容以保障云服务平台数据信息生成及其数据产品开发中的各方利益。

三、云计算技术运用的法律规制

1. 云计算的专利侵权风险规制

云计算技术的系统性与集成性特性决定了其技术架构与服务系统运行存在多实施主体加入与多实施步骤操作。因而，其专利侵权行为实施往往离不开多主体多步骤分离式操作实施，其涉案专利权利要求的所有步骤往往要基于不同实施主体之间相互协作实施相关步骤才能完成。但是，由于无法确立单一行为主体完整地直接实施其全部操作步骤，因而其并不能完全满足“全面覆盖原则”而构成直接侵权。不过由于既不存在一方为另一方提供帮助或指导等实施侵权的必要条件，也不存在所谓引诱他人实施侵权，往往也难以认定为间接侵权。这种呈现为多主体多步骤分离式乃至跨区域实施特点的侵权行为模式使其侵权构成与责任认定趋于复杂。鉴于云计算技术及其专利实施特点，云计算环境下的专利侵权风险规制面临如何确立专利间接侵权与专利直接侵权之间的关系与地位，以及如何认定专利间接侵权的构成要件等问题。

我国《专利法》(2020年修订)第十一条规定专利权人对其专利技术拥有垄断

实施权，以及禁止他人未经许可地实施其专利技术的禁用权。其中，针对方法专利的实施权与禁用权，规定他人未经专利权人许可，不得为生产经营目的“使用专利方法以及使用、许诺销售、销售、进口依照该专利方法直接获得的产品”。不过，《最高人民法院关于审理侵犯专利权纠纷案件应用法律若干问题的解释（二）》（2016年颁布）第二十一条第一款规定：“明知有关产品系专门用于实施专利的材料、设备、零部件、中间物等，未经专利权人许可，为生产经营目的将该产品提供给他人实施了侵犯专利权的行为，权利人主张该提供者的行为属于侵权责任法第九条规定的帮助他人实施侵权行为的，人民法院应予支持。”此外，其第二款规定：“明知有关产品、方法被授予专利权，未经专利权人许可，为生产经营目的积极诱导他人实施了侵犯专利权的行为，权利人主张该诱导者的行为属于侵权责任法第九条规定的教唆他人实施侵权行为的，人民法院应予支持。”上述两款关于专利间接侵权（帮助侵权或诱导侵权）构成要件之规定，在解决云计算专利侵权行为构成与认定方面，因其具有多主体多步骤分离式实施特点而有待基于个案解释进行适用。

传统意义上的专利侵权在客观构成要件上往往呈现单方独立实施或行为者直接实施的特性。云计算及其通信技术领域的方法专利侵权呈现多主体多步骤分离式实施特点，这使原本基于“全面覆盖原则”而认定其方法专利侵权面临挑战。方法专利的实施需按照权利要求的多个步骤分别执行相应的操作才能完成。以云计算技术为例，由于其具有虚拟化、多用户等特征，大多情况下都需要云计算平台提供商、云计算服务商以及用户多方主体的参与①。云计算技术运行往往是按照用户需求进行资源分配，具体操作是由用户通过网络向云服务商提交运算需求，云服务商收到上述需求信息后，再经过远程服务器运算，将运算结果数据发送至用户端，当云服务商基于云计算资源进行虚拟化分配技术运算时，用户端往往也会承担一部分运算任务，不过其运算任务可能仅仅是发送或接收云计算运算数据。这就使得云计算环境下的运算任务实现至少要有用户及云服务商的共同参与才能完成。此时，如果仅将云服务商的数据运算作为其专利侵权的实施对象，未必能有效规制其专利侵权风险。为此，司法实践中将对其侵权实施主体与对象的认定范围由直接侵权扩大到间接侵权，实现其专利保护范围扩展，将有助于充分发挥其规制功效。

相对专利直接侵权行为而言，专利间接侵权行为人往往并不完整地实施专利权利要求限定的每一项技术特征，如果行为者仅实施其部分核心技术特征，而其他部分技术特征所确立的操作步骤却由第三方完成，便往往难以满足直接侵权判定的“全面覆盖原则”，从而可以免予承担直接侵权责任。当第三方人数众多且地域分散的情况下，专利权人若要维权追责往往面临极大的现实窘境。但是，若是仅就

① 陈明涛.云计算技术条件下专利侵权责任分析[J].知识产权，2017(3)：50－59.

其部分核心技术特征的实施者进行追责的话，也往往受制于专利直接侵权判定的"全要件原则"而面临更大的法律困境。因而，除非是在单侧撰写模式下第三方实施的专利技术方案中该部分核心技术特征正好全部落入其专利布局的权利要求范围，才能有效追究其直接侵权责任。专利间接侵权规则正是为避免专利直接侵权判定适用"全要件原则"面临的现实窘境与法律困境，并经由美国判例发展应运而生的。这些美国判例包括：源于 1871 年被视为专利间接侵权制度起源的 Wallace 案所确立的帮助侵权类型及其规则[①]，源于 1878 年的 Bowker 案所确立的教唆侵权类型及其规则[②]，源于 1931 年旨在防止"专利权滥用"并促使其后 1952 年《专利法》修改中将专利间接侵权规则成文化的 Carbice 案[③]。

美国在认识到多主体多步骤分离式的专利侵权相对传统的专利侵权有其独特性之后，分别提出了"代理"规则、"某些联系"规则和正在适用的"控制或指挥"规则。所谓"控制或指挥"规则[④]强调，在多主体多步骤分离式侵权案件中，只有在一方主体客观表现出完全实施涉案专利技术方案的所有步骤，才能认定其构成专利侵权[⑤]。易言之，若要认定被告构成专利侵权，必须是其侵权后果可以完全归因于被告对第三方实施涉案专利其余技术特征进行了"控制与指挥"。除非原告对于被告"控制与指挥"第三方实施上述行为达到了一定的证明高度，如证明双方存在合同关系、代理关系或者替代责任关系等，否则便不能支持其侵权主张。不过，实践中多方主体之间若通过签订"独立主体协议"来规避其专利侵权责任，即各参与方地位平等，被告既没有控制与指挥第三方，也不存在代理、替代和合同关系时，便无法基于"控制与指挥"规则对分离式主体专利侵权予以规制。因此，为深入规制云计算环境下的专利侵权风险，美国 2014 年"云计算环境下专利侵权第一案——Akamai Techs v. Limelight Networks 案"（下称"Akamai 案"）中，试图利用美国《专利法》中引诱侵权规则解释，以破解利用直接侵权规则规制云计算专利侵权行为所面临的法律适用困境。不过美国联邦最高法院认为，通过扩张解释专利间接侵权中的引诱侵权以规制被诉侵权行为，须以其构成直接侵权为前提，该案适用"控制与指挥"规则尚难认定其构成直接侵权，其引诱侵权认定应予废除。

---

① 该案涉及由灯头和灯罩组成的煤油灯专利产品，被告生产销售专利关键组件（灯头）帮助他人实施侵权，因该组件缺乏"实质非侵权用途"，被认定构成共同侵权（jointtort）中的帮助侵权。

② 该案涉及气泡饮料及其制备的专利，发泡剂可与其他成分调配制作出受专利保护的气泡饮料，被告提供的发泡剂虽缺乏"实质非侵权用途"，但若是其制造销售旨在配合他人实施专利则不能免责而构成教唆侵权。

③ 美国《专利法》第 271 条分别规定了专利间接侵权的引诱侵权（b 款）与帮助侵权（c 款）两种类型。

④ 相关案例参见，Muniauction, Inc. v. Thomson Corp. , Global Patent Holdings, LLC v. Panthers BRHC LLC, Keithley The Homestore. com, Inc. , etc.

⑤ 鞠晔. 云计算环境下美国专利引诱侵权判定规则研究[J]. 知识产权，2014(2)：98－104.

与美国 Akamai 案类似，在西电捷通诉索尼 WAPI 专利侵权案（下称“西电捷通案”）二审中我国法院也认为，构成间接侵权必须以直接侵权成立为前提[①]。关于专利间接侵权认定是否需要以构成直接侵权为前提的问题，这在理论与实务中分别存在所谓“从属说”和“独立说”，前者认为需要，后者认为不需要。在西电捷通案中，北京知识产权法院认为，终端用户按被诉侵权设备的预设方式实施涉案专利的关键技术步骤应被视为是被诉侵权人索尼公司完整实施了涉案专利所有技术步骤，并适用“全面覆盖原则”认定索尼公司开发“MT”装置产品等行为构成对西电捷通的方法专利的直接侵权，出售提供“MT”装置的行为则单独构成对涉案专利的间接侵权。二审法院认为，索尼公司并未有效“控制与指挥”其他专利实施主体，侵权结果不能归因于索尼公司，根据北京市高级人民法院《专利侵权认定指南（2017）》第 118 条规定，如构成引诱、帮助的间接侵权，需要以直接侵权为前提，据此否定一审判决。显然，二审考虑到多主体多步骤分离式侵权的特殊性，认为终端用户和设备商等各个实施主体均不能独立而完整地实施涉案专利技术步骤，因“并不存在独立的侵权行为人控制或指挥了其他侵权行为主体”，故不构成直接侵权。既然没有直接侵权人，若是认定其某个部件的供应商构成专利间接侵权也就于法无据。

专利制度发展从直接侵权到间接侵权，从帮助的间接侵权到引诱的间接侵权，从提供专用品的帮助侵权到提供非通用品的帮助侵权，其保护标准趋于强化，但须明晰“帮助”“引诱”行为的内涵与边界，否则在规制专利侵权风险时，可能导致“专利权滥用”而得不到有效规制。我国在 2018 年提交审议的《专利法修正草案（送审稿）》第 62 条曾增设了专利间接侵权制度，但最终并未进入专利法修订文本。在规制云计算环境下的专利侵权风险时，如引进并适用“控制与指挥”规则而认定专利间接侵权，需考察被诉侵权人在涉案专利实施中是否具有类似主脑（mastermind）的作用与地位，是否对涉案专利技术方案的所有技术步骤均进行了实施和参与，从而对其完成了“控制与指挥”工作，专利侵权结果可归因于被告的上述行为。以 Akamai 案为例，平台已经正常实施其他步骤，仅有标志性的侵权步骤尚待其他用户进一步实施，而平台对此完全知晓并将所有操作流程进行了标记，且对用户进行标志的操作若是采取了系列返利活动予以鼓励，就可以认定其在该步骤上与用户形成了控制或指挥关系，从而认定其构成专利直接侵权。

2. 云计算的版权侵权风险规制

互联网空间内容传播具有虚拟化、数字化特点，无须依赖存储介质即可上网浏

---

① 王晓燕. Akamai 案审理对云计算方法专利侵权判定的启示[J]. 重庆邮电大学学报（社会科学版），2016，28(6)：44 - 52.

览、传播与分享其内容。这与传统版权作品以印刷书刊或其他存储介质的封装型产品作为读写载体不同。在云计算环境下，云服务具有按需取费、随时随地共享资源等特点，由此降低了侵权盗版成本及其门槛，盗版作品传播速度快且侵权主体分散，侵权行为实施便捷，侵权损失风险增大，且其维权取证定位困难，司法管辖趋于复杂，追责成本收益失衡。于是，关于能否、应否及如何赋予云服务商监测、审查、治理其云服务空间数字内容的合规性，往往会产生认识分歧。

例如，有研究以 SaaS 模式下云服务提供商提供计算机软件服务为例分析认为，SaaS 模式下云服务商将软件上传"云端"并提供给云用户使用，其并未提供该软件的永久复制件，因而其行为不受出租权的规制。云用户在线运行、使用软件属于信息网络传播权定义下的获得作品，云服务商向云用户提供软件的许可使用行为应受信息网络传播权的规制。根据《最高人民法院关于审理著作权民事纠纷案件适用法律若干问题的解释》第 21 条规定的字面解释，云用户未经许可商业性地在线使用、运行盗版软件时，其在计算机内存中形成的软件的临时复制也构成对软件著作权人的复制权的直接侵害。此时对于云服务商而言，视其与云用户之间是否存在共同侵权的意思联络而分别承担不同的法律责任。如果两者之间不存在意思联络，则云服务商与云用户均是软件复制权的直接侵权人；若是虽然并不存在意思联络，但云服务商明知直接侵权会发生，依然将未经许可的或盗版的软件提供给云用户在线运行使用，则云服务商便构成对上述软件复制权的间接侵权[①]。不过在两者并无意思联络时，云服务商对于云用户的直接侵权行为发生是否负有"应知"的注意义务乃至审查义务，便面临争议。

再者，基于对"云服务器""小程序"等新型网络服务提供者的版权侵权案例研究表明，适用《信息网络传播权保护条例》(下称《条例》)中的"通知—删除"规则虽有助于快速解决涉及网络服务提供者的版权侵权纠纷，但"云服务器"租赁服务并不属于《条例》中的四类网络服务提供者类型，"小程序"亦非单纯属于《条例》中的自动接入、自动传输服务商范畴，两者均无法直接适用"通知—删除"规则，而应适用"通知—必要措施"规则予以调整。适用"通知—必要措施"规则须以注意义务的判定为核心内容。在必要措施的判定上，技术过滤措施可以作为判定新型网络服务提供者是否履行注意义务的重要考量因素[②]。此外，云计算技术及其服务平台具有糅合性特征，这使之面临必须遵循"回避用户内容"的伦理要求，其"糅合服务层级"的实践样态使之在"避风港规则"适用中面临主体适格性及其对策可能性局限，据此应强化"避风港规则"的包容性，秉承比例原则适用必要措施，云平台对于普通侵权可采用宽缓的"三振

① 郭鹏. 云计算 SaaS 模式下的著作权侵权分析[J]. 知识产权，2018(11)：52－59.

② 倪朱亮，徐丽娟. "通知—删除"规则的适用局限及出路：以两则新型网络服务提供者案例为切入点[J]. 电子知识产权，2020(4)：17－27.

出局”结合合同责任的“分段式措施”，仅对重复、恶意侵权采取制裁手段[①]。

例如，在“阿里云案”即国内“云计算版权纠纷第一案”——乐动卓越诉阿里云侵犯信息网络传播权案中[②]，阿里云提供的并非传统意义上的网络内容服务，而是存储、在线备份、托管等互联网基础设施服务，以主机租用与虚拟专用服务器作为其主业，且领取的是IDC经营许可证，这使阿里云作为网络服务提供者的性质地位面临争议[③]。在IaaS模式下用户租用云服务商的服务器存储数据侵犯版权时，关于云服务商是否是适用“避风港规则”并承担版权侵权责任的适格主体，“阿里云案”一审及部分学术观点认为适用，二审及另一部分学术观点认为不适用。北京知识产权法院认为，即便乐动卓越公司发出的系合格通知，阿里云公司亦不应采取“删除、屏蔽或者断开链接”或与之等效的“关停”服务器等措施。这是因为云服务器租赁服务提供者无法直接控制云服务器中的具体信息内容，且其还负有维护用户数据安全（隐私或商业秘密信息）的商业伦理要求[④]。因而，IaaS模式下云服务商并未向云用户提供“信息存储空间”，其并非“通知—删除”规则适用的适格主体。

可见，云服务商的法律主体地位及其版权规制义务有其特殊性。我国《民法典》针对网络服务提供者的一般侵权责任确立了“通知—必要措施”规则[⑤]，不过如何确立云服务商在履行其必要措施中的合理注意义务内容及其限度，仍需结合其技术架构（IaaS、PaaS、SaaS）及服务系统的运行模式与应用场景进行相应的解释适用。为促进云计算技术创新及大数据产业发展，可以采用并完善诉前禁令制度，规定云服务商协助禁令执行，缩小云服务商的间接侵权责任范围，合理平衡云服务商、版权人和用户的三方利益[⑥]。因此，在规制云计算的版权侵权风险时，既要维护版权人与云用户正当利益，也要维护云服务空间的信息网络与数据安全，合理赋予云服务商对云空间版权治理的注意义务。

3. 云计算服务的其他风险规制

在新一代信息技术背景下，网络信息安全保护往往与其网络用户的版权、隐私、商业秘密等权利保护产生利益冲突。无论是作为提供云存储服务的阿里云平台，还是作为挂载小程序并提供类似自动接入与自动传输服务的腾讯微信平台，其虽有协

---

① 蔡元臻，白睿成. 云计算服务平台适用避风港规则的局限性及其破解[J]. 知识产权，2020(4)：42－52.

② 首例“云服务器案”判决书参见北京知识产权法院(2017)京73民终1194号民事判决书。

③ 黄安娜，吴柯苇. 云计算环境下避风港原则之适用性研究[J]. 科技与法律，2018(5)：82－88.

④ 张璟. 国内首例云服务器厂商被诉侵权案解读[J]. 计算机与网络，2017，43(21)：10－12.

⑤ 参见《民法典》第一千一百九十四条至第一千一百九十七条，另参见原《侵权责任法》第三十六条。

⑥ 王渊. 数据安全视角下Iaas模式云服务商版权责任研究：以阿里云版权侵权案为例[J]. 中国科技论坛，2020(8)：60－66，109.

助网络用户维权之义务，但其协助义务的履行需要符合比例原则。云服务商基于“通知—必要措施”规则履行其采取“必要措施”义务或遵从用户协议而履行协助维权职责时，可能危及云用户的信息安全、隐私与商业秘密，甚至对互联网竞争秩序及其信息安全保障构成潜在损害风险①。云计算尤其是私有云服务面临愈加突出的秘密性、安全性问题，尽管云服务商致力于缔造安全、便宜、高效的云计算平台，但要防控云空间的用户隐私、信息安全、商业秘密以及其他侵权风险，依然面临全新挑战。

为此，可以通过权衡利弊而合理赋予云服务商以义务履行协助方式选择权。网络服务提供者负有信息网络安全保障义务的正当根据在于，其作为信息网络经营管理主体无论技术控制能力还是经济投入成效，都较之国家行政主管部门拥有更具可行性和更为便捷的执法优势与维权时效，法律赋予其行政法上的“第三方义务”有其正当性与合法性。具体而言可采取如下措施。

其一，完善著作权集体管理组织制度体系。云计算环境下用户与服务商之间以及用户之间数据交互频繁，云服务租赁及其技术实施主体众多，传统的版权登记管理及授权许可使用制度难以适应云计算技术架构及服务模式发展趋势，为此须改革著作权集体管理组织的准入条件、设立方式、权利义务、版权许可使用费收取和分配制度，并理顺其与从事版权服务贸易的大型网络平台之间的关系。

其二，完善云服务提供商的技术管控机制。合理设置访问权限，确保用户访问与分享云服务平台资源的安全可控，维护云服务系统安全运行。根据版权治理技术进步及过滤技术措施水平，适当引入版权内容过滤机制，赋予云服务内容分享平台以版权授权寻求及其过滤义务。完善隐私条款，规范用户协议，保障用户信息与平台数据安全，针对云服务平台的隐私条款与用户协议，强化其合规监督与标准化示范管理。

其三，完善云用户的版权保护技术控制措施。引入以数据加密和防拷贝为核心的 DRM 系统，通过对数字内容进行加密，只赋予授权用户以解密的密钥，确保密钥与用户硬件信息绑定，使用户无法脱离密钥和硬件的双重局限使用数字内容。防止攻击者绕过数字版权管理而非法拷贝和使用数字内容，增添攻击者破坏 DRM 系统的成本与难度。通过嵌入数字指纹，引入区块链技术对数字内容传播进行全链条留痕与溯源追踪等。

---

① 参见《网络安全法》第四十条至第四十五条关于用户信息安全保障义务，《数据安全法》第四章关于数据安全保护义务，《反不正当竞争法》第十二条关于互联网不正当竞争条款，《个人信息保护法》有关个人信息处理规范，《刑法》第二百八十六条之关于“拒不履行信息网络安全管理义务罪”。

第十二章　区块链技术与法律

区块链即存有数据信息的不同区块按其各自生成时间顺序连接而成的链条，这些链条为区块链系统所有服务器（节点）保存，除非征得半数以上节点同意，否则无法修改链上所有节点信息，这使区块链具有去中心化和数据难篡改等特点，据此可解决链上信息真实可靠和（不同服务器节点）相互信任问题。目前，区块链被视为一种融合多种现有技术的新型的分布式计算和存储范式，其应用已在各行各业逐步展开，并已取得广泛的法律与社会影响。

一、区块链技术的法律与社会影响

1. 区块链技术架构与原理

区块链在狭义上是指将数据区块按照其生成时间顺序相连而成的链式数据结构，也是基于密码学方式确保其链上数据不可篡改且不可伪造的分布式账本。区块链技术可看成是基于分布式数据存储、点对点传输、共识机制、加密算法等计算机技术的新型应用模式。它在广义上是利用块链式数据结构验证与存储数据，利用分布式节点共识算法生成和更新数据，利用对等网络进行节点间的数据传输，利用密码学方式和时间戳等技术保证分布式账本数据传输和访问安全及其存储数据的不可篡改，利用自动化脚本代码组成的智能合约实现上层应用逻辑，从而进行编程和数据操作的全新的分布式基础架构与计算范式。

从技术原理上来看，区块链作为一串基于密码学方法生成的数据区块，本质上是一个以记录交易和区块等数据信息为主的去中心化的数据库。区块链存储的交易数据作为一个数据区块，是对交易在何时、以何种顺序成为区块链数据库组成部分进行的记录和确认。链上每个区块基于区块链的哈希值进行唯一而精准标识，即基于哈希算法对各交易区块中的交易信息进行加密并加以压缩后，由一串数字和字母组成散列字符串。链上任意节点通过哈希计算都能获得该数据区块的哈希值，只要经计算的哈希值没有变化就可确认链上该节点信息未被篡改，据此可验证交易信息的有效性（防伪）并生成下一个区块。其工作步骤有三：一是生成区块，通过链上节点收集发布于网络的交易信息以形成记录数据条目，再将这些交易打包成具有特定结构的“区块”以形成数据集；二是共识验证，由相关节点将之前打包的“区块”发布至网络，全网节点接收大量“区块”后再按顺序进行其共识和内容的验证，形成具有特定结构的区块集（账本）；三是账本维护，由相关节点利用长期存储验证通过的账本数据以及回溯检验等功能，为上层应用提供账本访问接口。

区块链按其使用场景及信任机制构建方式可分为公有链（public blockchain）、行业链（consortium blockchain）、私有链（private blockchain）等类型。公有链是非许可链，行业链（又称联盟链）与私有链均属于许可链。公有链作为一种完全开放的区块链，任何人都可以加入网络参与其完整的共识记账过程而无须彼此信任，通过消耗算力等方式建立全网节点彼此信任机制，具备完全的去中心化优势，但其面临资源浪费、效率低下等问题，多被用于比特币等去监管、匿名化、自由的加密货币场景。联盟链作为一种半开放式区块链，只有指定成员可以加入网络，且每个成员的参与权各有不同，它通过颁发身份证书的方式事先建立彼此信任关系，具备部分的去中心化特点，比公有链拥有更高效率，由多个机构组成的联盟构建，账本的生成、共识、维护均由联盟指定的成员参与完成。实际上，完全开放与去中心化的公有链并不一定适合任何应用场景创新，其低效率往往难以满足实际应用需求，联盟链在某些场景下更具有实用性。私有链作为许可链，其相对联盟链往往具有更高的中心化程度，其数据的产生、共识、维护过程完全由单个私人组织掌握，被该组织指定的成员仅具有账本的读取权限。

区块链具有去中心化、难以篡改、匿名化、合约自治、去信任化、公开透明等特点。其一是去中心化。区块链各节点基于对等网络建立通信和信任背书，任何节点的破坏不会对全局产生影响，区块链数据库之间基于对等网络通信进行数据交互，从而不依赖于中央数据库或任何中间商即可自主运行。其二是难以篡改。区块链依赖一组加密数据来保障其数据记录的完整性和真实性，账本数据由全体节点维护，区块链中存储的数据除非得到半数以上网络节点认可，否则便不能随意更改，群体协作的共识过程和强关联的数据结构能够保证节点数据一致且难以篡改，进而使数据可验证和追溯。其三是合约自治。区块链在业务逻辑上通过预先定义使节点可以基于高可信的账本数据实现自治，在“人与人”“人与机”“机与机”彼此交互之间实现自动化地执行业务。源于比特币的区块链技术作为一个分散且密码性安全的附加数据库，其各个节点数据更新需以用户协商方式完成，从而实现合约自治。

此外，区块链还具有匿名性。区块链的多种隐私保护机制可以使用户身份得以隐匿，即便如此也能建立信任基础。同时，区块链还具有公开透明性。在区块链各种类型中，除非是具有更高中心化程度的私链，其数据的产生、共识、维护过程完全由单个组织掌握，公有链甚至半开放式的联盟链其链上数据对每个节点或相关节点公开，从而便于验证数据的存在性和真实性。据此，区块链体系结构在数据信息的存储与传输方面具有其独特优势。区块链是一种追求安全与效率的网络信任机制。任何节点都可以创建交易，在经过一段时间的确认之后，就可以合理地确认该交易是否为有效，区块链是通过几乎无限量级提升交易记录数据篡改成本而有效防止任何一方随意篡改交易信息。因而，区块链可被视为一种不可篡改、全流程时空跨越、分布式计算的数据库储存技术，它强调的是数据的完整性、真实性和安全性，是对数据质量的强信任背书，还具有开放、高效、透明、成本低、数据高度安全等应用优势。

2. 区块链技术的社会影响

区块链的诞生可追溯至2008年10月中本聪所发表的论文《比特币白皮书：一种点对点的电子现金系统》。点对点技术（Peer-To-Peer，简称P2P）是一种没有中心服务器、依靠系统间的用户群节点直接进行信息交换而达成计算机资源与信息共享的对等式网络。相对于传统的C/S模式网络系统中客户端信息交互需依赖其中心化中央服务器结构，P2P网络中每个用户节点既是客户端，又是能作为服务器为其他节点提供服务的服务端，淡化了"中央服务器"功能，作为一种"去中心化"对等式架构实现了"内容"所在位置从"中心"走向"边缘"。基于P2P技术的信息交互模式有助于充分利用网络空间分散的数字资源，从而提高网络资源利用率。

我国自2016年底首度将"区块链"写入《"十三五"国家信息化规划》。《中国区块链技术和应用发展白皮书(2016)》将其界定为："广义来讲，区块链技术是利用块链式数据结构来验证与存储数据、利用分布式节点共识算法来生成和更新数据、利用密码学的方式保证数据传输和访问的安全、利用由自动化脚本代码组成的智能合约来编程和操作数据的一种全新的分布式基础架构与计算范式。"如今，区块链技术发展历经2009年"比特币"区块链应用账本系统上线的区块链1.0时代，2013年至2015年兴起的带有智能合约的公共区块链平台以太坊(即"下一代加密货币与去中心化应用平台")的区块链2.0时代，以及当下以"区块链+"为核心应用于各行各业各类场景及社会治理的区块链3.0时代。比特币的核心创新就在于能够在无须信任第三方的情况下实现远距离转移价值，而区块链作为比特币核心技术关键在于能够借助其共识机制而实现其链上账本数据的可复制、共享。因此，"区块链+"应用场景与运行模式极其广泛且仍在不断创新发展中，以下以公共治理、智能合约为例略作说明。

首先，在公共治理方面，区块链可以发挥诸多优势。一是保障政务数据安全。因政务数据相对集中且具有较高权威与影响力，往往易受攻击而遭遇破坏或丢失，而区块的冗余和分布式技术则可以为其提供全节点存储，特别是可以通过为各节点设置其数据管理密钥，利用区块链数据流转中各个节点信息的不可篡改性，从而确保其数据安全管理与共享应用，防止政务数据被窃或被毁。二是降低政务数据管理成本以提高政务效率。政务数据作为储量极大且中心化、集中式的公共资源和数据资料，其管理和维护中往往面临着成本高和迟缓、低效、失真等问题，利用区块链共识机制及去中心化、公开透明等技术特性，可以实现政府政务流程管理的提质增效，减轻数据、资源下发和审核的负担，简化决策过程并优化意见沟通渠道，从而提高决策透明度并改善公共服务质量。三是防控公权滥用以增强政府民众互信机制。利用区块链技术可以对公共事务及其政务数据实现去中心化的记录和认证，并使所记录的政务数据实现防篡改且可追溯，确保数据内容完整、安全、透明、可靠，对中心节点暗箱操作、单点故障或监督不力等风险进行有效控制，去中介机制简化办事流程与行政手续，杜绝公文造假，强化权证与国家资产管理，助力政务监督与审查工作。借助具有高度安全、去中心化且防篡改的预言机，通过智能合约机制可以消除政府官员在公共治理中的各种偏见和控制，从而在公民和官员之间重建信任关系，建立更为高效透明的监管市场，为企业和政府节约成本。

其次，区块链的另一重要应用创新便是智能合约。智能合约(Smart Contract，简称 SC)概念于 20 世纪 90 年代后期由尼克·萨博(Nick Szabo)首先提出。作为一种计算机协议，它可以帮助人们通过区块链上的简单交易与其他人或机器建立合同关系。区块链技术虽源于不可开发的比特币系统，但现代区块链架构如 2014 年的以太坊(Ethereum)与此不同，其开发的新型区块链平台引入其他功能，允许在区块链上直接部署小的代码片段，由网络中的每个节点分散执行。在萨博看来，将代码植入合同构建智能合约，能无须建立基于交易双方的信用基础便可实现自主执行，解决传统合同关系的不稳定性问题并提高交易速度与效率。随着分布式账本(Distributed Ledger Technology，简称 DLT)技术出现，采用机器理解的计算机语言可更加高效、准确且自动化地编写和执行合约。智能合约通过模拟合约条款逻辑且自动执行特定的协议条款，可以支持合同履行并将法律义务转变为自动执行的交易，这种通过集成的执行机制来提供“可信”的交易模式在实施中可用来减少谈判、数据核对及合约执行的交易成本。智能合约应用领域极广，包括金融衍生品、债券、市场数据、汇款、代币、去中心化交易所、银行、保险、零售等货币支付与金融保险领域，云端、数据库、区块链即服务(BaaS)、软件即服务(SaaS)等企业系统领域，互联网和电信、电力、水、排放物和废物处理等公用事业领域，体育赛事、市场预测、彩票等博彩业领域，监管、投票选举、公民身份验证、电子签名、生物识别、统计数据、证书、账户安全、知识产权官费收缴等政府管理领域，质量控制或贸易融资等供应链领域，以及数据商业化、云服务、房地产托管、工资发放等其他领域。

当然，在诸如货币金融、支付、企业系统、供应链乃至公用事业等涉及多人参与且呈流程化延展的交易场景下，区块链确实有其公开透明、合约自治、去中心化等应用优势。在 Web 1.0 和 Web 2.0 阶段，数据作为互联网时代的基本要素往往凭借网络巨头对平台数据集中，通过用户让渡其个体数据利益以牺牲公平而优化其数据配置与利用效率。随着 Web 3.0 作为一种基于区块链技术的互联网生态系统的诞生，区块链技术 Web 3.0 对 Web 1.0 和 Web 2.0 的阶段突破条件已然达成。Web 3.0 将实现从数据为平台所拥有到为用户所拥有的革命，从而为数据的安全保障、公平分享与自由使用释放更大优越价值，真正能使互联网实现将数据权力还利于民、还权于社会。不过，在基于区块链技术的互联网生态系统中，分布式记账需经由所有节点形成共识，且有赖于各参与者巨大的数据储存和分析能力等，这使区块链根本无法全面满足不同交易场景下的实际需求，极大制约了其系统运行与数据分析、运算效率。例如，相对于作为中心化机制的支付宝数据处理频率高达每秒几十万笔，去中心化的比特币往往仅能执行每秒几笔交易的数据量。因传统比特币与以太坊在共识机制、存储机制、智能合约机制等方面的设计欠缺严密性，区块链作为源于比特币底层技术的特殊数据库，在数据库与存储领域也会面临某些障碍。譬如，区块链无法无限增加其数据规模，其有限的数据吞吐量使其难以适应通用结算体系或通用分布式数据存储的要求。因而，区块链技术在实用价值上还有待进一步开发与挖掘。

3. 区块链技术的法律影响

区块链技术的法律影响可以看成是技术与法律之相互性问题的一个缩影。作为比特币底层技术的区块链系统及其后的智能合约的创新发展与应用，为互联网监管及其用户行为规范提供了更加精准、有效的实施机制。在这个演进与发展过程中，人们先后提出了“代码即法律”与“法律即代码”两种双向互动的实现路径。所谓“代码即法律”意即在互联网空间及其“数字孪生”模式下，驱动软硬件运行的程序代码也能像现实中的法律规范那样，发挥其规制效果与调控功能。所谓“法律即代码”意即在线上与线下的时空交互中，人们可以借助区块链等数字技术，将法律规范转换成二进制代码形式，从而实现更为有效的执行机制。回顾历史，技术与法律之间的互动发展经历了法律文本的数字信息化、法律程序的决策自动化、法律规范的程序代码化(代码即法律)、程序代码的法律规范化(法律即代码)四个阶段的演进。法律规范的弱确定性为其灵活实施预留弹性空间，程序代码的强确立性则为其精准执行创设稳固基础，两者各取其利而互为耦合无疑有助于促进法治进步。区块链技术与法律的相互影响可以概括为“以区块链补充法律”“区块链与法律互补”“以区块链取代法律”三个层面[①]，并呈现“法律代码化”“代码法律化”的双重面相。区块链技术在法律领域的创新应用（法律代码化）及其对法律的赋能作用（代码法律化）已经在诸多方面取得长足发展，诸如证据存证认定、司法信息数字化建设、网络监管及法律治理等。

首先，区块链可以为诉讼证据存证提供增信服务功能。区块链的分布式记账及其数据公开透明特性，使得电子数据（例如数字音乐、图像、软件等数字内容产品）基于区块链技术进行证据存证可以在网络存储、传播及交易系统中真正实现原创证明、价值传递、凭证确权、防伪鉴定、投资变现等。电子数据的形成及其权属与变动信息可以基于区块链而生成唯一真实且不可篡改的存在证明（哈希值）并借助整个区块链系统的可靠性为其进行信任背书。基于区块链的电子数据存证可以溯源追踪，基于智能合约的数字内容交易也可以自动追踪履约情况并限制交易执行，基于区块链技术可以对数字作品进行自动筛查并加以智能比对，通过锁定侵权事实而自动抓取侵权证据，并保存在区块链系统中形成不可篡改的电子证据，从而提高其维权成效。根据《最高人民法院关于互联网法院审理案件若干问题的规定》第十一条，电子签名、可信时间戳、哈希值校验、区块链等可作为验证电子数据真实性的技术手段。因而，经由区块链技术赋能的电子数据可以实现防篡改功能并能在司法实践中取得其真实性的司法确认。另外，区块链可以赋能法律文书（包括律师函等）的制作、发放与送达。法律文书的传统送达方式往往因送达时间、地址核查、签收效力、内容真伪等状况面临送达与签收确认难题，基于区块链技术制作的法律文书通过电子送达可被赋予合法形式，结合北京“联合信任时间戳服务中心”的“可信时间戳”，一经上传至区块链就按其时间戳的性质记录其发出时间，可以确认电子数据在链上空间的流转轨迹，且不被随意篡改，从而增强其电子数据的真实可靠性、效力权威性。

其次，区块链既赋能网络监管也亟待法律治理。劳伦斯·莱斯格认为，代码、社会规范、市场与法律四者均对网络空间发挥规制作用，不过从本质上来看，代码才是互联网体系结构的基石。如今，区块链可以为首次公开募股（Initial Public Offering，简称 IPO）和证券交易中的发行人和投资者提供去中心化的直接交易平台，从而无须券商或投行从中撮合；可以借助去中心化数字货币为用户提供汇款与收款服务，进行直接支付与结算，以克服跨域支付周期长、手续烦琐问题；可以通过智能合约按照预定时间与条件为供应链金融提供款项自动支付，以减少人为失误

① ［美］凯文·沃巴赫.链之以法：区块链值得信任吗？［M］.上海：上海人民出版社，2019：80－85.

并提高交易效率；还可以将电子病历储存于公有链或联盟链中，其防篡改性与高保密性可为医患纠纷中病历数据证据锁定提供可信的技术保障措施。区块链虽被称为"最为可能改变未来十年商业模式的技术"[①]，但也被称为犯罪活动、庞氏骗局、无政府和独裁主义的避风港。此外"首次代币发行"（Inital Coin Offering，简称ICO）的暴富神话幻灭则说明，区块链并非"善"无止境，却难免会"恶"由此生。因此，尽管区块链潜力无穷，但若无有效监管，其对增进信任毫无助益。法律制度和软件代码都能促进信任，不过也能摧毁信任。例如，数字权利管理软件对内容使用的限制比著作权法更严格，即因其忽略了诸如合理使用和首次销售原则之类的安全价值观。不过，就版权领域的无主作品而言，区块链可以帮助人们借助共享登记建立新市场，利用智能合约确保无主作品使用者能通过仲裁审核向合法权利人支付许可使用费，从而创建独特的数字资产并可适用数字化作品版权的长期首次销售原则。此外，其分布式分类账系统可以分散数字版权管理系统对于数字权利的控制，从而还权于艺术家[②]。可见，区块链经由代码法律化机制可以实现对于人们行为的预置控制，减少法律执行的不确定性，但作为一种技术手段，其本身也面临着正当性诘问与规控必要性。

二、区块链技术创新的法律保障

1. 区块链技术创新的专利保护

首先是区块链创新的专利保护模式。在区块链技术早期萌芽阶段，其应用场景多局限于比特币、算法或身份认证等领域，其专利申请量有限。但自2015年以来，随着区块链产业布局加速及其投资增长，其全球范围内的专利申请量也呈成倍增加趋势。2011年，美国率先启动了区块链领域的全球专利布局，我国自2013年开始出现区块链领域的专利申请。区块链专利申请涵盖区块链支撑技术与应用技术的各个分支领域，目前涉及数据层、合约层、共识层、网络层、激励层等。相对于版权保护立足其逻辑与符号的形式化表达而言，区块链技术的专利保护更倾向立足其思想层面的技术方案。不过，区块链技术创新的专利保护面临其专利客体的

① Tapscott D, Tapscott A. The Impact of the Blockchain Goes Beyond Financial Services[J]. Harvard Business Review, May 10, 2016.

② [美]凯文·沃巴赫. 链之以法：区块链值得信任吗？[M]. 上海：上海人民出版社，2019：引言，3-4，79-83.

适格性问题，以及在可专利性前提下面临授权确权审查的实质性要件问题。专利申请审查标准包括积极要件与消极要件。其中，消极要件体现为不可专利性的对象范围，例如我国《专利法》第五条和第二十五条规定，将违反法律、社会公德或者违反公益的发明创造，以及诸如科学发明或智力活动的规则和方法等排除在可专利的保护对象范围之外。就加密数字货币而言，我国明确禁止非法发行和流通加密数字货币，因而除央行之外，有关加密数字货币的专利申请便因违法而不具有可专利性。此外，积极要件包括作为专利技术方案的三要素要件与符合专利审查标准的“三性”实质要件。例如我国《专利法》第二条规定发明或实用新型专利申请保护对象为技术方案，成为专利保护对象的技术方案一般要满足技术手段、技术问题、技术效果三要素构成要件，也就是所谓“采用技术手段解决技术问题并据以获得符合自然规律的技术效果”；同时该法第二十二条还规定发明或实用新型专利申请须满足新颖性、创造性、实用性的“三性”要求的实质要件。就软件程序等方法专利申请而言，如仅仅是基于某些抽象算法和纯商业方法的代码形式转换，未能解决实际技术问题，也未取得什么技术效果，未必具备专利适格的保护前景。当然，若是通过诸如改进计算机存储和检索数据的方式，或简化操作流程，从而能够实现诸如优化智能决策过程、提升智能应用的数据可信度、缩短搜索时间、降低内存需求等技术功效，便有符合可专利形式的积极要件的可能。

区块链技术往往侧重计算资源调配与抽象数据处理，在与大数据、人工智能、物联网等新一代信息技术实现集成创新与深度融合时，其可专利性的前提是必须满足技术方案的三要素构成要件及具备专利授权的“三性”实质要件。例如，将合同各方权利义务内容以代码形式写入区块链中，形成应用区块链技术督促合同履行的智能合约技术，这种将合同文本数字化并借由计算机指令实现传统合同自动化处理的方法，因仅为抽象方法与计算机硬件的结合而不具可专利性。随着区块链专利申请量激增，其“可专利性”及实质审查标准面临挑战。鉴于区块链技术紧密结合具体应用，有必要适当放宽专利客体审查标准，从严确立其实质性审查条件，细化实用性标准内涵、提高创造性判断主体的认知能力以及明确辅助因素在创造性判断中的地位，防止区块链技术专利保护不力[①]。我国《专利审查指南》（2020年12月11日修订）第二部分第九章增加“6. 包含算法特征或商业规则和方法特征的发明专利申请审查相关规定”，主要针对涉及人工智能、“互联网＋”、大数据及区块链等发明专利申请审查作出规定，其审查基准指出：“审查应当针对要求保护的解决方案，即权利要求所限定的解决方案进行。在审查中，不应当简单割裂技术

① 肖翰.知识产权保护视角下区块链技术的专利赋权标准研究[J].科技进步与对策，2021，38(5)：97－104.

特征与算法特征或商业规则和方法特征等，而应将权利要求记载的所有内容作为一个整体，对其中涉及的技术手段、解决的技术问题和获得的技术效果进行分析。”上述技术方案内涵的修订内容适用区块链专利申请领域时也就意味着，第一，强调区块链发明中算法或商业方法等权利要求与其各自对应技术特征须进行整体评价；第二，明确不可专利对象仅限于计算机程序本身，以免误将以计算机程序为载体的区块链技术不当归于智力活动的规则与方法；第三，要求包含算法或商业方法特征的发明须与具体技术领域结合，以使本领域技术人员可认识到其结合产生的有益效果。可见，区块链技术要获得专利保护，其权利要求中的算法或商业方法特征需要借助相应技术手段而能实现独特的预期效果，从而构成相关技术方案。

例如，“一种双向区块链结构”①的专利申请内容概述：一种双向区块链结构，其特征在于，包括至少一个双向链；所述双向链由一个在先区块和一个在后区块沿两个相反方向顺序链接后而成，且所述在先区块中存储有所述在后区块中的数据经不可逆算法计算得到的校验值。本发明通过双向链接的区块关系，实现基于新生成的区块中的交易数据开启区块链中已有区块中的交易数据的处理逻辑。

分析及其结论：该专利申请不属于区块链领域的可授权客体。该申请请求保护一种双向区块链结构，技术方案是将区块链中的两个区块按两个相反方向顺序链接，把在后区块的校验值写入在先区块中，从而限定了一种双向的区块链结构。区块链是一个去中心化的数据库，本质上是一种具有特定结构的数据集，即数据结构。就该区块链专利申请而言，如果一项权利要求请求保护主题为单纯的区块结构或区块链的链式结构，由于区块结构、链式结构作为数据结构属于一种信息的表述方法，是《专利法》第二十五条第一款第（二）项所述智力活动的规则和方法，落入专利申请的消极要件而缺乏可专利性。

再如，“一种区块链节点间通信方法及装置”②的专利申请内容：“发明专利申请提出一种区块链节点通信方法和装置，区块链中的业务节点在建立通信连接之前，可以根据通信请求中携带的CA证书以及预先配置的CA信任列表，确定是否建立通信连接，从而减少了业务节点泄露隐私数据的可能性，提高了区块链中存储数据的安全性。”该专利申请的权利要求：“一种区块链节点通信方法，区块链网络中的区块链节点包括业务节点，其中，所述业务节点存储证书授权中心CA发送的证书，并预先配置有CA信任列表，所述方法包括：第一区块链节点接收第二区块链节点发送的通信请求，其中，所述通信请求中携带有第二区块链节点的第二证

① 张雪凌，刘庆琳. 区块链专利申请审查标准研究[J]. 知识产权，2020(2)：68-75.

② 参见《专利审查指南》(2020年12月11日修订)第二部分第九章新增第6节，“包含算法特征或商业规则和方法特征的发明专利申请审查相关规定”；下设6.2小节“审查示例”【例4】。

书；确定所述第二证书对应的CA标识；判断确定出的所述第二证书对应的CA标识是否存在于所述CA信任列表中，若是，则与所述第二区块链节点建立通信连接，若否，则不与所述第二区块链节点建立通信连接。”

分析及其结论：该专利申请属于区块链领域的可授权客体。该申请要解决的问题是联盟链网络中如何防止区块链业务节点泄露用户隐私数据的问题，属于提高区块链数据安全性的技术问题，通过在通信请求中携带CA证书并预先配置CA信任列表的方式确定是否建立连接，限制了业务节点可建立连接的对象，利用的是遵循自然规律的技术手段，获得了业务节点间安全通信和减少业务节点泄露隐私数据可能性的技术效果。因此，该专利申请内容属于《专利法》第二条第二款规定的技术方案，可以作为专利保护的客体。

2. 区块链技术创新的商标保护

区块链既是一项技术创新也是一项商业模式创新。作为一项商业模式创新，区块链也适合采取商标保护模式。由于区块链基于分布式数据存储、点对点传输、共识机制、加密算法等计算机技术应用，其技术开发与商业模式创新进一步拓展了数据存储与运算的地域局限，能够实现数据上链全网留痕与可追溯，商标所承载的商誉价值能够在注册地国家或地区范围内实现跨区域识别商品或服务来源功能，因而商标保护对区块链创新来说有其独特价值。

区块链的商标保护模式需要恰当处理其商品服务来源识别符号与技术创新方案及行业属性之间的关联关系问题。实践中，有必要结合区块链行业特点分别从“标识”“注册类别”两方面作出恰当的选择。经查询“中国商标网”[①]，有大量以“区块链”为文字标识或以其相关词（例如“区块”）为核心词组合的文字标识进行的商标申请，但经检索大多处于“无效”状态。上述申请基本出现在2015年后，且以区块链技术开发与商业模式创新领域的申请居多[②]。我国《商标法》（2019年修订）第十一条第一款第（一）（二）项对商标申请标志的相对禁止情形进行了规定，标志若是仅有本商品的通用名称、图形、型号的；或是仅直接表示商品的质量、主要原料、功能、用途、重量、数量及其他特点的；或是其他缺乏显著特征的，不得作为商标注册。同时，该法还在第五十九条规定，商标含有该法第十一条第一款第（一）（二）项

① 检索路径，选择国家知识产权局政务服务平台进入“查询”服务栏，点击“商标查询”进入“中国商标网”，在搜索框中国际分类栏，选择09第九类（科学仪器），或者38第三十八类（电信服务），商标名称选汉字“区块链”。

② 使用“企查查”App智能查询，截至2021年8月5日，以“区块链”相关词的商标申请集中在9类科学仪器（1621）、35类广告销售（1991）、36类金融物管（1243）、38类通信服务（787）、41类教育娱乐（770）、42类设计研究（2051）居多，其余类别申请除少数领域外大多不足百余件。

规定的相对禁止标志的，注册商标专用权人无权禁止他人正当使用。可见，即使是以“区块链”作为其申请标志在上述有关区块链技术开发与商业模式创新领域取得了商标注册，其注册商标专用权人也很难对他人在相关领域使用“区块链”标识行使禁用权，甚至其以“区块链”标识申请的注册商标也面临被他人请求宣告无效的风险。

因此，在区块链创新的商标保护中宜尽量选取显著性强的标志，否则即使取得注册也极易在实际使用中被他人以描述使用而非商标性使用作为其免责抗辩事由[①]。商标价值在于识别商品或服务的来源，因而对区块链技术等相关商业领域而言，具有较强的原生（或称“固有”）显著性的图文标志标识便是一种稀缺资源。不过，在商标申请中若是采取“由两个或者两个以上相对独立的部分构成”作为其标志组成要素的，尤其要注意其中的显著部分标志，以防与他人有一定知名度标识近似，包括“商标文字读音相同或者近似，且字形或者整体外观近似”等，以致造成消费者混淆误认而被判定为近似商标。同样，也不宜采用直接说明性和描述性的标志构成，仅直接表示指定使用商品的功能、用途，仅直接表示商品的技术特点，表示商品或者服务特点的短语或者句子等缺乏显著特征的标志[②]。此外，考虑到商标申请人的主观意图可以作为判断混淆可能性的参考因素[③]，商标申请中的标志选择应考虑其技术创新领域属性，但也应防止与同行在先申请标志相近似，以免日后使用中易于引起消费者混淆误认，甚至被控有攀附他人商誉之恶意。

3. 区块链技术创新的版权保护

对于区块链技术创新而言，传统知识产权领域的专利、版权、商标以及商业秘密均可适用于其创新激励与产权保护机制构建。不过，各种保护模式有各自优势与不足。例如，专利保护模式既要满足其保护客体的专利适格性（patent eligibility）要求，还要考虑到其可专利性（patentability）审查标准选择问题。同样，商业秘密保护模式面临技术创新缺乏开放性的问题，版权保护模式也面临因“思想与表达二分”而不能延及技术方案本身的问题。因此，无论采取何种保护模式，首先要明晰其保护客体的属性，据此对不同保护模式及其不同权利布局选择所面临的优劣功效进行合理评估。

首先，区块链创新可对版权保护及其内容合理分享发挥积极作用。区块链具有不可篡改、可溯源的技术优势，从而可以发挥服务于版权维权工作需要的技术功

① 参见山东省高级人民法院（2020）鲁民终398号民事判决书。

② 参见原国家工商行政管理总局商标局、商评委《商标审查及审理标准》第三部分商标相同、近似的审查，以及第二部分商标显著特征的审查。

③ 参见《最高人民法院关于审理商标授权确权行政案件若干问题的规定》第十二条规定。

能，促进相关的数字作品内容分享，保障版权人利益。可以采取去中心化平台的“区块链＋”技术并赋能其作品指纹模式，实现基于区块链存储的版权存证。其基本流程是，将产生的作品指纹压缩拆分、加入时间戳，通过用户私钥签名，构造出其作品发布证明，进而发送给区块链的每个节点，由节点进行签名确认、打包进区块，完成存证。这样可以利用作品唯一标识的指纹解决版权存证中的盗版问题，使得数字作品能够在具有不可篡改性能的区块链上进行存证，除去对版权登记代理的过度依赖，从版权登记入口预防盗版行为，从而在技术措施上解决数字版权登记及其交易信息中的存证效率低、不透明和不可信等问题。

其次，版权保护制度可以对区块链技术创新及产业转化提供法律保障。区块链技术作为软件源程序，其源代码具有一定商业秘密属性，但区块链技术需经计算机编程才得以实现有效运行。我国《著作权法》(2020 年修订)第二条界定了作品“独创性”“以一定形式表现”“智力成果”特征，对作品类型采取开放立法模式，即修改第(九)项内容为“符合作品特征的其他智力成果”。计算机软件历来是版权法所确立的重要形式的作品，区块链技术创新与运行离不开软件源程序代码的支撑，作为软件源程序的区块链技术当然受版权法保护。不过，区块链运行过程中会记录各个数据和时间节点形成的相应的“哈希值”，生成各个区块并经由各个区块链接而形成区块链；此外，区块链上所记录的事项也生成相应的数据库，鉴于《著作权法》(2020 年修订)已对作品类型采取开放立法模式，区块链记录生成的数据库中的数据只要经由选择、整理、编排并体现制作者的最低限度的智力劳动投入，这种独创表达形式也可以归于汇编作品形式而受到版权法的保护。

三、区块链技术运用的法律规制

1. 区块链技术运用的管理规范

区块链作为一项新兴技术，基于共识机制、加密算法所形成的信息交互机制，具有不可篡改、匿名性等特性。区块链系统在给国家发展带来机遇、给社会生活带来便利时，也带来潜在甚至显见的安全风险。区块链与传播领域的结合被一些不法分子利用，传播违法有害信息，实施网络违法犯罪活动，损害公民、法人和其他组织合法权益。“纵使区块链潜力无穷，但若是无有效管理，其对增进信任毫无助益。如果与法律实施完全脱节，区块链系统可能会起反作用，甚至造成危险后果”[①]。

① [美]凯文·沃巴赫. 链之以法：区块链值得信任吗？[M]. 上海：上海人民出版社，2019：引言，3.

实践中部分区块链信息服务提供者的安全责任意识不强、管理措施和技术保障能力不健全等，都对互联网信息安全提出了新的挑战。因此，在有效发挥区块链技术创新的积极功能的同时，也有必要加强对其技术运用的监管。为落实信息安全管理主体责任，维护国家安全和公共利益，保护公民、法人和其他组织的合法权益，促进区块链技术及相关服务健康发展，国家互联网信息办公室于 2019 年 1 月 10 日发布了《区块链信息服务管理规定》(下称《管理规定》)。

《管理规定》旨在明确区块链信息服务提供者的信息安全管理责任，规范和促进区块链技术及相关服务健康发展，规避区块链信息服务安全风险，为区块链信息服务的提供、使用、管理等提供有效的法律依据。例如明确其规范创制依据包括《网络安全法》《互联网信息服务管理办法》和《国务院关于授权国家互联网信息办公室负责互联网信息内容管理工作的通知》等规范文件，强调其立法目的既要促进区块链技术及相关服务的健康发展，也要规范区块链信息服务活动，维护国家安全和社会公共利益，保护公民、法人和其他组织的合法权益(第一条)，并以我国境内从事区块链信息服务为其规范范围(第二条)，以区块链信息服务监管者与提供者、使用者之间管理与被管理关系为其调整对象(第三条)。将区块链信息服务界定为基于区块链技术或者系统，通过互联网站、应用程序等形式，向社会公众提供信息服务；并将区块链信息服务提供者明确为向社会公众提供区块链信息服务的主体或者节点，以及为区块链信息服务的主体提供技术支持的机构或者组织；同时将区块链信息服务使用者明确为使用区块链信息服务的组织或者个人。另外，明确国家互联网信息办公室及其省市职能部门具体负责区块链信息服务的监管执法工作。

《管理规定》第四条至第六条是区块链信息服务提供者单方义务规范，包括加强行业自律与信用评价及其社会监督，区块链信息内容安全管理责任(例如建立健全用户注册、信息审核、应急处置、安全防护等管理制度)，区块链信息服务应当具备即时和应急处置不当信息内容发布、记录、存储、传播的能力。第七条至第八条是有关区块链信息服务提供者与使用者之间权利义务及行为规范，包括制定并公开管理规则和平台公约，与用户签订服务协议并督促其守法与履约，依法对用户身份(包括基于其组织机构代码、身份证件号码或者移动电话号码等方式)的信息真实性的强制认证。《管理规定》第九条和第十一条至第十四条是有关区块链信息服务提供者从事相关经营活动应遵从的公法义务，包括开发上线新产品、新应用、新功能的安全评估报备，及时在互联网信息办公室备案管理系统中填报经营信息(包括服务提供者的名称、服务类别、服务形式、应用领域、服务器地址等)以履行备案手续，经营事项(服务项目、平台网址等)变更或终止时及时办理变更或注销手续，国家互联网信息办公室受理备案信息处理流程及其定期查验机制，以及区块链信息服务提供者对外规范标明备案编号等义务。

此外,《管理规定》第十条和第十五条至第十八条涉及区块链信息服务提供者和使用者的网络信息安全保障措施及其遵守安保义务的有关规范。例如,不得利用区块链信息服务从事不当行为,不得利用区块链信息服务制作、复制、发布、传播不当信息内容。规定区块链信息服务的信息安全隐患整改义务与标准遵从义务,区块链信息服务提供者对违法、违约的信息服务使用者依法依约采取处置措施(警示、限制功能、关闭账号等),对违法信息内容采取相应的处理措施(保存记录并上报),以防止信息扩散。区块链信息服务提供者具有对其使用者发布内容和日志等信息的记录备份与保存(六个月以上)及其配合执法查询的义务,并从技术措施上配合互联网信息办公室等管理部门的依法监督检查。《管理规定》第十九条至第二十二条专门对违反上述法定义务与职责的行为施行必要的制裁措施或惩治机制。区块链信息服务提供者违反《管理规定》可能面临警告、限期改正、停业、罚款等行政处罚直至追究刑事责任。使用者如果使用区块链信息服务制作、复制、发布、传播法律法规禁止的不当信息内容,将会面临国家或地方互联网信息办公室的依法行政处理。

诚然,上述《管理规定》明确区块链信息服务提供者开发上线新产品、新应用、新功能需经由安全评估与报备。但是,"代码法律化"(以法律监管或约束区块链)与"法律代码化"(以区块链取代或补充法律)之间往往面临内在冲突。"若系统拥有完善的机制,能够对共识规则或其他技术属性进行考量和调整,则这类系统本质上就不是去中心化。其与行业标准主体或开源项目类似,通过集体协议而非公司管理层的分层法令改变规则"[①]。在区块链技术运用的法律规制中,既要发挥区块链系统的去中心化优势还权于民,例如利用分布式分类账本分散中介与分销商对数字内容版权的控制以使内容创作者获得足够补偿,但也需要将分布式分类账本的技术框架与有关法律实施机构进行映射,以解决其相互增信机制建设问题。因此,区块链开发者不能无视法律,政府也须重视区块链技术创新发展的独特性,去中心化治理与中心化监管须达成动态平衡,才能为区块链技术创新运用营造优越环境。在商业互联网初期,美国 1996 年制定《通讯规范法案》(*Communication Decency Act*,简称 CDA)时嵌入了第 230 条"安全港"(Safe Harbor)条款,根据第 230 条(c)(1),"任何交互式计算机服务的提供者或用户都不应被视为其他信息内容提供者提供的任何信息的发布者或发言者"[②],通过将互联网平台与传统的出版

① [美]凯文·沃巴赫. 链之以法:区块链值得信任吗?[M]. 上海:上海人民出版社,2019:引言,84-88,101.

② 47USC230(c)(1): No provider or user of an interactive computer service shall be treated as the publisher or speaker of any information provided by another information content provider.

社、电视台相区分，以缓解平台的信息治理压力，体现促进互联网产业持续发展，保持互联网行业富有“自由发展和自由竞争市场的活力”等立法宗旨。可见，CDA“安全港条款”既为平台赋予了进行自我监管的必要激励，也为其提供了快速发展的重要动因。因此，区块链技术创新发展运用中须在技术法律化与法律技术化之间处理好监管与被监管、控制与反控制的内在关系。

2. 区块链运用与智能合约规制

智能合约（smart contract）乃是一种以数字化形式将合约写入计算机可读的代码中而进行合同传播、验证或执行的计算机协议，它可在没有第三方时实现可信交易，且确保交易的可追踪与不可逆，相对于传统合约模式既提升了交易安全性，又降低了交易成本。一个智能合约可以被视为“一套以数字形式定义的承诺（commitment），包括合约参与方可以在上面执行这些承诺的协议”①。不过，由于智能合约的运行是以计算机代码形式呈现与执行，其在实施中难免面临各种技术风险与法律挑战。以自动存取款服务或自动售货机的智能合约为例，可能会由于网络运行故障，或是因为存储数据被人为篡改，抑或是恶意代码植入等原因，往往面临技术运行障碍或是道德信任危机。智能合约作为一个新型概念是在1995年由跨领域法律学者尼克·萨博（Nick Szabo）首次提出，其运行机制在理论上并不必然依赖于区块链。但是，直到以比特币为底层技术的区块链技术出现及其在技术上实现融合之后，智能合约才使交易活动真正实现法律技术化下的广泛运用前景，并解决了交易安全与交易效率双重需求下的信任危机问题。

作为区块链2.0版的体现，智能合约在工作原理上类似计算机程序的if-then语句，通过事先将内含法律上权利义务内容的协议条款以计算机代码形式植入区块链系统之中，一旦预先设定的条件成立，上述协议条款就自动执行。智能合约在本质上可以看成是一个利用比特币的分布式分类账进行自治运作的软件技术媒介，比特币则是利用智能合约进行交易。智能合约基于共识算法与分布式分类账能够实现分布式计算机的功能②。智能合约现已在金融、房产、能源、公共服务等场景下得到广泛的应用。例如，将区块链与智能合约融合用于知识产权确权和交易等公共服务，能使知识产权确权与交易的过程极大简化，提高效率，降低成本③。此外，以区块链为底层技术的智能合约，因其自动执行而无须人工干预，省略了传

① Bocek T. Digital Marketplaces Unleashed[M]. Berlin: Springer-Verlag GmbH, 2017: 169 - 184.

② [美]凯文·沃巴赫. 链之以法：区块链值得信任吗？[M]. 上海：上海人民出版社，2019：引言，29 - 30.

③ 华劼. 区块链技术与智能合约在知识产权确权和交易中的运用及其法律规制[J]. 知识产权，2018(2)：13 - 19.

统中间人的授权和处理环节，提高了交易效率，使执行更加及时而便捷。同时，智能合约采用类似 if-then 的条件逻辑与程序语言编写，因而不仅内容更加清晰，而且对可能触发的场景易于评估，为网络乃至现实世界提供了清晰、确定甚至唯一性规则，在某种程度上避免了文义解释上的歧义。再者，将智能合约与区块链技术融合可以将其协议内容不可篡改却可回溯地记载于区块链系统中，加之合约内容对于全链节点参与者进行开放可视，这就增加了合约内容的透明度与安全性，提升了链上用户间的互信。因而，智能合约可以在技术层面弥补现实社会的规制不足。

不过，智能合约往往因缺乏灵活性、安全漏洞、隐私侵害、转换成本高等缺陷而面临诸多潜在与现实的社会风险。首先，智能合约欠"智能"。智能合约本质上是将传统的合同语言转化为程序代码以此实现自动执行的功能，自治性是其区分于自动履行协议的关键因素。智能合约在处理复杂逻辑关系事务时会出现并不"智能"、可执行违约责任能力有限等"缺陷"，可能增加代码设计错误或出现编码逻辑漏洞①。

其次，智能合约欠灵活性。由于基于程序代码的智能合约与基于法律规范的传统合同之间存在语言鸿沟，程序代码的专业"黑箱"影响合同主体地位的实质平等，也影响合同订立中当事人意思自治及其意思表示真实，甚至可能引发合同欺诈，基于 if-then 模式运行的合约机制无法在技术上将传统合同各种变量与灵活因素均嵌入其中，其不可逆性对合同履行中当事人的可变更、可撤销意思表示构成制约，也妨碍对情事变更、不可抗力等因素的适时适用。

再次，智能合约欠安全。区块链系统可视为一系列同心圆，分类账位居中心，以稳健的去中心化共识保证其安全性；智能合约为第二同心圆，是引导网络交易的软件代码；第三同心圆是交易所和钱包服务之类的边缘服务供应商，是加密货币和现实世界之间的桥梁；最外围是去中心化应用和其他向用户销售的代币，每层均有其弱点②。随着计算能力不断进步，区块链系统安全赖以维系的加密算法也有被破解的可能，密码生成技术实施面临潜在缺陷，其挖矿或工作量证明程序也存在严重漏洞。同时，DAO 攻击③、加密货币被窃、ICO 被滥用等真实事件表明智能合约及其边缘服务并非绝对"零风险"的安全保障。此外，智能合约的透明性可增添合

① 谭佐财. 智能合约的法律属性与民事法律关系论[J]. 科技与法律，2020(6)：65－75.

② [美]凯文·沃巴赫. 链之以法：区块链值得信任吗？[M]. 上海：上海人民出版社，2019：引言，44－46.

③ 2016 年 6 月，黑客利用智能合约设计漏洞攻击 The DAO(The Distributed Autonomous Organization，即"去中心化组织")，总计劫持高达 360 多万以太币(约 5 亿元人民币)。依照 DAO 的规定，窃取资金的交易属于有效的智能合约，区块链无法识别窃贼和客户，所以此类交易与其他交易一样，均可被无条件执行。事件发生后，DAO 运行平台通过植入一段新代码改变原合约运行，采取硬拆分方式以避免合约里的资金被转移。

同主体互信，但其代码须向所有网络参与者尤其验证者公开，这也使其交易活动面临隐私与商业信息被不当披露的风险。

因而，在区块链技术应用于智能合约过程中，因其计算范式中的技术漏洞可能使智能合约执行面临各种应用风险甚至行为违法的可能。在风险规制方面，首先针对智能合约及其区块链应用开展技术研发，强化智能合约上网前的代码设计安全审计，建立区块链系统漏洞风险应急处置机制；其次围绕智能合约代码公开中的用户隐私与商业信息披露风险，增强加密技术措施以保障特定当事人知情权，视其交易类型差异及交易安全需求，分别采用公有链、联盟链或私有链进行智能合约代码设计；再次结合智能合约应用场景（如B2B模式或是B2C模式）采取不同规制模式。智能合约按其法律效果不同可基于合同型、执行型、单向型进行类型化，在自然语言向代码转换过程中出现错误或者瑕疵时，为应对由此产生的法律责任，应当区分合约参与方之间及其与合约提供方之间的内外部关系[①]。对于纯B端（企业）用户或兼有C端（消费者）用户的智能合约，宜分别采取私法自治为主或兼采公法规制介入等差异化规制，以解决合同主体地位不对等及其知情权与选择权行使困境甚至合同欺诈等问题。

此外，在法律上须建立智能合约自然语言备案机制。鉴于智能合约的技术规制与传统合同的法律规范之间面临语言解析及表意传达障碍，智能合约的程序代码无法对实践中的复杂逻辑关系进行全面涵摄，通过自然语言备案有助于实现智能合约与传统协议的有机衔接，辅助解决智能合约纠纷，规避因意思表示不真所致的合同欺诈。

最后，发挥智能合约平台的监管职责与治理职能。大型网络平台具有公共属性。目前较为成熟的区块链应用平台主要有以太坊（Ethereum）和Hyperledger Fabric，用户可以通过在这些平台链上进行编程，实现智能合约的运行，这些平台均已成为智能合约的重要参与方。通过建立区块链平台的准入制和智能合约上链的代码安全审计制，可有效规制法律风险。例如，只有达到一定安全标准，配备相应“数据回滚”技术的平台才能够从事智能合约服务[②]。同时，还要充分利用“通知—必要措施”规则赋予网络平台以恰当的注意义务与治理职责，在智能合约提供者与使用者及一般消费者用户之间实现有效的信息传递与沟通机制，平衡各方利益冲突。

① 谭佐财.智能合约的法律属性与民事法律关系论[J].科技与法律，2020(6)：65－75.

② 华劼.区块链技术与智能合约在知识产权确权和交易中的运用及其法律规制[J].知识产权，2018(2)：13－19.

结　语

科技法学的概念提出及其学科建设构想萌芽于20世纪80年代中后期，至90年代初，一批有关科技法学研究的学术著作先后问世，并相继建立了一些专注科技法学研究的科研机构。如今，信息网络与生物基因等现代前沿科技已经取得长足发展与广泛应用，尤其随着新型电商平台、物联网、大数据、人工智能、云计算、区块链等新一代信息技术的勃兴与普及，基于领域法的科技与法律研究进一步开枝散叶，朝着"专、精、特、新"的深度与广度不断拓展，其研究旨趣也呈现细分与重组之势。由此观之，科技法研究若要达成共识性的知识谱系与可通约的话语体系已非易事，也很难找寻可以奉为圭臬的研究路径。鉴于此，本书围绕科技创新发展趋势对法与社会带来的双重影响，在阐述科技法的双重面相基础上，基于领域法进路分别探寻科技创新的法律保障与科技运用的法律规制模式，勾画科技法律的体系概貌与调整机理，从而构建一种通识性的理论分析框架与应用研究范例。

参考文献

一、中文书籍

[1] [英]J. D. 贝尔纳. 科学的社会功能[M]. 陈体芳，译. 南宁：广西师范大学出版社，2003.

[2] [美]莱斯格. 代码 2.0：网络空间中的法律[M]. 2 版. 北京：清华大学出版社，2018.

[3] [美]罗斯科・庞德. 法律史解释[M]. 邓正来，译. 北京：中国法制出版社，2002.

[4] [美]伯尔曼. 法律与宗教[M]. 北京：中国政法大学出版社，2003.

[5] [法]孟德斯鸠. 论法的精神[M]. 西安：陕西人民出版社，2001.

[6] [美]本杰明・卡多佐. 司法过程的性质[M]. 北京：商务印书馆，1998.

[7] [美]伯尔曼. 法律与革命[M]. 北京：中国大百科全书出版社，1993.

[8] [英]哈特. 法律的概念[M]. 北京：中国大百科全书出版社，1996.

[9] [美]富勒. 法律的道德性[M]. 北京：商务印书馆，2005.

[10] [美]布莱恩・阿瑟. 技术的本质：技术是什么，它是如何进化的[M]. 杭州：浙江人民出版社，2014.

[11] [美]罗斯科・庞德. 普通法的精神[M]. 北京：法律出版社，2011.

[12] [美]艾伦・德肖维茨. 你的权利从哪里来？[M]. 北京：北京大学出版社，2014.

[13] [美]瑞恩・卡洛，迈克尔・弗鲁姆金，[加]伊恩・克尔. 人工智能与法律的对话[M]. 陈吉栋，董惠敏，杭颖颖，译. 上海：上海人民出版社，2018.

[14] [英]李约瑟. 中国科学技术史：第一卷[M]. 北京：科学出版社，上海：上海古籍出版社，1990.

[15] 马克思,恩格斯.马克思恩格斯全集:第47卷[M].北京:人民出版社,1979.

[16] [美]科斯.财产权利与制度变迁:产权学派与新制度经济学派译文集[M].上海:上海三联书店,1991.

[17] [美]詹姆斯·布坎南.财产与自由[M].北京:中国社会科学出版社,2002.

[18] [美]道格拉斯·C.诺思,罗伯特·托马斯.西方世界的兴起[M].北京:华夏出版社,1999.

[19] [美]罗伯特·P.墨杰斯.新技术时代的知识产权法[M].北京:中国政法大学出版社,2003.

[20] [美]唐·A.威特曼.法律经济学文献精选[M].北京:法律出版社,2006.

[21] [美]罗斯科·庞德.法理学:第三卷[M].廖德宇,译.北京:法律出版社,2007.

[22] [美]伊森·凯什.数字正义:当纠纷解决遇见互联网科技[M].北京:法律出版社,2019.

[23] [以色列]尤瓦尔·赫拉利.人类简史:从动物到上帝[M].2版.北京:中信出版集团,2017.

[24] [美]罗伯特·考特,托马斯·尤伦.法和经济学[M].史晋川,董雪兵,等译.上海:格致出版社,上海三联书店,上海人民出版社,2012.

[25] [英]迈克尔·波兰尼.个人知识[M].贵阳:贵州人民出版社,1996.

[26] [美]乌戈·马太.比较法律经济学[M].沈宗灵,译.张建伟,审校.北京:北京大学出版社,2005.

[27] [美]杰弗里·L.哈里森.法与经济学[M].北京:法律出版社,2004.

[28] [美]斯蒂文·萨维尔.法律的经济分析[M].柯华庆,译.北京:中国政法大学出版社,2009.

[29] [美]波斯纳.法律的经济分析[M].北京:中国大百科全书出版社,1997.

[30] [美]道格拉斯·C.诺思.经济史中的结构与变迁[M].上海:上海三联书店,1991.

[31] [美]丹·L.伯克,马克·A.莱姆利.专利危机与应对之道[M].北京:中国政法大学出版社,2013.

[32] [美]亚当·杰夫,乔希·勒纳.创新及其不满:专利体系对创新与进步的危害及对策[M].北京:中国人民大学出版社,2007.

[33] [法]卢梭.论人类不平等的起源和基础[M].北京:商务印书馆,1962.

[34] [德]尤尔根·哈贝马斯.作为“意识形态”的技术与科学[M].李黎,郭官

义，译. 北京：学林出版社，1999.

[35] [美]凯文·沃巴赫. 链之以法：区块链值得信任吗？[M]. 上海：上海人民出版社，2019.

[36] [德]康德. 道德形而上学原理[M]. 苗力田，译. 上海：上海人民出版社，2002.

[37] [美]戴维·雷斯尼克. 政治与科学的博弈：科学独立性与政府监督之间的平衡[M]. 上海：上海交通大学出版社，2015.

[38] [德]马克斯·韦伯. 经济与社会（上卷）[M]. 林荣远，译. 北京：商务印书馆，1997.

[39] [德]马克斯·韦伯. 新教伦理与资本主义兴起[M]. 桂林：广西师范大学出版社，2010.

[40] [英]J. S. 密尔. 论自由[M]. 北京：商务印书馆，1959.

[41] [美]杰拉尔德·科恩戈尔德. 权利的边界：美国财产法经典案例故事[M]. 北京：中国人民大学出版社，2015.

[42] [美]詹姆斯·R. 卡利瓦斯. 大数据商业应用风险规避与法律指南[M]. 北京：人民邮电出版社，2016.

[43] [日]城田真琴. 数据中间商[M]. 北京：北京联合出版公司，2016.

[44] [法] 让·梯若尔. 创新、竞争与平台经济：诺贝尔经济学奖得主论文集[M]. 寇宗来，张艳华，译. 北京：法律出版社，2017.

[45] [美]凯斯·桑斯坦. 信息乌托邦：众人如何生产知识[M]. 北京：法律出版社，2008.

[46] [美]P. 诺内特，P. 塞尔兹尼克. 转变中的法律与社会：迈向回应型法[M]. 北京：中国政法大学出版社，2004.

[47] [英]维克托·迈尔·舍恩伯格. 大数据时代[M]. 杭州：浙江人民出版社，2013.

[48] [美]塞奇威克，韦恩. 算法[M]. 谢路云，译. 北京：人民邮电出版社，2012.

[49] [美]罗伯特·P. 莫杰思. 知识产权正当性解释[M]. 金海军，史兆欢，寇海侠，译. 北京：商务印书馆，2019.

[50] [美]杰奥夫雷·G. 帕克，马歇尔·W. 范-埃尔斯泰恩，桑基特·保罗·邱达利. 平台革命：改变世界的商业模式[M]. 寇宗来，张艳华，译. 北京：机械工业出版社，2017.

[51] [英]克里斯托弗·米勒德. 云计算法律[M]. 陈媛媛，译. 北京：法律出版社，2019.

[52] [加]尼克·斯尔尼切克. 平台资本主义[M]. 程水英,译. 广州:广东人民出版社,2018.

[53] 刘剑文等. 领域法学:社会科学的新思维与法学共同体的新融合[M]. 北京:北京大学出版社,2019.

[54] 高德步. 产权与增长:论法律制度的效率[M]. 北京:中国人民大学出版社,1999.

[55] 卢现祥. 西方新制度经济学[M]. 2 版. 北京:中国发展出版社,2003.

[56] 张五常. 卖桔者言[M]. 成都:四川人民出版社,1988.

[57] 张文显. 法学基本范畴研究[M]. 北京:中国政法大学出版社,1993.

[58] 刘晓海. 德国知识产权理论与经典判例研究[M]. 北京:知识产权出版社,2013.

[59] 中国科学技术情报所专利馆. 国外专利法介绍[M]//[苏]B. A. 鲍加特赫. 资本主义国家和发展中国家的专利法. 北京:知识出版社,1981.

[60] 万勇,刘永沛. 伯克利科技与法律评论:美国知识产权经典案例年度评论[M]. 北京:知识产权出版社,2013.

[61] 司晓,马永武. 科技向善:大科技时代的最优选[M]. 杭州:浙江大学出版社,2020.

[62] 赵守香,唐胡鑫,熊海涛. 大数据分析与应用[M]. 北京:航空工业出版社,2015.

[63] 杨旭,汤海京,丁刚毅. 数据科学导论[M]. 2 版. 北京:北京理工大学出版社,2017.

[64] 龙井瑢. 新媒体时代的版权与技术[M]. 西安:陕西师范大学出版社,2016.

[65] 刘文杰. 从责任避风港到安全保障义务:网络服务提供者的中介人责任研究[M]. 北京:中国社会科学出版社,2016.

[66] 周志华. 机器学习[M]. 北京:清华大学出版社,2016.

[67] 王迁. 知识产权法教程[M]. 北京:中国人民大学出版社,2011.

[68] 王忠. 大数据时代个人数据隐私规制[M]. 北京:社会科学文献出版社,2014.

[69] 刘金瑞. 个人信息与权利配置:个人信息自决权的反思与出路[M]. 北京:法律出版社,2017.

[70] 胡朝阳. 知识产权服务体系的互联网建设与发展[M]. 南京:东南大学出版社,2020.

[71] 胡朝阳. 知识产权的正当性分析[M]. 北京:人民出版社,2007.

二、中文论文

[1] 王锡锌. 利益组织化、公众参与和个体权利保障[J]. 东方法学,2008(4):24-44.

[2] 吴汉东. 人工智能生成作品的著作权法之问[J]. 中外法学,2020,32(3):653-673.

[3] 张金平. 人工智能作品合理使用困境及其解决[J]. 环球法律评论,2019,41(3):120-132.

[4] 张润,李劲松. 利益平衡视角下人工智能编创使用行为的法律定性与保护路径研究[J]. 出版发行研究,2020(11):72-79.

[5] 王康. 人类基因编辑多维风险的法律规制[J]. 求索,2017(11):98-107.

[6] 崔聪聪. 论电子商务法的调整对象与适用范围[J]. 苏州大学学报(哲学社会科学版),2019,40(1):79-85.

[7] 刘颖. 我国电子商务法调整的社会关系范围[J]. 中国法学,2018(4):195-216.

[8] 袁志刚. 论知识的生产与消费[J]. 经济研究,1999(6):59-65.

[9] 吴汉东. 关于知识产权基本制度的经济学思考[J]. 法学,2000(4):33-41,46.

[10] 成良斌. 论科技奖励制度与知识产权制度的互补性[J]. 中国软科学,1998(12):65-68.

[11] 徐瑄. 关于知识产权的几个深层理论问题[J]. 北京大学学报(哲学社会科学版),2003,40(3):101-108.

[12] 杨东,黄尹旭.《电子商务法》电子支付立法精神与条文适用[J]. 苏州大学学报(社会科学版),2019,40(1):62-69.

[13] 刘晓春.《电子商务法》知识产权通知删除制度的反思与完善[J]. 中国社会科学院研究生院学报,2019(2):124-136.

[14] 伏创宇. 我国电子商务平台经营者的公法审查义务及其界限[J]. 中国社会科学院研究生院学报,2019(2):113-123.

[15] 王道发. 电子商务平台经营者安保责任研究[J]. 中国法学,2019(6):282-300.

[16] 高秦伟. 论行政法上的第三方义务[J]. 华东政法大学学报,2014(1):38-56.

[17] 喻炜，王凤生. 我国大数据产业政策研究：基于网络外部性与异质信息产品视角[J]. 当代经济科学，2016，38(3)：72－79.

[18] 胡朝阳. 大数据背景下个人信息处理行为的法律规制：以个人信息处理行为的双重外部性为分析视角[J]. 重庆大学学报(社会科学版)，2020，26(1)：131－145.

[19] 蔡培如，王锡锌. 论个人信息保护中的人格保护与经济激励机制[J]. 比较法研究，2020(1)：106－119.

[20] 龙卫球. 数据新型财产权构建及其体系研究[J]. 政法论坛，2017，35(4)：63－77.

[21] 程啸. 论大数据时代的个人数据权利[J]. 中国社会科学，2018(3)：102－122.

[22] 谢远扬. 信息论视角下个人信息的价值：兼对隐私权保护模式的检讨[J]. 清华法学，2015(3)：94－110.

[23] 范为. 大数据时代个人信息保护的路径重构[J]. 环球法律评论，2016(5)：92－115.

[24] 周汉华. 探索激励相容的个人数据治理之道：中国个人信息保护法的立法方向[J]. 法学研究，2018，40(2)：3－23.

[25] 吴伟光. 大数据技术下个人数据信息私权保护论批判[J]. 政治与法律，2016(7)：116－132.

[26] 高富平. 个人信息保护：从个人控制到社会控制[J]. 法学研究，2018，40(3)：84－101.

[27] 任龙龙. 论同意不是个人信息处理的正当性基础[J]. 政治与法律，2016(1)：126－134.

[28] 金耀. 个人信息去身份的法理基础与规范重塑[J]. 法学评论，2017(3)：120－130.

[29] 曹建峰. 人工智能：机器歧视及应对之策[J]. 信息安全与通信保密，2016(12)：15－19.

[30] 肖冬梅，文禹衡. 法经济学视野下数据保护的规则适用与选择[J]. 法律科学(西北政法大学学报)，2016，34(6)：119－127.

[31] 韩伟. 算法合谋反垄断初探：OECD《算法与合谋》报告介评(下)[J]. 竞争政策研究，2017(6)：68－77.

[32] 孙晋，钟原. 大数据时代下数据构成必要设施的反垄断法分析[J]. 电子知识产权，2018(5)：38－49.

[33] 蒋舸. 作为算法的法律[J]. 清华法学，2019，13(1)：64－75.

[34] 崔国斌.专利法上的抽象思想与具体技术:计算机程序算法的客体属性分析[J].清华大学学报(哲学社会科学版),2005,20(3):37-51.

[35] 龙卫球.科技法迭代视角下的人工智能立法[J].法商研究,2020,37(1):57-72.

[36] 赵鹏.搜索引擎对信息传播的影响及其法律规制[J].比较法研究,2018(4):188-200.

[37] 李海莹.百度公司搜索引擎技术的专利分析[J].中国发明与专利,2019,16(4):99-106.

[38] 陈晓俊.竞价排名商标侵权认定的新思路:商标间接侵权原则的应用[J].电子知识产权,2009(4):57-60.

[39] 凌宗亮.仅将他人商标用作搜索关键词的行为性质分析[J].中华商标,2015(9):66-71.

[40] 立秋.利用搜索引擎争夺商业机会属合法竞争,法院认定源自国际通则[J/OL].知产力,2020-02-13.

[41] 陶乾.论竞价排名服务提供者注意义务的边界[J].法学杂志,2020,41(5):75-83.

[42] 王迁.论规制视频广告屏蔽行为的正当性:与"接触控制措施"的版权法保护相类比[J].华东政法大学学报,2020,23(3):59-80.

[43] 杨明.互联网广告屏蔽行为的效应分析及规制路径选择[J].清华法学,2021,15(4):176-194.

[44] 郭壬癸.互联网视频广告屏蔽行为的竞争法规制研究[J].电子知识产权,2018(8):50-59.

[45] 张玉洁.搜索引擎自动补全功能的法律审视[J].法学杂志,2019,40(5):122-131.

[46] 郭红伟.论搜索引擎服务提供者的安全保障义务[J].法学杂志,2019,40(11):77-86.

[47] 刘海波,YOUNG ANN.内容分选 平台助力 数据驱动:大数据视阈下影视新媒体平台的发展策略——以Netflix为例[J].电影文学,2020(15):3-8.

[48] 赵力.《数字时代知识发现海牙宣言》之借鉴:以内容挖掘为核心[J].图书馆,2015(9):22-26.

[49] 宋雅馨.文本与数据挖掘的版权例外:以欧盟版权指令修改草案为视角[J].电子知识产权,2017(6):42-51.

[50] 阮开欣.欧盟版权法下的文本与数据挖掘例外[J].图书馆论坛,2019,39(12):102-108.

[51] 熊琦. 著作权转换性使用的本土法释义[J]. 法学家,2019(2):124－134.
[52] 刘友华,魏远山. 机器学习的著作权侵权问题及其解决[J]. 华东政法大学学报,2019,22(2):68－79.
[53] 高阳,胡丹阳. 机器学习对著作权合理使用制度的挑战与应对[J]. 电子知识产权,2020(10):13－25.
[54] 华劼. 合理使用制度运用于人工智能创作的两难及出路[J]. 电子知识产权,2019(4):28－39.
[55] 李安. 机器学习作品的著作权法分析:非作品性使用、合理使用与侵权使用[J]. 电子知识产权,2020(6):60－70.
[56] 高佳佳. 类型化视角下机器学习的合理使用分析[J]. 电子知识产权,2021(5):18－28.
[57] 易继明. 人工智能创作物是作品吗?[J]. 法律科学(西北政法大学学报),2017,35(5):137－147.
[58] 谢琳,陈薇. 拟制作者规则下人工智能生成物的著作权困境解决[J]. 法律适用,2019(9):38－47.
[59] 刘银良. 论人工智能作品的著作权法地位[J]. 政治与法律,2020(3):2－13.
[60] 王迁. 论人工智能生成的内容在著作权法中的定性[J]. 法律科学(西北政法大学学报),2017,35(5):148－155.
[61] 熊琦. 人工智能生成内容的著作权认定[J]. 知识产权,2017(3):3－8.
[62] 滕锐. 人工智能创作成果的著作权法保护[J]. 法治论坛,2018(3):44－55.
[63] 冯晓青,潘柏华. 人工智能"创作"认定及其财产权益保护研究:兼评"首例人工智能生成内容著作权侵权案"[J]. 西北大学学报(哲学社会科学版),2020,50(2):39－52.
[64] 罗祥,张国安. 著作权法视角下人工智能创作物保护[J]. 河南财经政法大学学报,2017,32(6):144－150.
[65] 宋红松. 纯粹"人工智能创作"的知识产权法定位[J]. 苏州大学学报(哲学社会科学版),2018,39(6):50－56.
[66] 梁志文,李忠诚. 论算法创作[J]. 华东政法大学学报,2019,22(6):46－59.
[67] 秦一帆. 从专利角度审视智能制造的虚拟现实技术[J]. 中国仪器仪表,2019(8):71－74.
[68] 赵沁平. 虚拟现实综述[J]. 中国科学(F辑:信息科学),2009,39(1):

2－46.
[69] 林建武.沉浸道德:虚拟现实的伦理可能[J].云南社会科学,2017(3):29－34.
[70] 韩赤风,刁舜.VR出版物的作品属性探究[J].出版发行研究,2019(10):39,59－62.
[71] 徐瑛晗,马得原."VR出版物"著作权合理使用问题探析[J].科技与出版,2021(7):122－130.
[72] 郭如愿.论VR三维数字模型的作品属性[J].电子知识产权,2019(2):41－49.
[73] 王迁.《著作权法》修改:关键条款的解读与分析(上)[J].知识产权,2021(1):20－35.
[74] 王丽颖,刁舜.我国虚拟现实空间中的知识产权保护规则论纲[J].知识产权,2019(10):61－71.
[75] 刁舜.虚拟现实科技对我国外观设计制度的挑战与应对[J].电子知识产权,2020(7):23－36.
[76] 沈林.增强现实面临的六大威胁[J].计算机与网络,2017,43(16):20－21.
[77] 陈明涛.云计算技术条件下专利侵权责任分析[J].知识产权,2017(3):50－59.
[78] 鞠晔.云计算环境下美国专利引诱侵权判定规则研究[J].知识产权,2014(2):98－104.
[79] 王晓燕.Akamai案审理对云计算方法专利侵权判定的启示[J].重庆邮电大学学报(社会科学版),2016,28(6):44－52.
[80] 郭鹏.云计算SaaS模式下的著作权侵权分析[J].知识产权,2018(11):52－59.
[81] 倪朱亮,徐丽娟."通知—删除"规则的适用局限及出路:以两则新型网络服务提供者案例为切入点[J].电子知识产权,2020(4):17－27.
[82] 蔡元臻,白睿成.云计算服务平台适用避风港规则的局限性及其破解[J].知识产权,2020(4):42－52.
[83] 黄安娜,吴柯苇.云计算环境下避风港原则之适用性研究[J].科技与法律,2018(5):82－88.
[84] 张璟.国内首例云服务器厂商被诉侵权案解读[J].计算机与网络,2017,43(21):10－12.
[85] 王渊.数据安全视角下IaaS模式云服务商版权责任研究:以阿里云版权

侵权案为例[J]. 中国科技论坛,2020(8):60-66,109.

[86] 肖翰. 知识产权保护视角下区块链技术的专利赋权标准研究[J]. 科技进步与对策,2021,38(5):97-104.

[87] 张雪凌,刘庆琳. 区块链专利申请审查标准研究[J]. 知识产权,2020(2):68-75.

[88] 华劼. 区块链技术与智能合约在知识产权确权和交易中的运用及其法律规制[J]. 知识产权,2018(2):13-19.

[89] 谭佐财. 智能合约的法律属性与民事法律关系论[J]. 科技与法律,2020(6):65-75.

[90] 胡朝阳,任俪文. 传统手工艺品的知识产权保护困境与出路:以手工绣制品为例[J]. 重庆大学学报(社会科学版),2021,27(5):159-168.

[91] 胡朝阳. 科技进步法第 20 条和第 21 条的立法比较与完善[J]. 科学学研究,2011,29(3):327-332.

[92] 胡朝阳. 社会失信行为的法律规制:基于外部性内在化的法经济学分析[J]. 法商研究,2012,29(6):3-8.

[93] 姚欢庆. "通知—删除"规则的新挑战:算法推荐下的平台责任[J/OL]. 知产力,2020-07-29.

[94] 刘维. 算法推送者过错认定中的应知状态[J/OL]. 中国知识产权,2020-12-09.

[95] 曹建峰. 从行业角度看人工智能治理与伦理问题[J/OL]. 中国知识产权,2020-01-25.

[96] 龙小宁. 广告屏蔽技术的经济分析(上):不劳而获的寄生性竞争 or 商业模式创新的助推器? [J/OL]. 中国知识产权,2019-12-17.

[97] 龙小宁. 广告屏蔽技术的经济分析(下):不劳而获的寄生性竞争 or 商业模式创新的助推器? [J/OL]. 中国知识产权,2019-12-17.

三、外文文献

[1] Lobel O. The Law of the Platform[J]. Minnesota Law Review, 2016, 101: 96.

[2] Citron D K. Technological Due Process[J]. Washington University Law Review, 2007, 85: 1249-1313.

[3] Kuner C, Cate F H, Millard C, et al. Risk Management in Data

Protection[J]. International Data Privacy Law, 2015, 5(2): 95 - 98.

[4] Helvestion M N. Consumer Protection in the Age of Big Data[J]. Washington University Law Review, 2016(4): 859.

[5] Richards N M, King J. Three Paradoxes of Big Data[J]. Stanford Law Review Online, 2013, 66: 41 - 46.

[6] Levendowski A. How Copyright Law Can Fix Artificial Intelligence's Implicit Bias Problem[J]. Washington Law Review, 2018, 93(2):597 - 602.

[7] Tapscott D, Tapscott A. The Impact of the Blockchain Goes Beyond Financial Sercices[J]. Harvard Business Review, 2016, 5.

[8] Tutt A. An FDA For Algorithm[J]. Administrative Law Review, 2017, 69: 84 - 123.

[9] Martin K. Ethical Implications and Accountability of Algorithms[J]. Journal of Business Ethics, 2019, 160(4): 835 - 850.

[10] Carthy M M. Standards of Fairness for Disparate Impact Assessment of Big Data Algorithms[J]. Cumberland Law Review, 2017, 48: 67 - 147.

[11] Grimmelmann J. Copyright for Literate Robots[J]. Iowa Law Review, 2016, 101: 667.

[12] Kranzberg M. The 6 Laws of Technology Everyone Should Know[N]. The Wall Street Journal, 1987-11-26.

[13] Rose C M. The Comedy of the Commons: Custom, Commerce, and Inherently Public Property[J]. University of Chicago Law Review, 1986, 53 (3): 711 - 781.

[14] Tene O, Polonetsky J. Big Data for All: Privacy and User Control in the Age of Analytics[J]. Northwestern Journal of Technology and Intellectual Property, 2013, 11(5): 240 - 272.

[15] Haddadi H, Mortier R, McAuley D, et al. Human-data Interaction [R]. University of Cambridge Computer Laboratory, 2013.

[16] Calabresi G, Melamed A D. Property Rules, Liability Rules, and Inalienability: One View of the Cathedra[J]. Harvard Law Review, 1972, 85(6): 1089 - 1128.

[17] Rose C M. The Shadow of the Cathedral[J]. The Yale Law Journal, 1997, 106: 2175 - 2200.

[18] Patterson L R, Lindberg S W. The Nature of Copyright: A Law of Users' Right[J]. Michigan Law Review, 1992, 90(6):1628.

[19] Rosati E. Copyright: Google Books' Library Project is Fair Use[J]. Journal of Intellectual Property Law & Practice, 2014, 9 (2):104 - 106.

[20] Leval P N. Toward a Fair Use Standard[J]. Harvard Law Review, 1990, 103: 1111.

[21] Sag M. Copyright and Copy-Reliant Technology[J]. Northwestern University Law Review, 2009, 103(4):1608.

[22] Ezrachi A, Stucke M E. Virtual Competition: The Promise and Perils of the Algorithm-Driven Economy[M]. Cambridge: Harvard University Press, 2016.

[23] Thomas K. The Structure of Scientific Revolution[M]. 2nd ed. Chicago: The University of Chicago Press, 1970.

[24] Coase R H. The Firm, the Market, and the Law[M]. Chicago: The University of Chicago Press, 1988.

[25] Richard G, Peter M. Murphy on Evidence[M]. London: Blackstone Press Limited, 1997.

[26] Chua C K, Yeong W Y. Bioprinting: Principles and Applications[M]. Singapore: World Scientific Publishing Co. , 2015.

[27] Bocek T. Digital Marketplaces Unleashed[M]. Berlin: Springer-Verlag GmbH, 2017: 169 - 184.

后　记

本书源于一个跨越十余年的撰写计划，作为理工背景出身而又侥幸"误入"法门之人，完成此文乃是我更为久远的夙愿。然而，即便已成稿付梓，我亦未有如释重负之感。盖因时世嬗变，唯恐拙作难以跟上迅猛发展的科技步伐。法律作为治国安邦之重器，纵有维护社会秩序稳定的定海神针之功，既不宜为无止境的科学事业"画地为牢"，亦不便让秉持中立性的技术工具"作茧自缚"。科技创新的不确定性前景与法律调整的确定性愿景之间难免存在内在张力。因而，以科技与法律之交互性立题乃是一个充满猎奇与冒险的奇幻之旅，既面临僭越法律之确定性的困扰，也遭遇驾驭科技之不确定性的挑战。

诚如美国法学家庞德所言，"法律秩序必须稳定而同时又必须灵活"。此乃社会变迁趋势下的法律秩序安排使然，也是法律发展进程中的社会适应性改造所需。确定性与秩序性是法律极其重要的内在价值，然而透过自然与社会的不确定性表象而探寻其系统运行的确定性规律与稳定性机制，也是科技活动中极具挑战的本质追求，两者在推动社会进步并增进人类文明发展上却具有相得益彰而又彼此成就的交互支撑地位。就此而言，科技法制化与法制科技化已经成为一个双向奔赴的历史图景与时代画卷。

本书框架拟订中局部安排借鉴前期相关课题成果并经删繁就简而成。在初稿完成后，为了及时启动国家社科基金项目"大型网络平台的知识产权治理义务拓展研究"，只好短暂中断本书的修改工作。不过，为免过于耽搁原定出版计划，后又抓紧时间对行文进行梳理定稿。由于前沿科技及其跨学科领域知识谱系极其广泛，本书分论侧重以网络信息技术进行选题，整体架构与内容体系安排上恐难以做到绝对周全与适配。在此，感谢近二十年来参与科技法专题课程研习的历届本科生与研究生所奉献的交流意见，也感谢东南大学计算机科学与工程学院有关专家对本书所涉计算机信息网络技术部分内容的审读。

在本书交由出版社审定之际，欣闻中共中央办公厅、国务院办公厅印发了《关于加强新时代法学教育和法学理论研究的意见》，在十七条意见中“四、加快完善法学教育体系”有关“（九）优化法学学科体系”部分提及加快发展包括科技法学、数字法学等在内的新兴学科。惟愿本书为此贡献绵薄之力，同时感谢东南大学法学院同仁及东南大学出版社编辑为本书付梓出版所提供的鼓励、支持与帮助。

胡朝阳

2022 年 8 月 28 日初稿

2023 年 3 月 6 日修订